清末民初文獻叢刊

# 桐城耆舊傳

（上册）

[清] 馬其昶 撰

朝華出版社
BLOSSOM PRESS

**圖書在版編目（CIP）數據**

桐城耆舊傳 : 全2册 / (清) 馬其昶撰. -- 北京 : 朝華出版社, 2018.9
(清末民初文獻叢刊)
ISBN 978-7-5054-4324-2

Ⅰ. ①桐… Ⅱ. ①馬… Ⅲ. ①歷史人物－列傳－安徽－古代 Ⅳ. ①K820.854

中國版本圖書館CIP數據核字(2018)第173889號

**桐城耆舊傳（全二册）**

**作　　者**　[清]馬其昶

**選題策劃**　楊麗麗　尚論聰
**責任編輯**　劉小磊
**特約編輯**　秦錦霞
**責任印制**　張文東　陸競贏
**封面設計**　劉敬偉

**出版發行**　朝華出版社
**社　　址**　北京市西城區百萬莊大街24號　**郵政編碼**　100037
**訂購電話**　（010）68996618　68996050
**傳　　真**　（010）88415258（發行部）
**聯系版權**　j-yn@163.com
**網　　址**　http://zhcb.cipg.org.cn
**印　　刷**　藝堂印刷（天津）有限公司
**經　　銷**　全國新華書店
**開　　本**　880mm×1230mm　1/32　**字　　數**　163千字
**印　　張**　24.25
**版　　次**　2018年9月第1版　2018年9月第1次印刷
**裝　　別**　精
**書　　號**　ISBN 978-7-5054-4324-2
**定　　價**　182.00元（全二册）

# 出版前言

中國自一八四〇年鴉片戰争以來，傳統的農業文明在西方的堅船利炮轟擊之下徹底被顛覆，有擔當的知識分子苦苦追尋，思索社會改革的途徑。從最初的『師夷長技以制夷』到『民主制度，天下之公理』（梁啓超語），他們發現要『强國富民』，首先要『開啓民智』，衹有民衆擁有了獨立思想和批判精神，國家纔能實現真正的强大。在此後一百年的時間裏（一八四〇—一九四九），思想者們從社會變革深入到國民性的改造，用每一部作品見證着中國近代化的遞變歷程。這是一個極其重要的時代，《清末民初文獻叢刊》正是收録了這一時期的作品，大部分書籍都是早期版本，有着極高的文獻研究價值。

清末的中國經歷了『三千年來未有之大變局』（李鴻章語），大清王朝面對西方列强的艦炮，表現得驚慌失措。尤其是鴉片戰争，使『天朝帝國萬世長存的迷信受到了致命的打擊，野蠻的、閉關自守的、與文明世界隔絶的狀態被打破了』（《馬克思恩格斯選集》）。一批士大夫知識分子，尤其是在歐美諸國擔任使臣或者游歷的知識分子最先覺醒，着眼于對西方國家的考察，進而反省本國政治制度的劣勢，可以視作『啓蒙』的端倪。如曾擔任駐英公使（兼任駐法公使）的郭嵩燾在《使西紀程》中以日記的形式記録了自己對歐西諸國的觀感，他在考察了英國的政治制度之後，發現英國政府官員收入超過三百磅者與普通老百姓一樣同等納税，他説：『此法誠善，然非民主之國，則勢有所不行。西洋所以享國長久，君民兼主國政故也。』他明確提出了『民主』，在國家的管理問題上，人民也有參與的權利。他在該書中所披露的西方政治、經濟、文化等領域優于大清帝國這一事實觸動了保守派的神經，立刻遭到保守派群起而攻之，進士何金壽彈劾他『有二心于英國，欲中國臣事之』，他家鄉湖南的民衆對他更是痛加詆毁，以至于滿城揭帖，誣蔑他『溝通洋人』，在這種群情洶洶的情况下，朝廷最後下旨將《使西紀程》毁版，從而使該書成了禁書。然而，書雖被毁版，却不能堵死民衆的傳播與閲讀的途徑，上海的《萬國公報》依舊連載該書，張佩綸曾説：『朝廷禁其書，而新聞紙接續刊刻，中外傳播如故也。』從某種意義上來説，啓蒙是時代的需要，盡管清政府發諭旨禁了該書，民衆乃至一些朝廷大員却依舊在私下閱讀，以便瞭解外部的世界。進步的社會是開放性的，任何企圖『閉關鎖國』的努力都意味着歷史的倒退，衹有開放，與整個世界文明保持同等的步伐，纔能實現真正的强國之夢。當大批知識分子走出閉鎖的國門，親歷了文明的洗禮之後，也就把啓蒙的智識帶回了中華大地。容閎的《西學東漸記》，梁啓超的《新大陸游記》，崔國因的《出使美日秘日記》等一大批作品介紹了海外諸國的政治、經濟、軍事、外交、文化。雖然這些作品在認識上仍然帶有時代的局限性，然而却是那時最爲珍貴的聲音。

另一方面，在學術上，中國文化母體内『經世致用』思想與資産階級思想相結合，也喚起了變革，以康有爲、梁啓超爲首的改良派試圖通過自上而下的革新以實現變革。康有爲的《新學僞經考》《孔子改制考》就是借經學之表論資産階級學説之裏的著作，康有爲的弟子梁啓超更是通過《新民説》一書提出國民性改造。與早期啓蒙者『師夷長技』的器物文明引進不同，梁啓超上升到形而上的精神領域，從文化心理上更加徹底地進行變革。梁氏是清朝末年到民國初年一個橋梁式的人物，被譽爲『輿論之驕子，天縱之文豪』，其影響力不但在學術領域，同時還在文學領域，他所倡導的『詩界革命』得到了譚嗣同、黄遵憲、丘逢甲等人的響應，黄遵憲的《日本雜事詩》，丘逢甲的《嶺雲海日樓詩鈔》都體現了這種主張。這一主張要求反映新的時代和新的思想，用『我手寫我口』（黄遵憲語）的方式直抒胸臆，對長期占詩壇主流的擬古主義、形式主義産生了巨大的衝擊，解放了寫作者的心靈和頭腦。

與社會變革同步的是早期對西方思想著作的翻譯，這裏面影響最大的是嚴復，他翻譯的《天演論》《社會通詮》等書直接孕育了民國一代的知識階層。魯迅、胡適等人在文章中都曾提到《天演論》對他們思想所産生的震撼。與嚴復略有不同的另一位翻譯家是林紓，他的譯作雖然參差不齊，但却在更細膩的心靈層次對讀者産生影響，許壽裳曾回憶，他和魯迅都熱衷于林譯的小説，如《巴黎茶花女遺事》《黑奴籲天録》《迦茵小傳》等作品。

辛亥革命之後，進步社會思潮成爲主流，比之清末思想啓蒙者『求存』的追求，民國以來的知識階層深入到了更加細微的肌理，一方面呼喚社會變革，另一方面進行點滴的建設，革命并不能使所有的一切一蹴而就，在更加深廣的領域，事物的改變是由微觀而宏觀。通俗地説，比之于革命，建設的意義更大。如《中國商業史》《中國教育史》《中國倫理學史》《中國哲學史大綱》《中國小説史略》等一大批作品都是進行系統的梳理與建設的理論作品。其中，以胡適和魯迅二人的影響最大，他們的作品一紙風靡，從而成爲新文化運動的主力人物。

《清末民初文獻叢刊》收録的文獻大致上可以分爲三個階段，其中龔自珍、張之洞、魏源、郭嵩燾、薛福成等人的作品可視爲『早期啓蒙』，康有爲、梁啓超、黃遵憲、嚴復、林紓等人的作品可視爲『中期啓蒙』，胡適、魯迅、蔡元培等人的作品可視爲『晚期啓蒙』。當然，這種劃分并非嚴格意義上的，大部分啓蒙思想者隨着時代的變化，其思想在不斷進步。縱觀整個近現代史，可以發現，要求變革不是在某一個領域，由某一類人發起和完成的，而是全社會的要求。

變革，已經成爲全社會的共識。

從清末民初的文獻中，我們能够發現一種豐富性。這些作品涉及政治、經濟、軍事、教育、外交、宗教、心理、情感等方方面面，從内而外地净化着中國兩千年以來的封建積習。它不衹是對社會的改造，更是對人心靈的重塑；它首重國家社會之建設，同時亦重靈魂心智之喚醒；它是宏大的，也是微觀的；它是嚴肅莊重的，也是活潑靈動的；這些作品結構精巧，思想内容深刻，擁有濃厚的人文主義色彩，對推動社會主義建設，實現中國夢有重大意義，是近現代中國一百年來最宏富的智識與情感的寶藏。因此，整理這些文獻作品，無論是出于資料保存的目的，還是爲圖書館提供資料副本，都有不可估量的意義。

特定時代下的文獻，當它一旦形成（既指草擬，創作的完成，也指其成爲一個載體），就不可再複製了，也就意味着它將面對消亡。對于文獻資料而言，越接近歷史事件發生的時代記録，越具有研究價值。文獻本身具有不可再生性，它衹會消亡，而不會增多。盡管文獻本身的文字可以保留下來，并進行傳播，却失去了當時的時代氣息。當時的作品可能在技巧上，文字的成熟度上不及當代，但它所負載的信息，創作者的情感都反映了當時的歷史，也就是説，它具有不可替代的歷史意義。

影印的版本有三個特點，第一是擁有文獻的『原始性』；第二個特點是『未經改動的』；第三個特點是『歷史的原貌』。所謂『原始性』，也就是説，它是第一手資料，而非轉述的，回憶形成的；『未經改動的』，是指未被篡改、删節、挖補的；『歷史的原貌』是指在影印製作過程中，完全依照文獻的原來模樣……這樣製作出版的作品，無异延續了文獻的壽命。

近現代思想史上的一個最重大的思潮就是『開放』，從林則徐的『開眼看世界』到蔡元培的『兼容并包』，都是在倡導一種開放式的胸襟。而《清末民初文獻叢刊》最有魅力的部分就是『開放』這一主題，衹有融入到世界文明發展的進程中，中華文明纔能歷久彌新。

《清末民初文獻叢刊》編委會

二〇一七年四月十四日

# 凡例

一、《清末民初文獻叢刊》（以下簡稱『叢刊』）爲影印本，舉凡所用之底本，均爲該書之早期版本。有清末刊本，亦有民國印本。

二、《叢刊》均依底本影印，未予删改，僅代表作者個人觀點，不代表官方立場；原刊本有誤，不予校改，以保留文獻之原貌。

三、《叢刊》所用之底本，因時日久遠存在漫漶的情况，均進行了修復；底本闕文、印刷不清，均保留原貌。

四、爲讀者閲讀之便，《叢刊》中之舊底本目録未標記頁碼者，編了目次；原底本有頁碼和目録，未予重複編目。

五、爲保持文獻的原始風貌，影印本保留了原書書影（原書爲多册，則保留第一册書影）、扉頁等信息。所用底本無相應信息者，則不予妄添，以免錯訛。

# 目録

## 上册

**下册**

# 桐城耆舊傳

宣統三年春合肥張文運署檢

大著敘事雅贍有法度論贊神致淵永往往勝絕如通伯者可謂有良史才矣桐城文獻名邦號天下第一得通伯網羅放佚都為一編又無不各肖其人平生氣象以出豈非三百年先輩英靈所式憑而海內學者所共為愉快者與慶蕃邂逅先覩欣幸何極光緒丁亥春豐城毛慶蕃謹識

# 桐城耆舊傳序目

余既廣徵載籍會稡舊聞述邑先正遺事自前明以迄近世爲專篇及坿見者凡九百餘人略次時先後成桐城耆舊傳十一卷坿列女一卷謹敍其端曰烏乎一代人才之興其大者乃與世運爲隆替觀於鄉邑可知天下豈不信然哉蓋當燕藩奪統吾縣方斷事法以遐方小臣不肯署表自沈江流厥後余按察珊齊按察之鸞及先太僕皆以孤忠大節與世齟齬陵夷至天啟左忠毅公乃死於璫禍而明隨以亡當是時鉤黨方急方密之錢田閒諸先生閒關亡命救死不遑猶沈潛經籍纂

迹鴻編風會大啟　聖清受命吾縣人才彬彬稱極盛矣方姚之徒出乃益以古文爲天下宗自前明崇節義我　朝多研經摛文之士吾嘗暇日陟崹峉投子之巔望西北會巒巨嶺隱然出雲表而湖水迤邐蕩潏於其前因念姚先生所稱黃舒之閒山川奇傑之氣蘊蓄且千年宜其遏極而大昌又竊怪今者風流歇絶何前後曠不承邪豈不以師友之淵源漸被淪而日薄士或問其先德噤不能言聞見孤陋不足感發興起之與詩曰維桑與梓必恭敬止蓋言邇也仰前哲之芳躅悼末俗之陵替文獻放失余甚懼焉曩者先伯祖通判公嘗有

龍眠識略之輯遘亂亡佚郡縣書又卒傷宄緐余維傳
記之作必歸諸馴雅竊取遷固之遺法始足賡揚盛美
誘迪方來因不自揆署爲此編烏乎吾之述此第及一
縣之地遠不出數百里外而上自名卿碩輔以逮文儒
忠義之彥操行不一要皆特立於一時而可不泯沒於
後世者吾黨之士苟一關覽非其先祖卽其邦之老成
宿望世近己則欣慕之情切耳目之所能逮則疑沮不
生而兩朝之學術風趨盛衰得失之林亦略具於此又
欲令異世承學治國聞者有考焉光緒十二年春馬其
昶撰

卷一概列名氏以便檢尋

王勝黃同甫兄弟棨六永一 黃敏許友進朱善謝佑韓隆章綸

江宏濟邱甯雷宗蕭世賢二 方法吳名揚杜萬戶詹大刀趙景初三

方懋子琳瓘瑜元孫夢暘金騰高史仲宏黃堂四 檀郁朱文林彭寶

五 姚旭父顯六 方佑曾孫效向兄子璽見舟七 方印父琳弟塘

八 錢如京父鑾子元善孫可久周京九

卷二

余珊十 齊之鸞子逑近孫鼎名琦名萊名策名曾孫心孝登輔登臺袁宏十一

吳檄子自峒孫紹志紹奇曾孫國珙十二 何唐張夔江鯨朱杲陶諶讓謨

登衢萬象十三 馬憲祖驥父忽子駚孫信延玄孫懋襄合肥張文運塡諱十四

謝宗子裒盛儀倪夢梅潘爲山子汝楨孫映軫映婁何如盛子應奎十

五　阮廷瓚遠祖樅江晉卿雪堂裔孫世恩十六　何山父鐸十七

卷三

方克十八　盛汝謙子世翼世承孫可藩曾孫斯唐邦字玄孫纘裕十九　趙

鈼父弼鴻賜子士先二十　趙銳范崇仁石英石麟　戴完始祖智富子君禧君

祉孫者昌者顯林有望子允濾二十一　阮鶚子崙自華孫以鼎自嵩二

十二　張澤高祖傑子斯盛二十三　吳一介父堂子應寰應寵孫道新道約

承恩吳承善謙顔二十四　胡效才遠祖會孫吳祚曾孫彌彈二十五

何思鰲子如申子應瓊應璿應珽應琯應珏二十六　張湑二十七

卷四

方學漸子大鉉大欽孫若洙 童自澄 姚希顏 二十八 姚希廉子祖

虞本虞賓虞自虞 二十九 左出穎祖麟子光前光燦家童左恩 三十 張

士維子克儼秉彝孫杰夔曾孫廷琛來孫裕犖 三十一 周聘子應氏應尾伍艮田

張思誼殷效 夏子孝父龍子民懷 金韡 三十二 方大美子體乾承

乾應乾孫授 象乾子幟戩 三十三 吳應賓子道凝 三十四 方

大鎮 三十五 吳用先子日昺日昶 應琦子用鈐用銘 三十六

馬孟禎文運塡諱 三十七 胡瓚 三十八 何如寵子應璜孫亮功

宋 三十九

卷五

劉允昌遠祖瑩璽秦嘉禾戴乾錢元鼎項琳紹芳侯珦曹松李公麟公寅元中朱載上翊 四十

左德瑋父士梓子鉿鉞鋭鑌孫昊四十一　姚之騏父承虞之蘭四
十二　胡士奇　吳叔度父仲沔子季鵾季鳳四十三　左光斗四
十四　倪應眷子祚善元善嘉善孫田玉四十五　葉燦祖奕從祖爻再從父
維蕃父應和子士璋士瑛玄孫諦昌方大任四十六　方孔炤齊程維程維嶽四
十七　孫繼陛子隆光士美元盛戴君釆鄧元炤森秀四十八　左光先
弟光明子國鼎國昌國治汪國士父世澄鶴齡啟齡子吳國琦安子宏璩伯崑子宣
宋四十九　孫晉父鼎祚兄頤子中麟中象中夔中夏五十　光時亨子廷
瑞孫標曾孫成宋五十一
卷六
張秉文子克倬克仔佑五十二　阮之鈿曾孫爲光五十三　夏統

春兄承春偕春鼎吳國瓚子五十四　孫臨子中礎中岳曾孫建勳玄孫顏來孫起峘

五十五　胡如珵僕胡央　馬懋功胡縝弟繹納　左德球子旗僕侯

氏　曹維周五十六　周日耀方承萱姚孫極父之章　姚孫

林陳力王夷吾尹楷趙之葵汪阿喜筸光宏齊維熊許

世珠吳晉昭五十七　左國柱子雲鳳孫文廉文韓　國棟國林子之

稷　國材五十八　姚孫棐子文烈文勳文鰲文燕孫士圭　五十九　方

以智弟其義從子中發　六十　蔣臣子愚　周岐子瑄師族八曰赤　六十一

吳德操方孔時劉元勳王雯耀邱山李灼胡文燦朱汝霖胡來虞　六

十二　姚康周孔忠　白瑜謝國楨　方琨童鉉遠　鄧森廣子銍范世鑑

趙相如王彭年洪明瑞世治　陳昉子高瑜度　六十三

卷七

錢澄之父志立兄秉鐔秉錡子法祖從孫源啟源逢　錢彝子榛　六十四　馬之

瑛弟之瓊從父懋學懋贇從兄之瑜從子國志從孫庶文運塡諱　六十五　姚文然

六十六　王大礽子珮曾孫洛同族熒文燦瀚滄　陳焯父朝棟子堂謀臺略孫暠鑑

陳光陳式胡如甡天章正宗丁倬舟巘許七雲周南王之楨劉允升　吳子雲祖汝亮父先攀弟玉藻曾

孫元念玄孫臣鄒　六十七　程芳朝子仕　吳貽詠張曾敭曾太曾獻　龍汝

言父驤子森　孫起端孫慧基　六十八　戴宏烈　劉鴻都　楊臣鄰

臣諍　錢旃　六十九　姚文燮父孫森子士藟孫孔鐘曾孫興滇　文熊父架子孫

士陛曾孫興泉　文焱子士貲孫孔鈵孔鋅孔鐗孔鋹曾孫興㮚玄孫蕑　七十　江皋之祖

湘父楫弟廣譽　彭縯祖從兄弟日書日高玄孫

筆同姓爲龍　湯孫元衡世昌再從孫巨良忠巨良懿

艮慉艮慧艮棻七十一　左文言父暉子世壽　文高曾孫其章玄孫德修元烺宰
族人世鄖世經世容殷薦德輔衢周堅吾七十二　王瑜左正誼子之毅族子之柳族
孫數　周大璋祖天鳳族人芬斗芬佩大櫆捷音卜政　七十三　方中通兄中德弟
中履子正琫正珠正琇正璆從子正璪正嬬正玢正琰從孫張盤張登從曾孫賜豪　張裕葉余熙葉
棠鄭福照　七十四　方爾止貞觀世舉曾祖拱乾從祖元成亨咸育盛亨茂
章鉞奕箴族弟世儁族子保升　七十五　潘江子仁標仁樹孫義炳祁祺李雅李春何永紹
七十六　張載子廷珠　七十七　張度李崑陸振　吳舉張世祿
七十八
卷八
張英子廷瑑廷瓘孫若潭若霍若霽曾孫元宰　七十九　馬教思兄敬思孝思繼融弟

日思從子鳳翥族兄弟書思族子元文樸臣父霳弟蘇臣龍姚孫枝焜江有方辛元八十

姚士基兄士暨士堂士堅弟士塾子孔鐔從子銳孔鏞鈴從孫淮八十一張芑祖士

綗父秉哲子廷慶廷珩廷球廷琬廷璇從子有孚從孫桐八十二張廷玉子若靄

弟若澄子曾效孫元弼曾孫康伯玄孫紹華從孫元偉若渟子曾誼八十三張廷

瓚子若霈廷璐廷瑑子若泌若渠孫藹若震弟若需從孫曾敬曾敷八十四

戴名世父碩八十五方舟弟林子道希道永劉捷兄輝祖八十

六方苞子道章道興來孫恩露八十七孫學顏方日新胡國鉞胡田孫雲

錦八十八方式濟曾祖仲嘉祖兆及父登嶧汪以岱八十九左

藻父之誼孫行健馬源父方思弟潛趙館余扶上楊廷騴子霞舉嚴紳陳

紀九十

卷九

胡宗緒 許雨田都蔚 胡晟高華 吳直 張尹吳自 高張輔贇 九十一 劉大櫆

曾祖日燿祖甡父 桂兄大賓孫符琢 王灼 子貫之 朱雅 曾祖世弼祖璣父桂 芬汪鍾吳巨珩巨

琇童 先登 張敏求 族父水容族子鵠陳家勉吳中蘭 中芝嚴青疏枝春枚箕許節宗寅 倪之

鐕 桂歆榮芳長春鸞房 立誠石文成崔岩 九十二 方觀承 兄觀 永 維甸 子傳

穆傳 植 受疇 父觀 本 九十三 張若瀛 高祖士繡曾祖秉貞 祖茂稷父廷瑸兄若

淮子鴻恩方湄吳鋼 黃艮楝安泰吳逢聖 九十四 方浩 高祖畿祖曾祐 父元履從父元

醴族父 求義 許邁 父德子璜孫丙椿曾 孫奉恩族人曾裕 方懷萱 九十五 姚

範 子義輪登斟玄孫憲 方輔讀相褒張元輅 葉酉 曾祖組祖愈植父 瓏孫馥 章守待 九十

六 張純 父 永錫子 颿 吳鏐 吳甌玉 子挹桂孫逢盛 陳禹臣 嚴宮方診大勳統瑾大鵬

顥以恬吳鼇　九十七　馬翮飛父鳴鸞弟占鼇鵬飛從子鼎梅　陳啟佑春生

弟春田從孫肇元文運塡諱　九十八　汪志伊父時芬子正修正榮孫鎮光從孫錚從曾

孫先烺　九十九　姚興潔　姚棻曾祖士至子覲閶　章攀桂　百

卷十

姚鼐祖孔鋏父淑子景衡師古執雉曾孫聲　百一　許鯉躍子鴻枚　胡虔父承

澤　左朝第族子眉子繼胡方朔士鼐　吳　張聰咸章甫　百二、

馬宗璉曾祖棠臣祖澤父嗣綽　瑞辰子建勳星曙孫登瀛　百三　吳詢子杭向晨

張贊王化方于濟楊嘉椿年　百四　唐朏子衢族人維純　胡其愛　疏自悅從子

昌會從孫純生　王晸　鄭連江謨　百五　趙瓏都起豐　百六、姚元

之父原綬史培方諸葆馨　光聰諧祖策父復弟朝魁聰誠從子熙　徐璈遠祖亘佐父之柱兄

眉方于穀吳希庸方林昌百七　李宗傳族父僊枝子景枚姚東之子世恩

百八　姚瑩父騤濬昌百九　方東樹曾祖澤父績孫龍光百十

吳廷輝祖隆隲世父貽誠兄賡枚弟雲驤從子孫珽族八廷康　吳元甲高祖大陞曾祖苾子

汝繩胡笴楊鼎元澄鑒百十一　趙玉朱杰馬伯樂族父維璜百十二

張聰賢子延齡佳齡族兄鈞胡枝蕙龍鯉門謝謚楊瑛昶徐焜潘光泰祖洵父鴻寶百

十三

卷十一

徐豐玉曾祖檝祖映瓏父鏞子宗亮吳沖謨百十四　葉球兄琚弟瓌五世祖紳

高祖芳林曾祖景懷伯曾祖閏濬宏觀祖行朝衮朝扆父行灼再從子溎族孫毓桐鄧爾昌董澂

鏡百十五　戴鈞衡文漢光江有蘭童德布劉宅俊百十六　蘇惇元

遠祖紹眉子求莊求敬張承華姚思贊許鼎父懋昭甘紹盤朱道文獻趙方潛傳張

諸馬昌綮百十七　馬樹華樹章子起升文遷塤諱百十八　馬

三俊勳張復震百十九　程學啟百二十　方奎炯方錫

慶父秬森玉書世虬　李金達百二十一　方宗誠高祖孟晙曾祖源祖護父

松昌翰　方百二十二　吳汝綸蕭穆百二十三

卷十二列女坿

陶鏞妻鍾氏陶繼妻方氏陶亮妻王氏妾吳氏吳仲淇

妻楊氏李棟妻張氏高文學妻王氏吳道震妻姚氏錢

澄之妻方氏一　方法女二　方子復妻盛氏三　張

秉文妻方氏四　姚孫棨妻方氏五　孫臨妻方氏六

姚孫棐妻倪氏七　張英妻姚氏八馬方思妻姚氏九　胡彌彈妻潘氏十　蔣然妻朱氏戴聖哲妻方氏周秉源妻王氏章大椿妻錢氏蔣廣妻伍氏十一　戴鈞衡妻李氏妾劉氏十二　馬其昶母張氏十三

其昶少有志鄉邦文獻及居先母憂祥禫後始從事於此發前所集采傳記公私譜牒盈篋笥編次粗成榮成孫佩蘭葆田豐城毛實君慶蕃見而好之自後肄業經史遂久東高閣曾一出視徐椒岑丈陳靜潭姚仲實叔節兄弟及遷安鄭東父杲番禺梁星海鼎芬凡此諸君咸有匡益又嘗思就正吳摯甫蕭敬孚二先生未果今

年館中多暇乃銳意取前稾重修之更益所未備自六月朔定爲常課每日改製二三篇七旬成書計初草刱至今逾歲卄海內知舊會晤未期而東父物故已久吳徐蕭之傳儼然在錄因益以追念吾親顧瞻身世彌增悽慨也光緒三十三年秋八月乙丑其昶記

曩吾爲此傳用阮文達公擬　國史儒林傳例采掇舊文悉注所出嘗侍吳先生語及之先生曰此百衲衣也盍復有佳文乎且所貴立言君子者爲其有鑒裁孤識安見出於人者之必可徵今方欲傳信後世奈何先不自信也夫箸述者之行遠與否亦視其文好醜耳徇俗

以敗吾意無爲也自是遂翻然改圖事皆有徵詞必己出猶以成書期迫刊落未盡爲憾逾年重編目次追憶前語書此以諗同志戊申春三月既望其昶又記

# 桐城耆舊傳卷一目錄

邑後學馬其昶通伯譔

錢尙書傳弟九

# 王太原侯傳第一

桐城耆舊傳一

侯王氏諱勝字均德少驍武喜兵法膽略過人元至正間聞明太祖起兵自和州渡江卽領千人歸之從戰有功太祖用爲右副元帥至正二十一年攻敗陳友諒取江州賜金帶一艮馬一敕守江州明年四月友諒大舉兵圍豫章號六十萬軍勢甚盛太祖與劉基謀欲火攻之先募死士詐降爲內應侯應募太祖謂此行恐不生還侯曰應死募豈有生心乎遂與樞密院同知丁普郎等三十五人降友諒夜縱火焚其營大軍乘火奮擊大破之諸降者皆燼太祖旣滅友諒命立廟康郎山祀死

事三十五人侯位弟三贈懷遠大將軍太原郡侯賜養
馬圩於本邑白兎河子幼襲其兄子四代指揮侯同時
有黃榮六者亦勇士也初元末黃同甫懿甫勝甫兄弟
避徐壽輝亂遷桐城是時盜賊羣起桐城挂車河盜首
曰吳貴冦鈔刼殺居民患苦之所在結堡自固於是黃
氏亦集眾築城蔣家山南榮六者其諸孫行也冑盛斗
粟尤壯健因以名城謂之六城黃遠近不能自存者皆
依附之明太祖旣克安慶舉宗迎謁賜爵不受而歸靖
難兵起榮六孫永從北定燕京拜明威將軍調南京羽
林衞指揮子孫襲職

馬其袒曰王澤爲余言其宗祠舊藏侯戰袍一劍一袍絶長祭時則使子弟一人立几上乃可勝今袍毀其劍存蓋長三尺許云又謂長老傳言侯詐降時斷一臂乃行用袍裹臂歸余謂臂斷則廢矣鄱陽之役縱火夜焚營必無先斷臂事故不載自古一王之興恆有蹈死不顧生之徒以佐成其烈嗚呼如侯之言亦壯矣哉

黃許朱謝韓章江邱雷蕭傳第二

黃副使諱敏字宗學不知其始所由起洪武閒官兵部員外以忤旨左遷上林監丞轉長蘆鹽運副使坐事謫戍興州兵部尚書方賓等交章奏敏才識通卓復擢工

部員外終廣西按察副使永樂間許侍御諱友進諸生貢成均官侍御史以忤中人怡罷歸朱大理諱善字敦夫拔貢生廷試第一授推官擢主事外任鶴慶同知民立生祠遷大理府家故貧服官二十載田宅無一增其後仁宗宣宗朝諸仕者名績皆所不悉至正統元年謝公諱佑字廷佐成進士四年以監察御史出鎭大名練兵保境爲京師聲援至則修城堞造器械撫流移百度振舉民隱然安業畿輔志紀之累遷山西布政使致仕歸卒時母服未除顧言衰經爲斂以終吾喪公少孤貧嘗讀書牛背母鞠之成立故至死不忘親也其在景泰

時入福建省志名宦傳者韓公諱隆字德崇時初置永
安縣公以國子生任知縣凡城池壇壝公署皆成其手
秩滿士民丏留至十二年以官卒入山西省志名宦傳
者章公諱綸正統十年進士以給事中謫應州判擢本
州性明達治無留牘歷官至參政其在成化時有江公
諱宏濟字本深以進士知清豐縣治行卓異拜監察御
史按長蘆鹽法風裁懍然入畿輔名宦傳蓋自正統以
來吾縣賢公卿大夫接迹並出不可勝數矣其事詳可
紀者別爲篇今復彙記於此邱公諱盌字士安天順時
以貢士爲鎮南衞經歷桐城黃公白陽二山舊產礬後

盡歲賦礬二萬有奇民市礬他郡以償公爲具奏免賦
縣人德之而宏治正德閒有雷侍御蕭副使者皆著聲
當時其卒皆祀鄉賢侍御雷公諱宗字希曾宏治十五
年進士由汝陽縣知縣擢四川道監察御史正德時奉
監諸軍征霸川劇賊振肅風紀尋爲忌者所中謫瀏陽
典史轉知崞縣甫至卽告歸屏居二十餘年貞志甘貧
士論推重之年八十四卒副使蕭公諱世賢宏治十八
年進士授南京刑部主事治宸濠獄多所平反擢嘉興
知府慕前守楊公之賢揭其行事於堂視爲師資以治
行弟一遷湖廣副使道卒囊無餘金以故服斂入浙江

名宦傳然亦不能言其詳自謝布政以下入方志者皆然

馬其昶曰文獻之繫於世也豈不大哉其人之行能節概同而顯晦異致者皆職此之由

方斷事傳弟三

方公諱法字伯通其先自休甯遷池口宋末有德益公者徙桐城至公五世矣公生之歲爲洪武元年逾歲而孤時天下初定人競戎馬母程氏紡績資公使學務以儒術亢宗治尚書事母甚謹里黨稱其孝英傑負氣聞朝廷利害輒自激發建文元年鄉試中式天台方正學

先生典試事以託孤寄命大節不奪命題公旣受知正學歷政臺寺授四川都指揮使司斷事執法不撓無何正學死建文之難成祖卽位爲永樂元年諸藩表賀登極公當署名不肯署投筆出俄詔逮諸藩不附者公與逮登舟飭家人曰至安慶告我行次望江人曰此安慶境也公瞻望再拜慨然賦詩二章曰得望吾先人鄉可矣遂沈江死罟尸不獲夫人鄭氏收其餘髮爪甲於巾笥守義四十年卒遺命納公髮爪懷中歛而葬公祀鄉賢祠子懋自有傳

馬其昶曰悲哉靖難之事正學不肯草詔赤十族公以

小臣亦不肯署表死大節不奪殆無愧哉先是吾縣人有架閣吳公者諱名揚字叔瞻宋德祐元年文信國起兵江西公參畫軍事嘗率巨室備軍需辭氣激烈傾動一時見鄧光薦續宋書光薦亦信國幕僚也吳氏家廟藏信國手札三皆言糧糴事後遺失其族裔乞翁侍郎方綱摹刻之士大夫多題詠焉宋亡公杜門屏迹元御史程鉅夫薦之不起人亦謂其無慚信國其後八十四年又有杜萬戶事杜萬戶者元將也佚其名從余忠宣公守安慶陳友諒既攻陷安慶忠宣死節妻蔣氏子德臣皆死妾滿堂氏生子淵甫周歲棄水濱杜見呼而救

之曰此余參政子義種也悉捐所攜物挾淵去之太湖至淵孫貞四來遷縣北洪濤山姓王氏廟祀參政爲始祖兼祀杜康熙五十三年懷甯令張懋誠至縣振災得其實因詳復本姓明年學使余正健設立忠臣廟奉祀生員二人又二年學使林之濬增一人俱知府張楷詳請忠宣故合肥人其遺肖不絕至今爲桐城人自杜萬戶也杜萬戶可謂能立孤矣其後二百八十八年又有詹大刀事詹有勇力善大刀人以號之遂佚其名字閣部史公督師揚州選充左右親校乙酉四月　大兵攻揚州閣部知城將不守袒臂令詹以濃墨書己姓名於

背書畢裹甲上馬詹持大刀隨之南行未十里猝遇游騎被刃墜馬馬亦仆詹掖起趣易馬以行閣部曰余非亡命蓋欲留其身效文丞相圖集義旅耳今左股廢尙奚能爲因急揮詹去毋俱死汝家有老母俄而騎兵至詹伏匿道旁深林艮久兵退出見平沙血跡淋漓知閣部已死因徘徊悲泣間道歸里後以征西大將聞其名徵之急逃入山不出每與人談揚州被圍事輒淚尤痛閣部命其書背竟莫能得其屍也明史言閣部自刎不殊被執以死此所傳差異而朱滄見聞小記記此甚詳先伯祖可久處齋集有書詹大刀事余故類載之吳詹

皆無成功而杜獨能存余氏孤於桐城者家國難易之勢殊也其以異縣來寄籍者又有明太子太保都察院左都御史趙公景初山東青城人宏治初劉吉忌之貶官北峽關巡檢卒葬關鎮後山夫人劉氏祔焉吉敗追謚忠毅明史不言其事今忠毅祠猶存子孫有留桐城守其祠墓者遂著籍爲縣人桐城山脈踰北峽起洪濤故余氏趙氏多居洪濤山側

方自勉公傳弟四

方公諱懋字自勉斷事長子當永洪宣正之際與金騰高史仲宏以意氣爲昆弟交騰高字上達邑大饑悉出

所積穀三千餘石振其鄰里曰所貴好義者補天地不足也豈其乘歲祲而自爲利乎騰高旣輕財急義仲宏善相宮宅地形精算術智謂絕人而公孝友英特有大略三人者皆以布衣任俠聞一方父斷事死節公年十五矣世父頗利其產悉以讓世父自築茅居母及弟世父猶時時移怒嘗誣抵以罪就獄不辯有司更以爲孝出之甫出獄而脫世父女於厄由是世父感悟公治生勤家益起訓諸子厲學里閈訟爭皆走求直以多子更廓所居搆斷事坊閎麗甲一邑時騰高亦治室東郭同日落成兩家羊酒交相慶邑人觀者塡巷然騰高仲宏

嘗自以子不才而羨自勉五子有五龍之目仲宏得吉
地欲授騰高至其家不言出過自勉曰君後嗣必庶富
且貴請以地授子曰何也曰及君門聞兒聲此庶徵也
既入聞紡績聲此富徵也既坐聞書聲此貴徵也吾過
金氏金氏子方與客博誰能違天而福之地當龍眠口
號月山果吉壤方氏宋元閒自池口徙桐城六世至公
有五子長廷獻諱琳稱中一房次廷瑞二房廷輔三房
廷實四房弟五子廷璋稱六房廷輔諱佑成進士廷璋
諱瓘舉於鄉於是都諫王瑞題其門曰桂林而方氏之
族乃大廷實諱瑜務農殖或問貴介猶親稼乎曰吾之

耕猶仲之學安得藉人資怠已事及兄佑以爭邊民不當死廷杖謫攸縣不能治裝乃資其裝久之幼子向亦以進士官給事中劾中貴謫多羅驛乃拊其背曰行矣勉之薄田尸饔吾甘之矣家居湖上濱湖民往漁或請禁之曰天設此湖盦爲一瑜斗酒居恆不紈綺不輿蓋樵者至與爭道或以爲言曰徒行樵弗避與行鄉里姻戚將走避奈何以躬耕老叟傲鄉鄰也晚稱退菴主人日取朱子小學課諸孫卒年七十八佑向皆自有傳廷璋曾孫夢陽字子旦生時母夢朝陽照室因以名友人阮應薦喪妻一襁褓子攜歸乳之家饒財焚券累千金

有盜胠篋已而邏者獲盜呼驗所失曰我不顧墮甑性易直善談謔好客擊肥烹鮮命酒甚歡爲諸生漢川張甑山勸之仕且解帶遺之曰請爲君易儒服乃謁選得南安丞常市家租佐祿祀鄉賢南安孫大美自有傳仲宏諱自成號克經以字行晚更號行窩少傳外舅黃回甫葬術回甫阡韭菜園人笑之後遂發祥所謂韭菜園黃者也仲宏治其術益精其所取或人所忽棄不私於家曰天與吾目以報善人敢自私乎自是言相墓者多託仲宏縣中人人慎葬由此起也仲宏子堂景泰四年舉人官鹿邑令仕籍從外家姓曰黃堂其族譜曰史黃

堂

馬其昶曰余聞方氏先以貲雄其三世曰士源歲饑發家穀以振計口授食有再三詐領者怒削其眉倪氏子因夜往殺之家人多被害里人爲槀葬宅後園中其後宏治間諸生方惟諧丁祭監宰屠人倪氏子奸其職惟諧格殺之有司重祭法不問子孫至今仍讐倪不通姻焉爲善而得禍其後嗣寖昌天道信不誣乎然使不有自勉諸公之積累卽又安能歷久不替者乎

## 檀朱彭三孝子傳弟五

檀孝子諱郁字道清少孤貧母汪氏守節孝子言動兢

兢恐有失行辱其先凡母服食所需必勤苦躬致之母疾晝夜侍疾甚則虔禱願以身代母也母歿貧不克葬鄰里憐之爲買山山多石不可穴孝子悲泣自責一夕鄰人胡伯恭夢神語曰檀孝子有穴湧泉走告孝子孝子莫喻醫士程伊聞之曰意者山之麓乎湧泉穴當足心求之果得窆孝子廬其側三年常如初喪山素無泉每食輒下山取水水艱後忽有泉自石罅出流於坎色瑩而味甘孝子資之得免下汲至終喪泉竭始孝子之居廬也人念其貧饋之食孝子受之免死而已正統十二年知縣李寬以狀聞詔旌其門復其身孝子作家訓

七十章論子職二十五餘皆言修身正家事終於事君孝子卒亦葬母墓側祀鄉賢令投子山西有檀孝子墓塔

朱孝子諱文林六歲喪父家貧以櫛髮爲業竭力養母母病思魚市無魚孝子投竿即得有姊寡且盲母念之孝子迎姊歸與母共寢處姊遂終於家母病篤刲乳下肉一臠密丸以進母食之愈久之母年八十五卒孝子廬墓側依樹結苫無戶牖每風雨輒繞墓泣聞者悽惋山深林密豺虎間來不爲害也鄉人感動饋壺飧者相繼邑薦紳先生並爲文拜祭其母孝子樸訥不知所爲

唯稽顙呼號而已是時孝子年且老尚未有字趙鈞州始字之曰士先後竟以毀卒於墓所

彭孝子諱寶字惟善邑諸生善事父母父性嚴母尤加嚴每交怒求解不得則涕泣叩頭必得解乃起一日大雪父怒其母孝子懼乃跪寢門外及旦啟戶見孝子猶踧踖雪中父遂感悟曰吾偶醉耳孝子即起拜謝以示其體康也妻胡氏事姑不敬欲去之戚黨爲解不聽母曰婦善事我何得爾孝子乃跽受教退謂妻曰妻者齊也而事親不我齊乎妻感泣卒以婦道稱當是時何省齋先生爲儒宗孝子師事之務以實勝條其規十端曰

寶日省此十者立稽過錄一行一念失必書月朔正席自數曰奈何過不改作慶五圖以爲達道始父母終天王天生萬物惟人具之可勿自慶乎因以慶名軒孝子學日進然故拙於文督學試文當黜郡邑諸生環進乞優容孝德太守羅公爲言使者得不黜仍表之曰彰善後每試更得優等逾四十孝養不倦由是父母雖嚴善怒然亦寖愉說矣父歿治喪一準朱子家禮逾年病以事母屬其子曰以喪死當衰絰斂遂卒

馬其昶曰吾縣明以來孝義自檀孝子始旌於朝宜哉其後有朱孝子閶嘉靖末議舉鄉賢諸生以何省齋及

彭慶軒請不行久之省齋卒得祀慶軒不與第與朱士先表於部使者祔祀檀孝子祠號三孝子今檀祠已燬後有重修是祠者二子之祀所宜復也

姚參政傳弟六

姚公諱旭字景暘號菊泉景泰二年進士授刑科給事中以上書訟于忠肅公冤忤權貴會御史某朝班坐給事中上公復疏論因左遷鄭州判官已而朝論皆是公議卒定坐次科居道上公在鄭州有惠愛秩滿去任民遮道不得行賦詩慰之而去成化初用大臣薦除南安知府以教化爲先郡學有宋理宗題道源書院額構石

亭覆之益新其廊廡選諸生廪餼之使就學山水暴漲城傾圮出公帑餘金甃其城水患永絕明年夏枯旱禱請立應澍雨霑足是歲有秋野產嘉禾一稃二米士大夫競歌詠焉擢雲南布政使司右參政武暢蠻夷結土寇爲亂公行至關索嶺以聞敕公及三司會指揮進剿平之威惠大著尋乞骸歸年七十八卒祀鄉賢及南安名宦初元季姚氏勝三公自餘姚來遷居大有鄉之麻溪爲麻溪姚四傳諱顯者公父也有盛德能急人患難治家甚整鄉里效法聞善言必令子弟籍而行之少年酗酒者遥望之輒避匿嘗夜得盜縱之或曰何以儆後

曰彼迫饑寒爲此一被官刑不可爲人矣家素封讓腴產其弟時人義之及生公而慧撫之曰此子必興吾宗後果如言

馬其昶曰姚氏之族至參政始大有循良之譽名掊繼踵遂爲世家吾聞公致仕歸授諸子田止數畝亦可謂不爲後嗣計留者矣爲善之報信而有徵觀贈公之言若操券然

方桂林瓊州傳弟七

方公諱佑字廷輔斷事孫也少爲文多奇氣志行亦如之舉應天試還至郊感親殁慟哭墜馬天順元年進士

拜監察御史風裁嚴峻朝有大議臺長必曰方御史謂何撫河閒以法裁錦衣官校巡鹽兩浙有柄臣招飲謝不往至則絕請謁釐宿弊銜者日眾上賜璽書褒之再按廣西苗賊窺桂林城守急公下令大軍旦夕至吏民妄動者斬悉城中民授甲出南門入東門更服循環數四苗錯愕遁去因上書陳彌亂之術論劾撫臣不檢者罷去毀淫祠以其材葺貢署自靖江王以下皆飭左右謹避方御史成化初還朝會論四有邊民陷敵逃歸坐俘當死詔偕中貴人視刑公廉其情停刑草封事中貴人不可爭之强中貴人怒愬於上時銜者柄用乃詔衞

士捽公於廷杖三十謫攸縣攸俗囂獷召父老講律令
宣朝廷德意設奇擒劇盜石長子斬之乃編民爲甲伍
居相糾察寇至相援救羣盜解散攸稅重吏緣爲姦因
罷吏期民自輸數年逋稅旬月遂登暇乃新學宮進諸
生講詩書大誼常祿不足給兄廷獻每發家財佐之考
績弟一吏部長官勞之曰君治民良苦行召君矣以銜
者衆復命之攸巡撫吳公琛榜所行下諸縣爲式臺使
交薦而銜者不悅乃推桂林守以桂林舊按地抑之也
臨桂縣常賦外月徵錢九萬供上官公白罷之居八月
致政歸結室萬松閒閭里視爲儀表卒祀鄉賢曾孫效

字去病嘉靖中舉人能詩有淸望
瓊州公諱向字與義別號一菴桂林從子也成化十七
年進士至瓊州知府以官給舍有名故海內稱方給舍
初授南京戶科給事中是時權貴怙寵巨璫陳祖生守
備南京尤跋扈宏治中西安門災雷震孝陵柏及洪武
門鴟吻公因上疏劾祖生暨在位數十人以謂南京國
家根本地天怒薦加變有所自祖生擅作威福漁獵軍
民而諸臣持祿阿附無忠直節乞賜黜罰回天變上爲
黜三人勑戒祖生由是羣閹側目會主事盧錦牧羊湖
隙地公嘗莅湖視冊祖生因劾錦及公並下獄錦上書

曰此自臣錦罪方向不知也詔復職自乞骸骨不許踰年御史孫紘劾中侍郭鏞奉使過南京宴後湖中非法祖生乃使其黨訴上曰紘為錦報復耳陛下重湖禁奈何輕縱向邪乃復追逮公使中侍會大臣鞫之御史劉遜奏列祖以來無奄人鞫言官者不報獄上謫多羅驛丞冡宰王公恕疏爭不得司徒李公敏率諸臣爭之省臺又爭之俱不報朝論嚚然不平而公聲動天下矣公長身岳立器宇宏廓視利若浼視官若芥一無所撓屈也多羅在西南萬里外即日就道既至署三泊縣事均賦興學夷僰向化母憂服闋以薦授資陽尹簿書叢委

疏決一空置律於庭擬罪輕重縱四自閱之吏不得藏
巧巡撫韓公文奇賞其才屬決他郡疑獄平反數十外
艱歸民立碑紀德再起擢知湖廣安陸州中貴祀太和
取道安陸無敢譁時興獻王新之國戒其下慎勿干方
給舍我猶貸汝彼不汝貸也撫按薦之銓部三擬僉臬
竟抑不行移守瓊州興獻王上言知州向政績卓異乞
增秩留鎮本州朝議以黎難初平需賢守而優詔答王
曰侯瓊州報政即加擢用蓋遠之也公治瓊州易剛爲
柔召其酋長諭以威福禮耆舊與文學酋苻南越兄弟
許奏累年望風請謁因貸其罪和解之而去大學士梁

公儲有子家居横甚公詒書諫諷梁公引謝人兩賢之入覲道病至都卒祀鄉賢及安陸名宦子見字惟素有逸才詩名藉甚箸南淙稿玄孫大任自有傳初公釋褐封公訓之曰惟爾仲父家法在故公宦數十年不營田宅瓊有珠池置不問封公諱瑜三子皆賢長曰璽字與節次曰舟字與濟次卽公與濟子曰克亦以直節著稱馬其祀曰桂林瓊州清節葢世作吏勤治尸祝不㝵雖古循良何以過焉績効彰著獨不容於娼嫉之人詩曰投畀豺虎誠痛之也

方天台傳弟八

方公諱印字與信號樸菴父廷獻諱琳斷事長孫也有母弟四從弟二共炊食終身秉家政不一黍自私每旦命某耕某學某執事各授之職悉趨惟謹方氏家法聞一時及卒公一率父教無改嚴事諸父無敢專輒一日侍坐桂林側問今從政者之楮鏹謂何桂林厲聲曰若異日楮鏹哉公悚息退且負楚桂林始討而釋之公與弟塘友愛甚有所入悉授塘不問出入久之家饒塘請兩析之公曰吾子一弟子四豈令我目諸子之厚薄其室也五分之取一成化十三年舉於鄉授天台令邑號劇繁公不矯激取譽務在富教之勸農耕崇學校抑豪

姦化流於民數月卒官囊不滿十金吏民助棺斂里巷罷市相弔邑先達夏太愚年百歲不出謁三十年特臨哭故事有司卒官出不中門吏民乃號泣扶櫬中門出公爲治以惠稱然台父老言吏或受賕則譴責隨至一吏不法使齎文當道發械即誅吏語其嚴於疾惡如此先是民感德家各圖公小像及卒衆求擇尤肖者一幅別立祠祀焉水旱輒就禱遂傳爲神云祀天台名宦及本邑鄉賢曾孫學漸自有傳

馬其昶曰今之長吏動曰民情不古若施化難也天台之澤何其入人深邪當時郡守泰安胡公贊曰君任天

台甫半載出以誠厲以廉始疑其拙繼信其眞欲觀王者化先觀王者民人以其言爲實錄

錢尙書傳弟九

錢公諱如京字公溥宏治十五年進士授海鹽令父鸞字應祥寄詩勉以清操嘗醉酒撻一胥醒而悔甚遂稱疾不視事僚佐入問乃謝曰吾病非他奉天子三尺期稱平今顧以酒逞刑故閉閤自責耳吏民聞之感動入爲監察御史遷副使備兵天津累擢至右副都御史巡撫保定請發內帑數萬緡振饑轉兵部侍郎兼左副都御史總督兩廣軍務一夕諸軍驚噪公坐府中不動下

令開城門羣出者縱之獨出者擒之夜半軍自定旦日
惟薄罰夜出城者二人餘釋不問所轄土官相仇殺當
事者利用兵希功賞公曰夷性不常徒驅良民於鋒鏑
彼朝服暮叛可勝誅乎疏請褫土官職許立功自効不
費一鏃境內獲安遷南京戸部尚書改刑部時九廟災
軍士入運瓦礫得金珠灰燼中緝獲下獄以盜祭器論
公曰金非器器非珠也因得末減以病六上章乞休歸
居桐溪足不履公門觴詠自娛卒加太子少保諭祭葬
祀鄉賢公性端厚不形喜愠臨大事片言立決款曲親
舊如未貴時著有鍾慶堂集子元善以蔭至曾府長史

能詩有名孫可久字思畏亦工詩嘗東遊吳越訪才士
卓明卿卓謝不與通後知爲思畏出贈千金思畏笑曰
吾慕君才豈爲千金來邪徑去不顧
馬其昶曰吾聞宏治閒有選貢生周先生京者字大觀
公從受業自言平生得如周先生足矣因名如京周先
生一老儒始建宗祠定家規教授鄉里而公乃至欲終
身擬之周先生固大有過人者卽公之所存亦可知矣

# 桐城耆舊傳卷二目錄

邑後學馬其昶通伯譔

桐城耆舊傳二

余按察傳弟十

余公諱珊字德輝號竹城正德三年進士授行人擢御史公性剛勁譏彈不避權要庶吉士許成名等十七人罷教習留翰林公疏論其濫語侵內閣不納是時政出中涓乾清宮災疏陳弊政極指義子西僧之謬巡鹽長蘆發中官姦利事爲所誣下錦衣獄杖瀕死朝論爭救之謫安陸判官移知澧州世宗立擢江西僉事討平梅花峒賊遷四川副使備兵威茂先是犒番歲不下十餘萬公至裁革之務益養兵鍊將造運車習陳法二年而諸番懾服董卜韓胡素黠驁獻珊瑚請見卻之終公任

不敢犯嘉靖四年應詔上疏陳十漸其略曰陛下有堯舜湯武之資惜無稷契伊周之佐致時事漸不克終者有十正德閒逆瑾專權假子亂政不知紀綱爲何物幸陛下起而振之未幾而事樂因循政多苟簡名實乖謬宮府異同紛拏泄沓以爲在朝廷而不在朝廷以爲在宮省而不在宮省遂至天子以其心爲心百官萬民亦各以其心爲心此紀綱之頽其漸一正德閒士大夫寡廉鮮恥趨附權門幸陛下起而作之乃今則前日之去者復來來者不去葢自浮沈一世之人擢掌銓衡首取輭美脂韋重富貴薄名檢者列之有位致諛佞成風廉

恥道薄甚者侯伯專糾彈罷吏議禮樂市門復開賈販
仍舊此風俗之壞其漸二正德間國柄下移王靈不振
是以有安化南昌之變賴陛下起而整肅之乃塞上戍
卒近益驕恣殺許巡撫姑息之頃遂殺張巡撫縛賈參
將姑息之近復縛桂總兵致揄闒妖賊效之而戕主事
北邊庫吏仿之而賊縣官陛下惑鄙儒姑息之談牽俗
吏權宜之計遂使廟堂號令出於二三戍卒之口此國
勢之衰其漸三自逆瑾以來以苞苴易將帥故邊防盡
壞賴陛下起而申嚴之然積弊已久未能驟復今朵顏
蹢躅於遼海羌戎跳梁於西川北狄蹂躪於沙漠寇勢

方張而食肉之徒不能早見制馭假鎮靜之虛名掩無能之實跡甚且詐飾捷功濫邀賞賚虛張勞伐峻取官階而塞上多事日甚此外裔之强其漸四自逆瑾以來盡天下之脂膏輸入權貴之室是以有劉趙藍鄢之亂賴陛下起而保護之乃近則黃紙蠲放白紙催徵額外之斂下及雞豚織造之需自爲商賈江淮母子相食兗豫盜賊橫行川陝湖貴疲於供餉田野嗷嗷無樂生之心此邦本之搖其漸五正德朝衣冠蒙禍家國幾空幸陛下起而收錄之乃未幾而狂瞽之言一鳴輒斥昔猶謫遷外任今或編配遐荒昔猶禁錮終身今至箠死殿

陛蓋自呂枏鄒守益等去而殿閣空顧清汪俊等去而部寺空張原胡瓊等死而言路空間有一二忠直之士又爲權姦排擠致陛下耳聵目眩忽不自知其在鮑魚之肆矣此人才之彫其漸六正德朝姦邪迭進忠諫不聞幸陛下起而開通之顧閱時未久而此風復見不剿說而折人以言卽臆度而虞人以詐朝進一封暮投千里甚至三木囊頭九泉含泣此言路之塞其漸七正德朝忠賢排斥天下幾危賴陛下起而主持之豈期一轉瞬間憸邪投隙而起飾六藝以文姦言假周官而奪漢政大姦似忠大詐似信雖有聖哲誰其辨之臣恐正不敵

邪羣陰日盛此邪正之淆其漸八正德朝大臣日疎小人日親致政事乖亂賴陛下紹統堂廉復親乃自大禮議起凡偶失聖意者譴謫之鞭笞之流竄之必一網盡焉而後已由是小人窺伺巧發奇中以投主好以弋功名陛下旣用先入爲主順之無不合逆之無不怒由是大臣顧望小臣畏懼上下乖戾寖成睽孤而泰交之風息矣此君臣之睽其漸九正德朝天鳴地震物怪人妖曾無虛歲賴陛下紹統災異始除乃頃歲以來雨雹殺禽獸雷風拔樹屋婦人產子兩頭晝晦如夜四方旱潦奏報不絕曾何異正德之季乎且京師陰霾之氣上薄

太陽白晝冥冥罕有暉采尤爲可畏此災異之臻其漸
十也此十者天子有一無以保四海陛下聖明何以致
此無乃輔弼召之歟竊見今日之爲輔弼第一人者徒
以姦佞件食怙恩致上激天變下召民災中失物望臣
逆知其非天下之第一流而陛下任信之不至於魚爛
不已願亟去其人更求才兼文武如前大學士楊一清
老成厚重如今大學士石瑤者並置左右庶弊政可除
天下可治臣又聞獻皇帝好賢下士容物恕人天下所
共知也今議禮諸臣一言未合輒以悖逆加之謫配死
徙朝亡爲空此豈獻皇帝意苟非其意雖尊以天下無

當也陛下何不起而用之使駿奔清廟以慰獻皇帝在天之靈哉疏反覆萬四千言帝付之所司其所斥輔弼第一人謂費宏也外艱歸士民生祠之其後副使胡東皋謁祠獨顧公歎曰此吾師也服闋以故官涖廣東遷四川按察使逾月而卒祀鄉賢公居官有威惠律己甚嚴清節終始如一所居宅不加廣廳事前湫隘東垣之鄰請以所居讓公曰達而利窮鄰不義老而遠舊知不仁鄰人曰大木之下豐草讓生公曰不然大木之陰行道可息吾乃不能息子而草視子邪鄰復曰拓之便公曰吾昏暮乞火不已便乎卒不拓公博涉多通曉兵法

麻數觀察四川日嘗夜戒衛兵明旦有屠者二人爭毆赴司急縛之兵如言明旦果得二人訊之則苗夷刺客也其家有自製小渾天儀

馬其昶曰昔潘木崖先生稱公善爲詩同時李何諸公皆相推挹遺編零落久乃得同里馬太僕輯而刻之其昶謹讀先太僕余竹城集序述其勁節天植通籍三十年絕不一問家人生產卒於官不能具斂舊廬數椽蔽風雨不足再傳且貧不能守益歎公之賢今先太僕所編集又已不存惜哉

齊按察傳弟十一

齊公諱之鸞字瑞卿號蓉川九歲就傅會師他出鄉先達袁太僕過塾中諸兒驚避公朗誦如故袁公笑曰客至而倨禮乎對曰奉師命讀書不奉命揖客音吐宏壯袁公聳異因妻以女袁公諱宏字德宏成化十一年進士至太僕卿公於正德六年登第改庶吉士授刑科給事中武宗時閹豎用事綱紀陵遲公既居諫職益發憤敢言十一年冬帝置肆京城西偏車駕將臨幸公上言陛下貴為天子奈何競錐刀之利如倡優館舍此必有羣小牟利進細娛以煽惑陛下者當是時江彬欲攘權自私數導帝游佚居大內徒為廷臣所制帝因幸宣府

而韃靼入寇大同王勛等力禦之轉戰至應州帝躬率
太監往援寇尋引去十三年帝降勅稱總督軍務威武
大將軍總兵官朱壽勦寇有功宜特加公爵制下舉朝
大駭公偕同官上言自古天子亦有親臨戰陳勘定禍
亂者功成不過南面受賀勒之金石播之歌頌已爾未
有加爵酬勞如待人臣之爲若今日倒置者不知陛下
何所取義爲此不祥之舉貽百世譏訕帝既從江彬言
自稱威武大將軍益將徧遊邊塞大學士楊廷和蔣冕
毛紀以去就爭公復偕同官言三臣居師保之重先後
稱疾今六飛臨邊踰月矣宗廟社稷百官萬姓寄空城

中人心危疑三臣復杜門求去萬一事起倉卒至於僨
敗三臣將何辭謝天下乞陛下亟返宸居與大臣共圖
政理不省中官馬永成死詔卹廕授官至九十餘人公
上言永成何功不宜恩濫至此臣恐天下聞而解體不
聽再遷兵科左給事中寧王宸濠怙恩驕横御史蕭淮
及公首發其姦未幾宸濠反乃命張忠許泰南征朝議
選科道御史才望素著爲諸將所憚者從軍紀功公自
請行先是宸濠造龍艘於江南邀車駕南幸行有日矣
舉朝驚懼公大呼於朝今日不以死諫南行行必墮賊
臣計異日雖寸磔不足塞責於是公偕六科諸臣御史

楊秉忠偕十三道諸臣上疏諫章入二日未報相率伏闕俟命帝令中官傳諭退明日託疾免朝欲以爲公等罪會諸曹黄鞏等百餘人連疏極諫上大怒撻之下詔獄死者十一人然亦遂止不行張忠許泰等既率禁軍往江西未至南贛巡撫王文成公守仁已勒勤王兵大破宸濠黄家渡於是羣小媢嫉其功文成初上宸濠反書因請黜姦諛諸嬖倖皆恨及宸濠俘益懼乃導帝南征思奪其功且競言文成先與賊通謀公力白其誣請以一家數口爲守仁贖忠泰等廣搜逆黨相株引公多所開釋且疏陳軍民之困請蠲田租停力役寬逋賦帝

頗採納後駐蹕南都又屢請還宮作回鑾賦以諷公先世居鳳陽爲齊姓元末避禍遷桐城別族徐至是始復焉公既已救護文成復劾奏許泰及尚書王憲黨附江彬宜黜二人竟獲譴當時諸將爭欲攘功公不可江彬張忠等迫之公曰不紀江西守臣功濫及諸貴何以示天下有褫職而歸耳必不可彬等譖諸上上曰此給事中曾論若罪若憾之耳卒不聽世宗踐祚公上疏畧曰陛下自藩國承大統正人心望治之日補救之道惟在定聖志廣言路昔大行皇帝志意未定羣小恐其中處不便所爲也初自大內誘之出居文華殿又誘之徙居

御馬監又誘之西居豹房新寺諸處聖母不得親三宮不得近而孽寺義子妖僧賤伶邪女之類更侍迭從忠義不聞於耳媟褻日陳於前大行皇帝以爲愛也而不虞其姦也遂懽焉樂之而天下之權有竊弄之者矣一十七年之閒志士蓄憤蒼生蒙害大行皇帝皆不得而盡知也先朝元兇今雖已去而根據盤互連蔓滋多方今之財萃於私室上不在官下不在民彼其顧權勢擁厚貲猶恐巧相營結或邀定策之賞或假迎扈之勞取憐固寵天下事豈堪若輩更壞臣是以深懼聖志之未定也今日之事畏禍者不敢言敢言者久過於權姦之

擢蔽一旦欲吐其忠憤必有不顧忌諱至於逆耳者在嘉納而優容之耳若稍或裁抑則小人乘之以讐害忠直言路一塞不可復開伏乞陛下俯容謇諤其有文武不肖大臣及非軍功冒封拜者卽賜罷黜復嚴先朝佞倖諸姦置之法反覆二三千言極論六部諸弊及貴璫之姦羣閹鬨然曰齊給事攻我帝時初卽位嘉納之然卒以忤權貴降調謫崇德丞遷長興令青州同知丁內艱服除轉南京刑部郎中八年改陝西盜夏僉事值關內旱飢民採蓬子爲食爲取二封一進帝一以貽閣臣盜夏者古朔方地也自紅山堡之黑水溝至定邊之南

山口花馬池諸堡城塹久湮地故沙磧董版築者卒以
乏之水泉無功獲譴初公爲給舍論劾王瓊瓊後起總鎭
榆林公爲僉臯屬焉瓊因薦公城花馬池公疏請便宜
行事掘沙丈餘竟得土以易言山下有泉百里外有山
往鑿之果得泉引以木梘用濡溉土石事甃築詔限五
月至三月城成讓功於瓊瓊大驚服由是三邊之城屹
爲天險巡撫胡東臯稱其能舉以自代自夏還朝調補
河南副使權本省提學副使尋改山東臨清兵備副使
召爲順天府丞未行盜發留鎭撫尋擢河南按察使卒
官公天才宏麗桐城文學推公先導而縣人第進士入

翰林爲庶吉士者亦自公始箸有奏疏二卷南征紀行入夏錄若干卷祀鄉賢子逑字柳峯近字愛蓉皆隱居不仕孫琦名字越石號羣玉萬歷四十一年進士至紹興知府鼎名字調宇號重客諸生博學强記箸姓史五十卷萊名字朱草諸生能詩有青莎館集又策名佚其字其詩篇與朱草君求並見　御選明詩錄君求諱心孝天啟二年進士官編修早卒紹興子登輔字員倩國初爲南安同知博覽多通兼善騎射登臺字仲符以母老辭徵不赴鄉黨舉孝行卒年九十二

馬其昶曰甚哉武宗之荒慼可謂大無道之世矣其國

祚幸不即傾者何與豈不以犯顏敢諫之臣未絕猶足以維繫之與世穆神光緜歷百年玆其效也及至天啟黨禍大作海內正士澌滅無遺視公所遭時猶未可謂之不遇嗚呼悕矣

吳參政傳弟十二 子通政

公諱檄字用宣號皖山馬埠山吳氏與麻溪高甸別族公爲諸生時廉使余公已負盛名邑令餽金受之公聞而歎曰賢者亦受此乎託爲首陽山人書一通陳不可受之義夜步三十里懸其門而歸詰旦余公覽之曰此必用宣筆也亦作書明可受之義張於邑校之堂以答

焉正德十六年進士授襄陽推官穀城棗陽饑上書直指請太和山金振之不待報輒發能聲大著入爲户部主事轉武選司郎中都督僉事姜奭奏邊功乞陞事下職方議職方曰可乃下武選擬官公曰法斬首二百以上者陞一級奭斬級未滿八十當賞不當陞尚書張讚愧謝焉劉民譽者其父從世廟起興藩賜錦衣衛指揮民譽欲襲職讚主之公爲劄曰法非汗馬功不世民譽不得襲讚裂劄投地曰必與之公曰必不可讚乃自爲劄以千户請詔不許然公亦以是不安出爲湖廣參議轉山東雲南副使終陝西參政清介之操終始不渝初

爲諸生葬父白陽山中去所居百里獨䄂米數升步至墓所炊而祭及歸遇雪過友人方去病門已暮矣曰奈何以展墓故煩友人依門礎趺坐達旦去其操行如此尤長於詩箸有兵部集子自峒

通政公諱自峒字伯高號石蘭嘉靖四十一年進士初授行人以清望選翰林院待詔充裕王講官多所啟益穆宗卽位以東宮舊屬再擢太常寺少卿初居翰林與江陵張文忠公僚好及江陵柄國絕不通轉南右通政旋以計典自陳議外補遂歸江陵敗士大夫交章薦之卒不起公九歲喪父事母四十年內行修祿入悉以推

之諸兄撫從子一如己生縣中議建城度地當破民居乃自讓地貧家無所損其後議鄉賢於學宮或問吳伯高何如其父一士曰用宣嚴巖峻絕伯高温温恭人父子不同操其爲士林仰止一也遂皆祀鄉賢孫紹志膺生至南甯知府從孫紹奇字淑甫號潄浦諸生有撫松集南甯子國琪字大玉有才略值世亂思以武功見至贛州副總兵唐王稱號福州從大學士楊廷麟尚書萬元吉城守順治三年　大兵破贛州不屈死闔門殉之馬其昶曰兵部術術秉道持法折而不橈詩不云乎鮮克有終若兵部可謂有終者也當江陵柄國所在爭坿

而通政以僚友雅故拂衣徑歸清正守節父子趾美由是觀之豈異操哉

何省齋先生傳第十三

何先生諱唐字宗堯世居縣北洪濤山少孤貧有大志事嫡母以孝聞卓然高厲恥爲世儒之學人敬憚之嘗過尙書錢公第公方宴客聞先生至亟命易具乃敢延請正德十六年進士觀政大理見許事林希元條封事上書請行之會考選給事中以母老乞便養授南兵部主事擢郎中時尙膳諸監中官假進御名橫恣索船先生按舊額裁之貴幸斂跡因條其不便軍民者數大事

聞於朝數小事請尙書釐正督視木廠造船嚴工作覈支放夜則誦錄周易中官誣奏剋減工費抗章發其姦廷議置不問固稱疾求解任軍民泣送旣歸僦屋以居買田數畝僅以供祭布衣蔬食一老僕褅僅蔽膝而論學日精徒衆甚盛遂爲鄉里大師里人王廷慕歎曰先生誼甚高然奈貧不能自給何學者以治生爲急非前哲之訓乎廷慕欲以其產獻不敢請乃因從子哲請哲許諾他日哲進曰學先治生有諸先生曰有之哲乃從容欲言如廷慕指言未及發先生復正色曰君子之治生也以學小人之治生也以貲哲逡巡退終不得發居

旗嶺下自非弔死問疾不出有司造請必簡騶從先生輒反覆爲論居官愛民之道初有直指以舊誼遣使餽金豫戒使致金即去先生欲辭不得乃易錢以周貧者年四十一卒祀鄉賢所著日省艮輔壯行聞見各錄皆散失先生嘗慕曾子三省之學以省名齋學者稱省齋先生而時人則皆誚先生狂也先生亦自謂庶幾聖門之狂謂趙子恆其狷者流乎子恆者趙鈞州銳也爲先生高弟子而如張圭事夔彭孝子寶及江經歷鯨字時化朱歲貢杲號梅亭亦皆得其傳其不以講學名而門下甚盛者有陶先生諱諶字唐臣歲貢生與伯兄讓仲

兄謨同居邑庠才致俱美而先生尤爲學者所宗守令敬異接以賓師嘗慨古禮久廢吉凶行事必依宋禮經子登衢孫萬象克守家法一時號爲儒門

馬其昶曰先生勇毅任道不顧衆嘲風聲流播竟亦克變俗習吾鄉講學之緒由此起至方明善先生益昌大矣明善與先生不相及葢嘗及鈞州而私淑云

馬霞松公傳第十四

公諱憲字廷實號霞松先十四世祖也於始遷爲三世父諱忽祖諱驥初姓趙氏爲六安州學生永樂時贅桐城馬氏遂承馬祀爲桐城人而趙氏之先與固始之祝

又一姓也既蒙馬氏居桐城再傳至公以義俠著鄉里
訟訴取一言爲枉直或相持至中道愧解去宸濠反自
南昌犯安慶所在搜閒諜得江西人輒殺之而江西挾
藝術在吾邑者尤衆公哀其無辜家多爲複壁潛納諸
爲藝亡命者複壁中夜從椽間飯之親族頗憂其事覺
且連坐公怡然不動未幾逆藩平衆全活矣年七十以
碩德舉鄉飮大賓又三年無疾卒霞松公長子諱騑字
艮健是爲百川府君縣學生以好施傾其家嘉靖中歲
惡發廩作糜以飼餓者不贍有田竹城嘴東乃質田於
富人復作糜盡費其直乃已後富人築室田畔適聞太

僕鄉舉遂止不築知其業不久淹也時方治壁塗墍一
面而罷洎太僕爲縣行取過里果出俸餘返田因存其
半壁以識先德百川公中子諱信延是爲守百府君厲
學力行父遘危疾醫者皆不任治每夜禮北辰禱請百
川公竟得起守百府君中子諱孟禎即太僕公自有傳
其孫爲孝子公孝子公先十世祖也諱懋襄字爾共萬
歷中縣學增生十一歲喪母包淑人至痛哭踊哀感衢
路既長志操清純太僕在官千里省覲以一力負襆被
自隨嘗痛母不逮養刺血寫梵經數十卷三年而畢竟
以毁卒　國朝旌孝子祀忠孝祠

其祖謹案吾族丁單且無大官顯秩然縣人皆推其族望與方姚張左並蓋自太僕起家爲名臣厥後遂以清白世守文儒忠義之彥往往而有也昔守亯府君易簣時謂李太君曰吾家世爲儒有隱德汝善視兒毋憂貧卒後九年而太僕釋褐如其言其祖讀家傳敢敬述之以告我後人

謝盛倪潘何傳弟十五

以布衣行誼祀鄉賢又皆緣子貴得封贈自諸傳所未載者今類記之謝公諱宗字維城治毛詩肄業成均祭酒湛甘泉先生甚器之親殁悉遜產於兄窮居終身施

濟不倦以子袞贈大理寺評事袞嘉靖十四年進士盛
公諱儀字克恭兄欲析居哭諫之不聽則抱季弟而哭
盡折券讓所分受者兄棄故居倍索直倍與之再索再
倍與之兄卒迎養嫂氏長育其孤季弟領鄉薦卒妻守
節尤敬恤焉凡宗姻婚喪弗贍輒補助之以謂人不能
撫族蓄衆非孝也嘗請於巡撫以邑中羨賦三千餘石
悉以給民封監察御史年八十二卒子汝謙自有傳倪
公諱夢梅字仲魁孝事繼母母甚愛之嘗道逢盜問其
姓告之盜曰長者也釋之閭巷有鬬者得一言立解贈
太僕寺少卿子應眘自有傳潘公諱爲山號成宇諸生

子汝楨爲慈谿令一日以官物寄家書讓之曰陶母猶知郤鮓若視我何等者封河南道監察御史卒年八十汝楨官至兵部侍郎孫映軫字楚星諸生閉閤讀書儉約如寒素映婁字次魯崇禎時副貢生　國朝福建福寧道按察副使何公諱如盛字君特諸生有鄰侵其田即割與之置義田以贍族其秀異者爲延師課之樅陽去縣治遠吏因爲姦以公居樅陽十餘年吏不敢逞卒年八十四鄉民皆走哭子應奎字任城萬歷四十八年進士授吉水令入爲禮部主事遷吏部郎中值左阮搆禍多所調濟人服其和不失介

馬其祀曰吾邑鄉賢祠燬於寇至今未及建昔潘木崖先生有鄉賢實錄外舅姚竹山君續之今據舊志及二錄因得具載昔人譏鄉賢祠爲鄉貴祠謂所祀皆鄉之顯者及其先祖父耳余謂世之貴顯者固不必皆賢乃其先則往往多厚德君子今觀諸公爲行若此其見推重於鄉宜矣概以譏之非篤論也

阮愛雲公傳第十六

阮公諱廷瓚字邦器以父號雲隱名所居曰愛雲之窩雲隱二子公其季也有至性十歲喪母逾年喪父依其兄以居兄爲人很戾有嬖妾慼之故所行益誖公既慟

不得事父母乃一用所以事父母者事其兄雖其兄妾
亦不敢逆也少時讀孟子作歌曰管叔死蔡叔死周公
之德其衰矣何不生逢有虞時象憂亦憂象喜亦喜堯
舜之道孝弟耳哀哉哀哉陳仲子兄聞之怒曰長大不
自食力何讀爲乃跽而請罪使牧則牧使耕則耕有石
傷趾息於道左兄怒以爲惰業也詈之則唯唯撻之則
敬受兄病疽含唾納之愈兄喜乃爲之娶吳氏年二十
有八矣吳氏歸兄妾虐使之引鋤斷其肋公默而治藥
不一言也閒嘗言於兄曰訟不可長也兄怒撻之後有
僧以盜告言其兄公代就繫被榜掠曰我兄非盜必欲

誣盜盜者我耳竟不承獄乃議釋家僥貲皆公所營治長河田一區被水多患既釋獄歸兄使之長河治田因挈妻子往棲洲渚歲潦並日一食兄嘗以事召之至後期兄怒肘其髮曳之髮脫幾半公長身七尺每兄怒必跽便兄責也於是兄雖殘暴公事之益謹及兄歲暮搆訟病於邑邸邑去家百里公奔往視疾輿兄歸跣足雪中行冰嚙其脛血淋漓下兄顧之惻然未幾兄妾復謀析產公受其薄劣者兄大喜得計公既異居猶時詣兄所視安否兄亦漸豫已而死會寇過境兄子鳳挈家遁公獨留守兄柩寇至門不入後兄子粥產背其母張逃

去公迎張養之終身復嫁遣其女孫初阮氏宋南渡時
有公老者以直道忤時辭職歸築洗藥池𠙶山勢家厚
其値於兄而有之餽公金公泣曰兄命不可違也世業
不可棄也卻其金不受其他至行類此未可殫述也由
是郡邑皆賓敬之遠近化其德芝產宅旁犬伏雞雛年
八十將歿歌曰雲爛爛兮誰爲翔水湛湛兮誰爲航梓
熉熉兮祓朝陽歌畢而逝祀鄉賢長子鵬季子鶚官至
副都御史孫自華自嵩曾孫以鼎皆登甲乙科阮氏始
祖曰樅江公爲唐征南將軍愛桐城𠙶山形勝家焉其
後遞遷他郡邑然皆以𠙶山爲大宗十六傳至解元公

諱晉卿宋咸淳閒進士蓋猶懷甯桐城東流所共祖者也解元通籍後宋遂亡自臨安以宗人起義不就聞元兵渡江不食死子雪堂痛父之志作銘戒子孫不得仕宦終元之世子孫皆不仕其在桐城者至先生季子鶚始爲顯仕其後二百餘年有阮世恩者亦以悌聞世恩字聿修有兄曰世忠兩人相友甚世忠讀書歐血且殆因製棺槥漆其上漆工言死者及秋當應世恩聞言悲自以二子皆成立而兄一子無母未婚禱於神願代兄死凡刺血書辭十七紙而世恩是年遂得疾踰年兄病復篤醫言不可起則復禱如初又刺血書辭十七紙兄

病尋愈而世恩遂以是年七月四日卒然不以告人既卒得其告神辭然後知之

馬其昶曰人有恆言孝弟孝弟謂弟由孝推也夫兄弟非他吾之身父母之身兄弟之身亦父母之身也烏能兩視之乎凡一於天者雖百乖於人而終不可解至哉公之事兄也可以爲世法矣

何松坡公傳第十七

何公諱山字靜之號松坡上世居新安元季徙居桐城青山之麓公父諱鐸宅生五色芝人以爲瑞公性篤謹母汪早世孝事繼母高高愛之亦滋甚一日高病公侍

疾榻前弟岵等皆長矣禮客廳事客酒酣燕語世乃有異母相愛如何氏昆季者乎岵等驚鄂相視私念是何說邪客退因相疑問高闓之泣曰吾向亦未言汝三人者吾所生汝兄前母生也於是岵等與公相持大哭乃始知兄弟四人之非同母也公與人交無町畦不僞語聞人失行諱之不以出口嘗被役受帑二百餘緡輸中都過淮泗見飢民滿道傾橐振之歸自具貲償帑親黨緩急立應有孤子無依者輒收之爲立家室下至臧獲有疾病患苦皆若其痛在己遇少年必厲以學問尤以本業耕織爲訓性不事矜飾故人之無惰行嘗送仲子

思龍讀書遠墅渡河同舟一老父瞽者聞人或字公蹶然起曰此何靜之邪平生慕靜之如羲皇上人乃今幸得遇恨吾目廢因舉手摩其項額曰何靜之乃如此肰也問老父名氏不對卽亦無他語泊舟逕去公年八十二卒子思龍孫如申如寵皆自有傳

馬其昶曰予考求前世遺事最後得何氏家傳讀之喟然歎曰積善餘慶豈不信哉務本者必昌刻覈者寡後天道之恆雖百世可知者也乃補書贈公事如此彼老父者何人邪然則吾鄉隱德君子不見於吾文者又多也

# 桐城耆舊傳卷三目錄

邑後學馬其昶通伯譔

何棲霞傳弟二十六子布政

張參政傳弟二十七

方少卿傳第十八

方公諱克字惟力號西川以家桐城及令桐鄉稱雙桐寄主守泉州泉州故名桐城又稱三桐寄主而當其官言路時海內無不言方西川直臣者公爲人隆顙修軀髯垂過帶嘉靖五年進士授貴溪令縣有張眞人司數干政公至獻符籙數百軸卻不受眞人憚焉內艱歸尋補桐鄉以最徵爲南京四川道御史民留履立去思碑祀之名宦祠公在臺持風采不避權勢巨璫邱得守備南京專恣不法請益額外兵餉公疏劾之先是公仲父向以論中貴獲譴及公上疏人爲公危公慨然曰吾得

紹跡前人罪且甘之有詔革兵餉邱得謫戍孝陵出巡
廬鳳倉糧墨吏望風去十六年皇子生應詔陳言謂推
恩逮下賢才爲先薦遺賢及言事獲罪諸臣羅欽順何
塘林大欽唐順之鄒守益崔銑等三十三人以疾乞歸
公旣以伉直著聲里人聞公歸率目攝之公蕭然如未
遇時抵家未百里卽斂儀葢令從者荷之乘馬遡入里
門與母兄覺同居不異產郡國言孝謹以公爲稱首居
仙巃湖上時與諸從兄弟載酒賦詩爲樂在告八年絕
請謁然境內有大利害輒侃侃引義爭之再起爲泉州
守西山眞先生嘗守泉州牓四字壁間曰廉仁公勤公

申暢其旨以敕僚吏相約毋媿眞先生歲旱不雨禱之一日雨民立甘雨碑公多病常臥閤中而民自化遷陜西苑馬寺少卿明年致政歸仍棲湖上室無遺積卒祀鄉賢

馬其昶曰世言富貴不歸故鄉如錦衣夜行此鄙情也長老走避內史萬石引爲至戒然其立朝純謹備位而已少卿進爲司直退爲典型詩曰維桑與梓必恭敬止少卿有焉

盛侍郎傳弟十九

盛公諱汝謙字亨甫號古泉諸生時讀書白兔河側有

達官闖入夜泊河干問此間有佳士能共飲乎公往見
因從詢閩中海防要害及諸鹽鐵絲枲海泊之利劇談
夜分而罷達官謝曰君學究世務異日必爲國士嘉靖
二十年進士授行人擢御史出巡陝西茶馬時關中大
旱饑民萬餘依山嘯聚公至歎曰治孰有急于民命者
乎置茶馬弗問先議振濟令有司設糜粥三十里置一
廠擒始亂者數人斬之餘黨遂解及按畿輔歲復大饑
疏請帑金六萬以振以外艱歸服闋遷光祿寺少卿歲
汰冗費十數萬值嚴嵩柄國遂乞退或曰相公甚重公
顧一出其門華膴可立致公曰丈夫具鬚眉肯爲此邪

拂衣徑去嵩敗乃始復出累遷南太僕卿轉操江僉都
御史綜核名實嚴以爲治尤崇奬孝義勤閱標兵沿江
夙多盜置哨舟畫地防守申失事連坐之法羣盜斂迹
南京試院故編蘆葦爲號舍苦溼隘公捐金修拓甃以
磚試者便之嘗一日江行見岸上軍囂心異之亟艤舟
下令諸將吏以次見見卽飭各歸伍整軍待命徐察詢
之是日諸軍以索糧忿主事者欲甘心以公至從容解
散遂得免尋擢南京戶部右侍郎請告歸年七十公居
鄉多清惠無爲州土橋河與縣境相接舊有守禦兵歲
協助工役銀七百兩遂成額征公移文革之又與㕓布

政一介議建城其後流賊至縣城以堅得全公之力也
祀鄉賢里人鐫萬姓碑頌其德又別立祠合祀公及吳
布政諸建城有功者公天性儉約一羊裘二十年補緝
而服方明善先生嘗候之坐移時呼童進餐烹菔鹽魴
不掩其豆對客引箸自如也未六十卽居宿外館有內
政請夫人於中堂青衣傳者儼若大賓子世翼字以忠
萬歷十四年進士知江西萬安縣舉治行第一奉詔入
京卒于道世承字以烈萬歷五年進士至南光祿寺卿
始官兵部歷四司部有大機務倚之以決備兵陝西墾
河灘地千餘頃爲秦中世利以瑺禍削籍崇禎初起用

原官卒年八十有八里人亦立萬姓碑頌之祀鄉賢工爲詩有翁泉集萬安孫斯唐字集陶博覽有文結交皆名宿與林古度錢虞山相唱和光祿子可藩字屏之號蓮生萬歷三十七年舉人戶部主事督運通州已又督昌密二鎮邊糧以瘁卒官子上林苑監署丞邦孚字允中上疏請卹贈光祿寺少卿上林子纘裕字孝寬諸生亦有名

馬其昶曰予讀漢書朱邑傳邑爲舒桐鄉嗇夫死葬桐鄉西郭外今縣西二十里石井鋪尚有朱大司農墓漢時桐未爲縣而鄉有西郭之名意其時固已建城堡桐

城在廬江縣西九十里西北界多古龍舒之境其東南鄉獨廣百八十里者古樅陽境也東漢廢樅陽併入舒晉復置樅陽隋於此置同安縣爲同安郡治唐廢郡而以縣屬舒州開元中移縣治山城蓋在漢舒縣桐鄉域矣故於至德二載改名桐城宋元播遷城經兩徙而唐時之城遂久廢至明萬歷四年公與吳公始請撫按具題建磚城周六里爲門六曰東作曰西成曰南薰曰北拱西北曰宜民東南曰向陽凡費銀二萬一千餘兩負山瞰河形勢既得利賴永世縣人至今祠之不絕也

趙巡撫傳弟二十　子樅江

趙公諱釴字鼎卿一字柱野父諱弼躬耕養母嘗拾遺金旅舍陽病臥待失者至還之性喜種竹自號一竹居公生有異稟舉嘉靖十九年鄉試第一二十三年成進士授刑部主事擢禮科給事中轉吏科時咸甯侯仇鸞顓權暴橫占役軍卒公巡視京營疏陳六弊勒士歸伍戎政大飭鸞深銜之丁父憂歸服闋起官累遷南太僕寺少卿先是民養種馬馬有鐙痕有司輒科以罪公曰畜馬不乘是贅物也弛令自便晉僉都御史巡撫貴州貴州巖疆僻遠苗民雜處會土舍韓甸逐正官糾叛苗爲逆三省震撼公至討平之復慮東北界連廣西烏撒

諸土府民性輕躁易動條陳六事備善後皆議行每出
巡行郡縣輒進諸蠻問疾苦誘其俗之進古者導以禮
義夷情大悅城內多曠土棄不治公曰此有用地也乃
教民引水爲田黔民知水耕自是始公撫黔久政化流
聞有娼嫉之者調用南京遂告歸自號八桂野人居常
選客遨遊賦詩或攜子鴻賜徜徉山中嘗製油幕爲行
亭卒日遊一山有司欲見之輒以病謝偶適田間見藤
花滿樹卽暢然呼酒其下召主人曰幸勿翦吾當歲一
醉此居數年卒其學以致良知爲宗適用爲輔嘗新陽
明書院於滁州闢宜秘洞於里聚諸生講習興起甚眾

建祠堂祀先世歲二舉祭置義田一區供祭費推其餘
周三黨之不給者生平博覽羣籍居諫垣時與編修陸
樹聲輩號嘉靖四傑文辭典麗箸古今原始十五卷鷗
林子五卷無聞堂稿十七卷子鴻賜
樅江先生諱鴻賜字承先好古篤行師事耿天臺張甑
山羅明德與焦漪園輩俱稱高弟弟子初巡撫家居建
祠堂義田先生贊佐之力爲多巡撫卒晨興必朝於廟
祠政家規率而行之又集多士爲陋巷會戒約衍新建
良知之旨學者稱樅江先生箸無甚高論七卷䟤石齋
稿海鷗吟共若干卷子士先字元振萬歷間貢生能世

其學
馬其昶曰予讀潘蜀藻龍眠風雅稱公有省吾錄及與羅汝芳王愼中往還書多言存省之要其後樅江傳業而公弟鈞州銳又出何省齋先生之門一時父子兄弟遂皆爲名儒矣古今原始今刻格致叢書中世多有

趙鈞州戴林兩僉事傳弟二十一

趙公諱銳字子恆少慧受書日千言聞何省齋講學以主敬爲要名節爲基遂往師之嘉靖十九年與兄都御史釴同舉於鄉養親不仕親殁爲建甯令郡守有横征公持不可擢知鈞州巡撫章公煥御下嚴不假辭色公

始見歷階言曰明公以廉耻待下吏下吏敢不以廉耻
自待章公改容禮之嘗使按事他邑審實放囚自去章
公怒以爲縱舍有罪盛氣待之公前對曰以法繩下則
人皆可誅若法窮繩絕於民何裨不若寬其末而嚴其
本也章公默不語徐曰子有道之士延之卧閤與暢論
艮知至善之說因相結契尋乞休歸日手一卷欣然誦
覽年六十三病目曰天忌我讀邪邑有老儒范半醒諱
崇仁年九十能默誦經注曰我多君三十年吾以口寫
子以耳觀天烏能忌之公相視而笑未幾卒學者稱恆
菴先生先是正統間以耆壽稱者有石內含諱英與許

澹初魏谿叟三人同庚生也許魏年逾九十相約棄家修道不返內舍居北郭古塘百歲日賦詩懷之又三年卒子七孫二十三手種白菓樹兩株樹各七分枝其曾孫麟字永也有白菓樹歌載明詩綜

戴公諱完字仲修其先元至正間有諱智富者由新安來遷明太祖自將伐僞漢助餉三百石太祖嘉之給義民帖洪武三年賜助國功臣劄並水田三百畝免其稅公其七世孫也嘉靖二十三年進士授戶部主事分司德州羨金悉入公藏大司徒聞其貧復以視太倉公謁相國夏公曰臣病脾太倉當冷食謹辭夏笑曰君故廉

不欲太倉耳改刑部郎中時嚴嵩用事不私謁嵩憾之會郎中張翀上疏劾嵩杖戍嵩偵其疏出公手遂外補貴州僉事三月恩威並流乞病歸年甫四十其論學獨宗新建與張甑山羅近溪王龍溪論難往復家居四十年年七十九卒子君禧字永延號龍門由明經授光祿寺丞君祉號洪嵐皆能守家學孫耆昌耆顯萬歷二十八年同舉鄉試耆顯後成進士官禮部主事工詩有梳河集

林公諱有望號未軒嘉靖三十二年進士知邵武縣累遷兵部職方郎中嚴嵩專政忌其彊直以僉事出備兵

瀘溦三上疏詆嵩遂挂冠去吏白羡金十萬弗顧在官十年不營一廛一畝既歸築室洞賓泉撰論自娛箸史綱辨疑四卷四庫全書存目子允瀘字渡之諸生有文名

馬其昶曰鈞州僉事皆難進易退學有自得砥節不橈者也鈞州傳業何門戴僉事亦擘窮性命之趣舊志皆推爲理學林僉事未聞淵源所自觀所箸書頗涉乙部不純言儒然儒究亦豈尙言哉

阮巡撫傳第二十二　從子滄州

阮公諱鶚字應薦號岯峯少負奇有大志執義歐陽文

莊公門下因得聞陽明王氏之學舉嘉靖二十三年進士授南京刑部主事擢御史巡按順天進士王聯劾中丞胡纘宗誹謗上震怒無敢言者公白其誣抵聯法督順天學校士涿州會寇薄都城率諸生登陴助城守寇退條上禦寇十策皆報可俄改浙江提學副使時浙久患倭公至即督諸生習弓矢講陳法未幾浙城戒嚴屬邑士民競趨城下城門閉議者禁毋得開門懼賊闌入士女數十萬哭城下公憤甚曰賊去我尚一舍奈何坐棄吾民以委賊乎即手劍開武林門陳兵月城中令負輜重者左婦孺右以次進毋相踐士卒皆傳餐馬上更

休如此者四五日盡存活之遣諸生偕壯士出擊賊賊遁遂除浙江巡撫兼理福建賊酋徐海衆三萬攻乍浦公募壯勇突賊圍攻之潛兵夜擊賊嘉興臨平山追至皂林賊悉衆奔桐鄉公先已馳入與知縣金燕死守相持四十餘日賊勢分而總制胡宗憲因得從容設方略以誘賊戮其魁桐鄉之圍亦解是時倭禍烈當事者欲息肩於撫公獨奮欲滅賊遂督兵由縉雲直驅復仙居移師雁門乘雪夜登舟山屠滅之浙平進秩一賜金幣五及賊奔閩公撫閩事皆倉卒辦集乃急督兵營洪山橋以衛會城屢有捷獲賜金幣是時閩軍窳不可用公

益持重不輕戰御史宋儀望劾之逮下獄浙人爭詣岳武穆祠爲公祈禳尋罷歸除名集生徒講學不倦著禮要樂則二卷楓山章文懿公年譜二卷久之長子嵛上書訟寃不報萬歴閒次子自華復泣血疏陳詔復爵賜祭葬祀鄉賢及浙江名宦萬歴二十六年子自華及孫以鼎同舉進士華官福建邵武府知府鼎官河南布政司參政其後移居懷甯遂爲懷甯人

滄州公自嵩字思竹巡撫從子也嘉靖三十五年進士授刑部主事忤嚴嵩謫判沔陽州民多逋賦逮繫乃出官錢抵逋一日脫二百餘人於獄以清景藩閹豎所奪

民田被論世宗原其無罪再判濮州平役法均田賦民
深戴之後復觸權要以滄州守歸孫之鈿自有傳
馬其昶曰昔福清葉公向高言倭初發難時所遣卒見
賊皆股栗公出軍淇山橋一夕守城卒相驚賊至鳥竄
去頃之稍定知爲夢魔耳人情如此而議者乃以不戰
咎公夫使公浪戰不量力一跌無三山矣無三山是無
閩也公輕出以疑之厚集以待之水陸部署以掎之賊
不能薄城而軍而三山宴如則公之所全大矣閩人言
閩欲徵公者或以此衷矣杭州武林門外舊有公祠雍
正初彭城李公巡撫浙江飭有司重葺之是公之有造

於浙民久不忘而史氏記乃頗於公多微詞豈據當時忌者之言而遂未詳歟予本葉公所撰墓志及李重修祠記敘錄於右

張僉事傳弟二十三

張公諱澤字大破先世遷桐城居雲田坂爲雲田張氏高祖傑喜施貧崇信釋氏嘗歲禊捐粟千石落其家公生前一歲鄰人夢大石立其中庭金標古篆文四曰澤破萬里及公生因命之曰澤而字以大破既長爲郡諸生未知名盛侍郎重之數過盧講論嘉靖二十六年以選貢授沅江令攝武陵以憂去官貧不能具禮稱貸襄

事人謂之債宦除服補巫山卻茶稅置驛傳歲饑出俸錢買粟以振救民俗尙女巫火其神杖之擢衢州通判知廣安州道出巫山巫山民爭前奉卮酒車不得行乃步行數里去既至廣安一日決淹獄五十置釜薪廳前訟者徑入欸廳下須臾裁決而去民歌之曰張不解貸焉知閩閫有推官某者索賕不獲怒戒閽人勿入知州公至不得入乃壞垣入曰吾有橐請君探之吾亦將探君橐矣推官慚而去先是銓曹書其名於壁曰天下廉吏張澤及入計至都相國徐公階聞其賢招之公曰羣吏聽冢宰黜陟某不肖安敢以私謁於是銓曹奏治行

天下第一擢雲南僉事分巡安普繼巡武定未幾而鳳繼祖之亂作公爲人任氣有文武大略不畏強勢而居官所至以循良稱初任沅江邑多曠土招民開墾資牛種省阡陌沅江大治會武陵有洞寇令不辦大吏乃檄公攝其事公至則率兵禦之陽卻縱賊賊大掠明日復卻賊懈乃陰以奇兵擣其巢禽斬之其在衢州出逋賦繫獄者寬其期民感泣輸逋衢亦大治是時龍遊常山皆乏令大吏議以公攝龍游矣而常山之民要之乃復使公攝常山督府胡宗憲厲威棱前驅求索無厭無敢逆者公縛而杖之解印綬待罪胡公更延接加禮戒部

下曰而不知此郡有廉吏乎督府新募兵數百擁主糧者而譟公馳諭之衆遂解散有礦寇擾處州傷官軍將及衢衢守議避之公曰不可乃單騎出諭之給米數石曰爲爾歸餉毋擾我民寇退相戒不入衢境公之赴滇南也僅以兩僮自隨雲南去家萬里至是乃適符前夢及亂作遂終仗節死於此矣鳳繼祖者武定之屬夷也其兄爲酋長死無子夷俗無子死則以妻護印繼祖治兵攻其兄妻因拒命撫按議討之公曰小醜動大衆不武若調發夷兵不用命損威授我千金師一旅不旬日可計擒耳不聽使監夷軍五百前發公歎曰我欲計萬

全乃疑我怯邪遂往一戰而勝賊走險追及戰復勝賊走渡河公使部將登高望之無所見麾其衆進半渡伏起兵潰被執賊不敢害已而督府調大兵會討公居賊寨衣冠危坐時時讓以大義賊稱張爺烈士大兵旣集賊獻千金乞手書求赦公叱曰天朝人臣甯爲賊作說客邪脅以刃公復叱之賊終不加害使輕騎送公還道遇他賊死之賊復歸公屍踰月繼祖伏誅事聞贈光祿寺少卿賜廟額忠節祀鄉賢一子斯盛蔭入監　國朝錄前代忠臣後裔立奉祀生雍正九年題准裔孫昌蔚奉祀昌蔚卒子裕賢襲裕賢卒子達以生員襲達卒子

謀昭襲謀昭卒子型放襲
馬其昶曰公之遠宦滇南符夢祥矣而卒謇謇厥施不究烏覩所謂大破者邪方其平洞寇解叛卒片語御兵其智慮材武豈出尋常下乎計畫不用身困於小夷卒以一死自明其非怯豈非烈丈夫之用心者哉

吴布政通判傳弟二十四

吴公諱一介字元石號菲菴嘉靖三十五年進士初授河南光州知州胥吏多貴勢家僕持吏長短爲民患公嚴御之無敢犯改禹州其俗歲旱禱雨輒暴巫公盡罷之致齋祈請雨乃大澍擢屯田員外郎時大興工役修

洪應樂成二殿造景王陵城廣渠門工曹之役無不關
中人者公務自滌洗裁省甚鉅嘗以法答政府客一人
或危之公曰法如是吾不知其他政府果大怒將具彈
首揆徐文貞公不可曰此人望也乃止遷江西副使備
兵湖西會嶺南酋長作亂詔兩京大僚察舉疆吏京兆
尹畢鏘疏薦公乃自湖西持節監南越軍是時賊首卞
豹已屠電白電白令棄城走公授方略復其城生得豹
破降數萬諸洞悉平進河南右布政使致仕歸公爲政
以清靜甯謐爲本折獄依平處泰依儉生平未嘗俯仰
人顏色嘗曰自有生以至蓋棺無一日不可死自筮仕

以至宦成無一日不可罷休時以爲名言父諱堂有純
孝之稱公事親亦孝謹於兄夔夔如也於弟愉愉如也
雖貴長者必名幼者無諾衣大布飯脫粟圖書自娛族
人某以他事連坐繫縣獄賫儀物詣公求解再贈而三
卻以爲無急難情無何禁卒請鑰令詰之對曰里大夫
吳公來爲其族兄餽也令聞卽日釋之桐城故無城公
與盛侍郎倡議建之卒免流寇之難祀鄉賢子應實應
賓應寵皆賢應實字與甫廩膳生何文端葉文莊皆從
受學子道謙刻其遺稿弟應賓題曰待韞集應賓自有
傳應寵字畏卿孝友愿慤讓產伯兄畏卿子道新字湯

日號無齋天啟七年舉人以薦爲國子助教轉工部主
事國變後徒步歸隱廣坐高談不屈讀其文如聽其言
論所至詩歌盈篋箸潛德居詩集五十卷道約字博之
幼工屬文值世亂莫能自効一託於詩凡關塞壁壘車
戰水軍屯田馬政之類以韻語洞其源委年三十棄諸
生隱居拔茅山詩唯流連光景有大安山房集
通判公諱承恩字公賜號平川明初始祖泰自婺源來
遷爲高甸吳氏一乳二子其後遂分榮華實慶二宗公
榮華後也嘉靖間以選貢授河陰令興革必中民之欲
惡黃河旣南徙民患之河忽北去四十里因命民築堤

河堧植柳數十萬株耕牧其中遂爲沃壤數年歲大饑民剁柳膚爲食曰此吳公活我柳也三十五年知新野甚有惠政築陂堰修學校遷潞南通判民泣送各持千錢百錢爲贐公曰昔劉寵受民一錢吾不逮寵乃引二錢而去家居多任卹之行嘗有盜夜入室索金公曰我宦無羸財惟匣有市魚金二十盜弗信脅取之弗得明日謂子曰吾恆懼以多財累汝今我乃以無財困未幾卒祀鄉賢同族昆弟諱承顏字公獻號錦崖萬歷閒歲貢生謁選授建安丞卻羨金攝崇安諸邑以廉著亦祀鄉賢子善謙字伯亨號黃嶺萬歷三十七年舉人初任

台州推官卓異擢監察御史章數十上巡鹽榷木竣拒規費以執法觸權貴怒向所論劾者復乘閒中傷之遂乞休歸

馬其昶曰布政自副使轉大參新淦令李樂隨俗賍以十金公怫然曰先生賢者顧亦以此污我李退自愧因歎世未嘗無人焉麻溪之吳四傳分東西股東有布政宮諭司馬西有廷尉黃州名賢繼起族益蕃大可謂盛矣高甸二宗如驂之靳外此尚有冢林馬埠與麻溪高甸俱異派云

胡澤菴先生傳弟二十五

胡先生諱效才字用甫先世有曰會者自徽州徙桐城是爲東門胡氏先生孝事繼母母怒牽妻跪至夜分候解乃起家貧授徒以養賓祭喪葬不諉諸父諸弟自勝衣就傅便懷高識厲希聖之志四方從學者衆而同里方明善尤著稱焉其論學以謂王霸之分義利而已矣義利之判起於微渺極於至大危乎危乎又嘗教諸生曰伯安倡教良知天下從靡其說主張太過流弊遂至混儒釋以格物致知爲贅天下小人竊之益肆爲無忌憚不可止矣嘗遊江陰江陰令吳惟嶽故人也以幣交不受强之受布二端歸以一端奉母一三分之須妻及

二弟婦年五十喪父哀毁病脾及嘉靖四十四年成進
士觀政疾轉劇與弟書曰吾不及終母養以遺二弟遂
卒於京邸學者私諡文孝先生祀鄉賢子瓚自有傳孫
戻祚字永肩號樸學邑諸生流寇擾楚曰桐亂兆矣遂
辟地池陽遷金陵鼎革後還里皆以先幾免難攜幼子
彌彈隱西環山中誅茅種菜顏其居曰環山荷薪老人
息影處四十年閒足跡不一及城市箸駢雅百六十卷
包羅博絡雖當世宿儒莫能難也晚頗悅佛告家人曰
吾以某日逝至期遂卒彌彈字彥三號石鄰諸生博學
強識克紹其學箸石門詩文集五卷

馬其昶曰新建之學陳清瀾箸論深詆之我　朝諸儒目覩流極益有以明辨其失然同門異戶之爭或不無少溢焉先生與新建並世一言而盡其本末當物不過尤可謂知言者乎

何棲霞傳弟二十六 子布政

何公諱思鼇字子極號海漁世居縣南之青山性至孝仲父無子欲以爲後仲故多財公私歎曰父母可以千金易乎固辭卒經紀仲父喪葬教授歲數十人修脯不自私比析產惟兄所欲牒既具不忍視相持而泣邑治城兄當受役公曰柰何困吾兄因分任之嘉靖閒以貢

生廷試第一授山東棲霞知縣棲霞地瘠民什九流亡
前令率坐賦不及格罷公慈惠爲政勸農予耕具免其
口賦民亦愛重令所輸賦視曩數倍公曰是可以教矣
因輯邑志編定山川圖考分都鄙里社相與約法每社
尊禮者碩數人爲長若副別選才行尤高者爲社師歲
時巡行勸課輒召試其子弟以稽勤惰而奬戒之即於
社中聽一社之獄鄉父老率旁觀得言其不平終公之
任無寃者富民王氏誤殺人吏謂王高貲宜遠嫌公竟
擬減等按察使疑其獄繼察得實益重之時有倭警大
吏下防禦十策瀕海州縣率勞費公寢不下終亦無事

會二子相繼舉於鄉因致仕去裝兩簏一馬負之民擁哭父老各供具相從曰終不令廉吏自食於途也從至家彌月乃去既去猶望青山而哭公既歸掃軌讀書不造請官府邑令永康倪公以大賓禮饗之強爲一出衆覩其威儀咸歎息驩敬家青山聚族居比失火至公室竟息或以爲慶公踧踖曰偶然耳歲旱與鄰共塘漑鄰專水僕請爭之公曰天若雨自得水即終不雨彼特後我槁耳何爭爲其行厚類此祀鄉賢子如達如申如寵如寵自有傳

布政公諱如申字仲嘉號虛白少有文譽試藝名在二

三衆卽稱屈萬歷二十六年與弟文端公同舉進士文端未廷對以病歸公竟與偕歸後三歲始赴廷對又二年當授官矣聞父小不懌卽日省覲服闋授戶部主事日鍵戶搜本曹文卷掌故不與讌遊督遼東糧儲餉至不啟緘立召衞士廷給之擢處州知府諸衞士遮言巡撫乞疏留久任竟得請尋以參政分守嘉湖累遷浙江右布政使引疾歸後任者聞其貧檢前贖鍰遣使送致時公病劇弗能語猶搖手戒勿受初公微時讀書縣城母太夫人居青山月致粲偶乏甚脫一簪寄之公捧之而泣後舉於鄉侍父棲霞任所三年不爲婦子辦一襦

曰吾忍忘吾母脫簪時乎及旣貴所遺郭外田不供饘粥於是公弟文端公乃稱曰夫以二十年之貧儒從父官舍不以一穠寄妻子爲母故也以十年不遇之孝廉初博一第置之若遺爲弟故也以六年未官之進士將拜命旬日之間去之惟恐不速爲父故也然則仲嘉自孝友外其孰有急焉者乎之人也之德也尙待臚舉繁稱始見其不負朝廷邪後祀鄉賢子應瓊應璿應珽應琯應珏皆有學行守高不仕唯珏以副貢至黃州知府璿字子政諸生以孝友仁惠見稱與馬孝子爾共交最篤晚歲夢得篆印其文四曰淡然若石遂號淡石子承

紹
馬其昶曰余幼侍大人竊聞先輩爲州縣令者每後嗣零替不然則必有勃興者如何氏張氏相國其先世皆官州縣方氏有天台姚氏有湘潭副使子家太僕亦始仕分宜豈不以其職最親民爲德爲殃皆至捷也棲霞之澤厚矣布政復以清介顯兄弟並登台鼎監司豈爲過乎

張參政傳第二十七

張公諱淯字希古號懷琴其先洪永間自鄱陽來遷五傳至公隆慶二年進士授浙江永康令吏民姦黠健訟

連告罷七令公至日夜披卷牘剖決如流民赴訴卽計道遠近示訊期如期至裹飯一包訟卽已民間私號曰張一包其俗有睚眦嫌輒妄以人命相告言案驗不實卽坐之誣訟遂絕益盡心勸農興學風化大行巨盜盧十八剽庫金積十餘歲名捕不得御史以屬公剋期三月得盜檄下公陽笑曰盜遁久矣安所從得捕寢不行吏某婦與十八通吏頗爲耳目聞公言意自安吏多逋責公乃令人告吏繫獄密召吏責以通盜死罪吏願自効請以婦代繫而已出償責十八聞之亟往視婦因醉擒之被檄僅兩月耳歲旱剽掠公行下令劫奪者死有

奪米五斗者因取死囚杖殺之而榜其罪曰是劫米者
遂無敢復劫以治行第一內召甫就車顧曰某所某盜
可縛來如言跡之果得盜人駭其神公曰此盜捕之急
則遁今聞吾去乃歸耳民扳轅流涕肖像創祠而祀之
先是公將去位有老民年逾七十求見問之則曰吾母
年百幾十矣兄年九十母聞神君名欲得一見而目盲
廢疾不獲至公堂公肯屈一臨乎許之輕騎至母出拜
曰百年來無好官如公者老婢有自纅絲一縷藏之久
矣願公縫裳以爲公壽時人傳爲美談擢禮部主事歷
郎中江陵張公母喪欲得公屬辭致奠密使人謂之且

曰即日晉京堂矣公謝不能乞病歸在告八年起建甯知府治郡惟崇愊大進湖廣荆岳兵備副使楚大祲多盜公曰盜繁卒由民飢不振之盜未易止也捐俸錢以倡富室又出公費千金爲百姓償逋時浙有召募兵撫按議散遣兵皆洶洶公曰不若汰其老弱而留其壯勇事遂定以病乞休二年薦起嚴杭道遷陝西臨鞏道參政辭疾甚力時年五十撫按屢疏薦不起公諳習典故居鄉廉隅截然有民婦蠱於妖婦問所畏曰張參政正直不可犯也明日其夫以狀請公笑曰吾安能治此書狀尾數語去妖遂絕年七十三卒祀鄉賢子士維士縉

士繡士絅維自有傳

馬其昶曰公始令永康發姦擿伏號稱神明繼忤時宰戢翼不翔流慶斂福以餉厥後余嘗瞻公遺像目注視炯然攝人在左若視左在右若視右

# 桐城耆舊傳卷四目錄

邑後學馬其昶通伯譔

方明善先生傳第二十八　　　桐城耆舊傳四

方先生諱學漸字達卿父諱祉字子受諸生以孝友著稱先生十歲能屬文趙鈞州銳有高名老無子一女愼所適奇先生文妻之父卒悉取遺產奉伯兄已而兄貧甚復割婦家塍田與之庭有杞楓二樹榦條牢結因亭其下曰連理亭是時漢陽張甑山緒爲桐城教諭而耿天臺督學南畿皆倡言性理先生旣壻於鈞州又師事甑山甑山器之言於令先生匿不應試曰因人詭遇吾不爲也甑山避席謝之其後復從鄒東廓呂新吾馮少墟顧涇陽高景逸諸先生遊道日精高公嘗舉先生與

涇陽並稱以布衣主壇席者二十餘年築桐川會館祀
孔子配以甑山省齋以縣人知學自甑山省齋始也先
生既闢館日與同志講習性善之旨掊擊空幻於是有
心學宗性善繹桐川語諸篇遠近慕風競爲社會先生
負重望嘗一應有司請賓於鄉不再至而千里赴會講
學於是有會言有東遊北遊南遊諸記顧涇陽嘗曰先
生至予邑數日邑侯陳石湖先焉始往報瀕發具一舟
謝卻之從者曰先生素守如是不可强予輩亦不之强
也先生性淡泊喜善規惡出以至誠捐金抝祠堂纂家
乘寘田供祀作祠規飲酢歌詩一準古禮立宗法時宗

子貧爲庸保導之習禮月給租膳之爲娶妻生子大宗
因以不絕行游郊原輒瘞埋骸骨置義塚西山之麓嘗
曰得及吾之生也隨分薄施足矣年七十五卒學者私
謚明善先生祀鄉賢箸易翼十卷孝經繹一卷心學宗
四卷桐彝三卷續二卷邇訓二十卷崇本堂稿二十二
卷續二卷别稿四卷子大鎮大理少卿自有傳大鉉字
君節號玉峽萬歷四十一年進士戶部主事大欽字君
典郡庠生長孫若洙號蓮江名冠諸生中嘗評定古今
文數千卷門人私謚貞隱先生君典四子次子仲嘉後
最盛

童先生諱自澄字定夫萬歷閒布衣初見張甑山郎穀然有躬修之志嘗曰泰州起布衣爲餘姚高足彼丈夫也遂交友四方建輔仁會館於樅陽嘗坐一小樓曰靜齋積三十年弟子彌衆年八十四卒

姚先生諱希顔字崇孔號克齋縣學生家貧有兄既婚求析產乃盡推田宅於兄獨與妻繆氏奉母蹴居曰吾任讀若任績以養吾母繆敬諾繆亦善事姑己稗粃而姑食粲己旬一蔬而姑日進肉門以內肅肅如也先生爲學重躬行與方明善倡講學之會明善子大鎭又先生女夫也天啟中爲大名府推官先生送女之大名衣

白布單衣請以帛易不可居三日去晚治薄田數畝教授弟子甚眾

馬其昶曰昔張太傅稱明善先生以布衣振風教食其澤者累世皆先生之穀詒也童姚二先生亦以清白世家顧不及方氏熾盛或言明善先生善相墓嘗自卜營域而張太傅之先有參政姚氏有開化皆精其術吾邑墓地三家多得形勝其後亦最昌豈其適然與抑山川之氣與人先祖及其子孫之氣有交相通感如後漢書載袁安之事者與吾嘗覆按之蓋不爽云

姚葵軒公傳弟二十九

姚公諱希廉號葵軒參政曾孫家貧早孤孝事寡母季弟方襁褓仲弟又卒遺一男家事殷有子六人皆慧因自操家課耕千里延名師教子至粥產共具束脩豫儲中堂閣上每月朔拜而後致見文儒敦行有道之士必款洽竟談以飫諸子聞見每宵分篝火潛攜杖聽諸子誦書聲因顏其館曰聽玉性能飲喜載酒出遊酒酣輒賦詩其行多長者或浼以非義事則謝曰豈無天乎嘗困於徭役族諸生某例得免役請之不應僨甚值歲除夕炊麥半升未熟追呼已在門於是慨焉感懷賦詩一章貽諸子曰子孫他日有興者當厚恤宗人也吾詩誌

之矣然公在時諸子試輒不遇其後四子祖虞本虞賓虞自虞一歲同取充學官弟子兩孫皆第進士遂世其家爲顯族似葵公諱自虞字智思通易教授甚衆隆慶間以明經入貢詔賜博士冠服不受歸子之蘭釋褐詔之曰士重始進宜有超世之識無以科名榮利炫也不滿其量不易其樂不改其度斯君子矣晚歲喜爲詩預知死日取扇履諸物題詩分寄所親至期果卒祀鄉賢初似葵兄弟同歲入郡邑庠而葵軒已前歿相與酹酒哭父之墓已召族人苦徭役者曰吾四人例當復役以復吾族成先君子之志又各賦詩一章以和之

馬其昶曰葵軒感懷賦詩所謂麥飯詩也吾聞其後有舉甲乙科者先上冢致祭退輒和詩一章自明以來蓋成帙矣而其族諸生後聞和詩輒慚至姬傳先生登第乃不肯和詩

左太公傳弟三十

左太公諱出穎字韜甫號碧衢少保忠毅公父也其先涇縣人祖匡正佐唐有功廟食於涇後徙潛山明洪武初有曰代一者復遷居桐城橫埠河五傳當成化時松坡公諱麟字天祥有義俠之行邑中蘆課重貧者至歲除尚以逋賦逮繫獄中公與妻張氏謀出貲代之輸不

足則賣腴田仍不足乃稱貸以輸明年官追課箠楚如前歎曰代輸課無已時豈若撞登聞鼓刎頸闕下籲減課邪遂齎疏北行有家童曰左恩抵闕先一日恩竊其疏跪而泣曰主不可死若天子御朝咨詢蘆課積弊非熟悉利害對未易稱旨則今日之碎首午門以死者小人事也於是伏闕上疏左恩死於交戟之下公蒙召見允奏減課額十之三既歸里人錢某慕其義知公前後費千金願助三百公卽受之用其金造石橋利涉行者賴焉再傳至太公太公有大略喜怒不形處嚚若寂在險若夷蓋天性然也嘗讀史手輯漢宋黨禍成書名曰

讀史拾餘忠毅初第時卽舉以授之其後忠毅果觸逆
瑞魏忠賢怒斥爲民罷歸心知禍未艾無免理一日置
酒使小僮於太公前作樂爲商聲歌舞楊忠愍事忠愍
者楊公椒山勁嚴嵩得罪死都市者也太公默曉其旨
慨然歎曰楊公丈夫哉卽不知楊公父在何如者且夫
范滂母婦人也尚能爾吾安能婗婗媿巾幗乎已而忠
賢果矯旨逮問緹騎至縣忠毅使人微覘太公見太公
容詞坦施不改常度心以稍安忠毅拷掠旣死所司承
望風旨徵贓甚急又訛言當族使者已發京師矣時太
公年逾八十其配周夫人以慟子死長嗣光霽以憂死

而太公應之舒警皆適其節明年懷宗御極誅魏忠賢
及其黨而贈忠毅右都御史再贈太子少保褒贈三代
皆如其官賜祭葬有加自忠毅之赴逮以至其死太公
雖心哀之泣下數行而已至是以天子命發藁更葬禮
成乃始仰天大慟慟已復笑曰吾今可以死矣遂端坐
瞑目不語又徐徐旁睨請問之曰聊以驗鬼神之有無
耳歿年八十有四祀鄉賢何文端公常語人曰每晤左
太公覺吾氣猶未沈未静於患難時徵之更復淵然太
公子九人忠毅次五侍御次七皆自有傳其弟三子光
前字繼之號還貞以孝聞太公治家性不務纖嗇食指

衆憊甚又不欲九人中獨委一人也還貞微窺其意乘閒跪請願理家政分大人勞也雖甚不足於父母昆弟側必故爲愉快惟恐或知其匱太公嘗曰汝以一人耕供數十人食任取其艱衣食取其下汝治外汝婦治內吾無事矣及太公且歿猶言吾三男某者誠孝子也弟忠毅被逮欲俱行值母太夫人病乃以屬內兄周君洎母病已徒步至都則忠毅已死護櫬歸以丁太夫人憂致毀疾未幾太公即世病益篤臥苫塊中不就寢室一日告家人曰吾夜夢侍父母側甚懽遂整巾而逝年五十九亦祀鄉賢乾隆閒　旌孝子弟光燦諸生崇禎十

年以罵流賊死知縣張公利民表之曰常山並烈
馬其昶曰松坡剛正感物義僕趨死當亡動容太公聞
樂感慨懼羞巾幗卒能成子大忠還貞督家寛弟於學
皆非豪傑能若茲乎夫大賢奮迹厥有淵源嗚乎邈哉
所從來矣

張恂所公傳弟三十一

張公諱士維字立甫號恂所參政長子年十四補縣學
生雖席華胄無上人之色參政在官遺之書曰聞汝兄
弟居家敦樸且勤讀書甚慰此可以養德亦可養福語
云盛極衰至福過災生造物之定理前哲之明訓近世

儒者若司馬君實邵康節尤惓惓言此思深而慮遠矣於是公稟家誠愈自謙敕以利濟爲事人不及知行之愈力再舉郡邑大賓卒年六十七其孫文端公曰聞諸長老言王父敦龎渾厚凝然如山嶽挹其風度可以挽澆振靡也四子長秉文謚忠節自有傳三秉彜贈光祿大夫文端父也字孩之號拙菴縣學生急人之難若身受然不索逋不顯責人過接鄉里及臧獲皆以和平生泊然無好修祭享培塋墓輯譜牒惟是爲務親歿廬墓側墓樹交花文端既貴爲書諭之曰敬者德之基儉者廉之本祖宗積德累世以及於汝循理安命毋妄求也

卒年七十五子七長克儼克儼曾孫裕舉字又牧號樊
川乾隆十三年進士至國子監祭酒先是參政祀鄉賢
祠越十八年恂所公入祀其後光祿忠節同時祀而光
祿弟三子西渠五子文端六子次皐亦皆從祀凡四世
七祀鄉賢時論榮之西渠公諱杰字如三康熙閒貢生
爲蘇州府學訓導風裁峻整文端師事之子三人玄孫
裕葉自有傳次皐公諱夔以明經授靖江學訓導大吏
薦於　朝賜蟒服擢直隸平山知縣學官膺卓異之典
自此始也累遷廣平府同知祀廣平名宦祠子六人廷
琛號栗亭以孝聞嘗刲股療母疾乾隆時由教諭擢知

湖北宜都縣遷歸州有循良之譽馬其昶曰張氏貴顯天下所推爲甲族乃其先皆務自斂約如此昔戴田有曰古人言和氣致祥乖氣致戾和莫和於左氏之所謂六順乖莫乖於左氏之所謂六逆若張相國家六順可謂備矣吾友方靈皋氏亦庶幾焉由戴先生之言觀之其流風世德可想也

周張夏金四孝子傳弟三十二

周孝子諱聘字延聘號克齋邑諸生八歲受小學論語卽有意力行之旦夕見父母揖必恭有所喜惟父母之喜有所憂惟父母之憂自其幼時然終其身無不然所

居室災鄉鄰趨救孝子謝曰天實有討於不肖敢拒命乎望火再拜而已嘉靖末父母相繼歿勺飲不入弟强之少啜粥不蔬日三奠哭盡哀寢不離喪次歲餘忽謂子曰且日遠客來預爲備已而果然自是頗知休咎事卜葬地不吉卜先壠側吉宗人難之孝子不能得葬地哀奠至六年或曰時可免喪矣孝子曰我大事未襄安忍從錦衣者後乎哀絰不去其身哀墨之容常如袒免十年不踰閾苫塊刓敝見者惻憫知縣李公尚默使諸生往爲營葬於是宗人感其孝許葬先壠或謂當詣縣謝孝子曰令自爲治邑討吾何敢私謝族人代謝之李

公歎曰不謝然後見周生人曰服未可以闋乎孝子曰為人子至以親喪煩長吏其何能安又服二年然後釋凡孝子服喪十有二年家貧晚益困二子應氏應尾漁樵以生孝子戒之曰山河非吾有敢貪取乎舉鄉飲賓年七十餘卒同時有伍孝子諱良田家貧傭力養父能娛適其意父卒匍匐於所厚家以身貸金計傭三載以償遂得斂葬父於母墓左葬畢七日抱父主適貸金家操作倍恆傭夜奉主寢室而泣於是三年工竣復抱父主返仍廬墓所年餘

張孝子諱思誼字秉德居邑東鼇頭山少孤母吳氏苦

節孝子事之無違色夏驅蚊冬燠鑪必親必戒將盥躬進帨晨起冠而揖夕亦如之出而反必述所事探母意所向曲致之當旅宿或少久必流涕而別有弟思諶孱而愚母愛之每出母輒曰諶也無虞乎孝子戒弟勿復出但坐室中侍母耳終母之世諶未嘗一日不在母側進衣於母母恆以衣諶諶復以衣其妻孝子知之則更索衣進母自是每爲母一衣亦爲諶一衣人欲請爲子師不許則請致母夫人近舍以便養許之每食必舍肉使侍者進母侍者感之亦分食以進其母孝子之視母膳也恆拜以侑觴母習而安之慭飲啖年踰五十館方

學适家七夕歸省方之伻從堂隙窺之則坐母堂上躬進饌衣冠拜堂下起獻酒拱立少選更酌將徹下堂拜如初伻大駭歸以告學适學适曰嗟乎而知張先生事母之常儀類如是乎母八十餘卒孝子老矣哀慕如孺子妻齊氏早死時孝子年二十六曰吾妻致孝於吾母矣安忍忘之遂終不娶其善事繼母者有殷孝子諱效繼母夏奴視之使已二子就學美衣食而使孝子耕衣食不得與比孝子無纖介意晝趨田力作夕歸濯足更衣而侍色常愉父喜勞之益奮力致產千金分給諸弟不自私夏感悅遇之有加

夏孝子諱子孝本名恩六歲失母父龍諸生爲童子師
孝子隨父學九歲父得危疾且不起孝子潛取刀入室
刲左股六寸調羹以進父食之頓愈翌日孝子痛創父
詰其故乃知向所食子羹也驚而大號奈何以我故死
吾兒乎里老以聞於官知府胡麟先一夕夢王祥來謁
詰朝得狀大驚召見爲易名子孝而字曰以忠督學御
史胡植即取爲諸生月廩之太守胡公復屬貢士趙簡
授之經嘉靖末父卒葬孔城麥園墩結茅墓側朝夕哭
奠三年奉主返室始廬墓所子生甫逾歲女三月及後
返子女能貌人不知其父也初漢川張甑山先生緒字

無意署桐城教諭以性理之學倡士孝子聞而慕之又出從王龍溪羅近溪耿楚侗諸先生遊學日精名日有聞耿公爲督學御史將疏聞於朝固辭曰不肖子不忍以亡親賈名乃止年五十六卒敕其子曰葬我父墓側

八稱瞻雲先生妻汪氏四子長民懷字伯孺萬歷十九年舉八授安陸令毋憂歸再補宜黃縣有吏能其執喪甚毀愛友諸弟里黨稱之

金孝子諱𩏼少遭亂陷賊母老賊棄之獨以孝子行數日乘閒逃去跡母故居及所嘗遊憩地不獲一日忽相遭葦荻閒母子乃得復聚母病地僻謁醫不得病有危

徵孝子涕泣無所爲計因刲臂以進不效復自傷曰眞
宰不足錄邪聞古有割肝療疾者此可以胥後命時孝
子尚盛有肌穴其左腹指入而肝不出又更稍廣之肝
以其末見受刃焉先是孝子念得肝母疑之事且敗乃
白母有從賊中得鹿者當往乞之其脯可扶羸母以病
亟止勿往孝子曰去此數武耳因出以肝濯諸池入投
之釜詭爲得脯母從枕上詫問是何異香邪寵吾左右
時有行室外者見其炊烟穿屋皆作瓔珞雲及孝子以
肝薦母啜汁少許病立瘥當是時離亂饑饉孝子獨一
身兩手左護創右磨麥以爲供旣久母乃覺之持孝子

泣孝子亦跪泣戒勿言及母年七十戚黨謀爲壽於是母曰老婦不足辱長者然老婦所以得有今日由吾子也因泣下言狀人始知之

馬其昶曰周張夏三孝子其時皆在萬歷前金稍後今以類記之舊志稱其割肝爲乙酉六月二十三日則當鼎革時也國史方志於孝義皆别紀夫孝通德也八人當勉若區爲類傳於義狹矣然行有獨至舉其大者固可以厲風教余所記尤彰彰表著者豈尚苟難哉從同之行蓋不可殫述也噫不忍以亡親貫名夏孝子深遠矣

方太僕傳弟三十三 子副使

方公諱大美字思濟一字黃中萬歷十四年進士授湖廣常德府推官擢御史聞父疾告歸遂丁憂服除起按江西再按河南順天遷太僕寺少卿以母老復告歸年六十喪母躃踊如孺子公性清正無鍥薄之行在臺諫疏請御經筵裁中貴皆不存草及神宗實錄成人始知之巡按江西有稅璫橫甚公持法不阿璫雖心憚公橫如故民積憤欲殺之矢石及寢屋璫惶迫將自經公出諭民乃得解璫泣謝曰賴公長者得生公曰昔不汝撓正慮今日璫頓首請自今一如約束歲旱大疫民閒親

戚皆走避病者公給醫藥親撫視之全活甚眾又捐祿入爲小宗建祠堂設義田子體乾承乾應乾俱恩貢生象乾至副使拱乾少詹事公旣歸手記田宅之籍示諸子曰吾增置田三百五十畝囊中白金千有七百此非吾官中物乃朋友餽遺汝母積勤所致蓋惟恐其子之或意其財物之得於官也年六十二卒祀鄉賢應乾子授字子酉一字季子崇禎末諸生工爲詩乙酉之變薙髮狂走方外寓甬上陰求志節之士而友之是年冬五君子難作華嘿農王石雁爲之魁子酉本參其事幸得脫遂傾囊盡周諸公之急而與周明輩結詩社居久之

以母老歸省歸而英霍山寨未靖子留復預之逮繫入獄以此破其家後復奉母來鄞寓陸氏之湖樓周明兄弟裒貲爲買田以養遂卒於鄞湖上詩人罷詩會者期年

副使諱彖乾字廣野天啟間貢生初授黃州通判贊畫鳳督軍事總兵劉超叛詒書曉以禍福超就執敘功遷高州海防同知轉廣州府同知至按察司副使備兵嶺西分守平樂左江猺獞化服解組歸中途阻兵流寓廣州卒性慷慨好施左忠毅之被逮也斂千金爲治裝居官尤恢廓有大略子幟蕪湖訓導甡順治十四年舉人

曾孫苞自有傳

馬其昶曰世之祿仕者務居積大抵皆爲子孫計長久耳太僕所遺田宅止此誠可謂拙宦顧猶汲汲自明望溪先生嘗述其事以告後人嗚乎吾鄉盛時士大夫門風如此自今觀之豈非所謂不近人情者邪

吳觀我先生傳弟三十四

吳先生諱應賓字尚之一字客卿布政弟四子母孫氏夢飛星入口而生少有聖童之目摛辭英妙塾師謝不及嘗與何仲嘉布政兄弟胡伯玉參政同族體中司馬約會文日成七藝衆磨厲從之先生最後至初不起草

藻麗無雙諸人皆自失年二十二登萬歷十四年進士授編修後以目疾告歸先生少孤事繼母程以孝聞兄弟怡怡率行古道以祀其先以敦於族通籍四十餘年布政所遺無毫髮增也旣以目疾家居益玩心高明日使人誦所未讀書輒辨其訛脫按之果然有所造述子弟執簡口占授之其學則通儒釋貫天人宗一以爲歸以謂山蹊之徑不可勝由矣向牆之戶不可勝入矣不離乎宗宗者宗其可爲聖也儒與釋之無我老之無身惟一之訓於書旨矣哉不知者知聖不知一也其知者知聖之各一其一不知其一其一也故其論性不出於

無我之一言曰無我者至善之體相有我者不善之依止堯舜之善用其性之才以致其無我而已矣桀紂之不善用其性之才以致其有我而已矣因箸宗一聖論十篇暢揚其旨天啟中同里左公光斗方公大任以學究性命交章論薦辭不赴詔加左春坊左諭德兼翰林院侍讀上疏極論時政上嘉之宣付史館崇禎七年邑有民變遯於郊悵然曰天下自此不太平矣至南灣別墅坐而逝年七十所箸又有古本大學釋論五卷中庸釋論十二卷性善解一卷悟眞篇方外遊采眞稿學易齋集各若干卷門人私謚宗一先生子道凝字子遠順

治四年進士爲奉化令才性俊邁草書尤橫絕自謂似李北海箸大指齋詩集

馬其昶曰予讀宗一聖論緣聖以爲一緣一以爲宗其殆擬漆園氏之所爲邪不資聞見不踐故迹如川至雲蒸不可方物何其文之浩汗無涯也解體世紛結志區外溥物而忘我蓋亦道其所自得也

方大理傳弟三十五

方公諱大鎭字君靜號魯嶽早傳父學萬歷十七年進士授大名府推官能平反冤獄擢御史乞歸旋起巡鹽浙江時九邊軍餉半取給鹽課自萬歷二十七年增新

稅二萬六千餘號商竈重困邊食愈不給公立法清釐
釋私販應配者數千疏請蠲商竈新稅之半巡按中州
福藩請維陽田四萬頃益湯沐三分起科計銀十二萬
兩奏減其半累遷大理寺少卿鄒忠介馮恭節建首善
書院核品嚴甚推重公公論學以性善爲宗論治必本
君德嘗奏進父學漸治平十二箴以謂聖人不緣居常
忽其戒儆小臣不因踈逖忘其進規又以陳白沙胡敬
齋兩先生自萬歷時已祀　孔子廟無謚上疏略曰祀
與謚典禮均至重我朝從祀孔廟自薛瑄王守仁外惟
獻章居仁文武諸臣得謚者僅百數從祀者止四人今

二臣祀而不謚於典有闕故事惟大臣得謚故瑄謚文
清守仁謚文成今謚二臣似與例格然臣愚以爲謚者
正爲賢者設也二臣之賢不減瑄與守仁既同祀廡位
奈何獨靳於易名之典唐制養德邱園聲實並著則謚
曰先生宋謚徐積節孝先生林逋和靖先生又宋臣魏
了翁任希夷請謚周惇頤曰元程顥曰純程頤曰正楊
棟請謚羅從彥曰文質李侗曰文靖惇頤官不過虞部
郎中顥不過御史裏行從彥不過主簿頤以布衣薦爲
說書侗則終於布衣前朝賢者賜謚不論品位崇卑臣
至愚陋敢以獻章居仁二臣賜謚爲請疏上陳謚文恭

胡謚文敬明代布衣之得謚始此又請召用鄒元標蔡悉周汝登等奉使往蜀陛辭力陳經筵四事及返羣小詆排正學毀書院鄒馮諸公皆去位先生筮得同人于野遂乞休自號野同翁隱居白鹿山立荷薪館於明善祠旁性至孝年七十喪母哀慕如孺子廬墓側未及禫而卒門人私謚曰文孝祀本邑忠孝鄉賢及浙江名宦祠著易意詩意禮說若干卷奏議六卷荷薪義八卷田居乙記四卷盋巖居詩集十三卷文集十二卷

馬其昶曰明善先生在儒家獨著聞者以大理趾美累世傳業能光之也夫君子學修自完天職耳名顯晦無

加損然德不獨善莫爲之後卽來者何遮大理以荷薪名館有以哉其請謚疏旨亦云

吳司馬廷尉傳弟三十六

司馬吳公諱用先字體中一字本如號餘菴萬歷二十年進士授臨川令均賦平役以最徵爲戶部主事歷議曹出爲浙江按察使遷布政使皆有績尋擢都御史巡撫四川時播酋爲亂大將劉綎以議餉不進公躬先出師督綎合戰討平之疏革行都司並革五衛官管事改五衛爲郡州縣兵俱隸之有司由是武弁侵虐居民及交番通苗諸弊悉除以疾去官家居八年起工部侍郎

會推少宰矣漏下有客過公稱慶且導謁時相公曰宰爲朝廷宰非相國宰也客不懌去明旦卽有總督宣大之命俄改薊遼總督時薊爲危疆公曰君命也何敢避難先是孫公承宗督師駐甯遠慮主款者撓己權上言總督督師宜勿兼設廷議不許孫公惡本兵多中制稱疾求罷時天啟二年也公既至遼與孫公交驩無閒疏言臣抵任十日卽閱歷薊昌諸路星馳山海關至甯遠以臣所覩記非獨關外之難關內亦難也關內三協以選將練兵爲要義以修牆築臺爲急務以撫剿相需戰守互用爲定策以崇簡守約惜軍愛民爲官方上温旨

傳諭凡一歲中修邊衛十九處墩臺堡堞煥然增新邊稍告匱爲興鼓鑄勤轉輸杜侵冒由是餉足而諸邊以甯會璫禍起致政歸卒於家崇禎初特賜贈廕祭葬公少孤育於祖及長孝養備至與宮諭應賓同建宗祠置義田箸有周易筏語寒玉山房集祀鄉賢子日晑官廕生鼎革後以枕藏唐王三詔爲家奴所首被執死於市日昶字函三有夙慧七歲時一夕讀洪範成誦能背寫廕中書舍人以璫禍起告歸性至孝雖流寓每歲必一歸省先墓箸世儀堂集

廷尉公諱應琦字景韓號玉華萬歷三十二年進士由

太常寺博士擢監察御史巡按雲南沐藩驕獷不可制
公甫按部值兩藩並建貢金驛騷慨然有澄清之志奪
沐黔國公印於其子易封其父修學宮甃以石士民賴
之又疏請蠲免貢金略曰廟廊之黃金五千闒闍之白
鏹不啻五萬自皇上御極四十三年進金幾二十萬則
搜括谿藏不下二百餘萬矣滇地本不產金乃預給銀
價市之秦隴巴蜀然後積銖成兩從一累千括之絕域
貢之上方中使冒濫等之瓦礫而使荒徼有賣子粥女
之慘臣竊爲陛下不取況滇俗囂悍其民易動數年閒
一變於楊監再變於鳳克三變於多酋今交阯烏撒又

見告矣兵械戰守一無足恃所恃者區區固結之民心耳若際此饑荒流離之時更驅以掊剋科斂之政臣誠有不忍言者語曰百姓足君孰與不足惟陛下留意疏入報可他所興利甚衆父艱歸除服還朝總憲鄒公元標以京畿重地難其人請授公浙江道御史巡視順永保河諸璫相戒勿犯遷大理少卿乞差南還堅卧不起奉詔徵乃勉一出授南大理卿仍請告歸嘗自言熹宗朝開璫禍吾獨超然物外僉壬知吾不黨懷宗朝定逆案吾獨嚼然不滓君子諒吾不私年八十有二卒子用鈐內閣中書用銘廩貢生

馬其昶曰孫公南陽集有感璫禍賦三十五忠詩吾鄉左忠毅吳司馬胥與焉且言起三十五人於九京未必人人大有勳烈然有勳烈者必此三十五人而應山楊忠烈公亦嘗奏記司馬以靖邊疆秉衡軸致期許由二公之言推之司馬之賢可知也廷尉諤諤不爲詭隨亦不蹈危機身安而名泰斯亦難矣

先太僕公傳弟三十七

公馬氏諱孟禎字泰符號六初少孤以善事母聞志略偉異有忠孝大節萬歷二十五年舉鄉試主試葉公向高奇賞之明年成進士知江西分宜縣每出巡縣逾期

不返署中蔬米或告匱諭民自輸糧吏不得擾以徵賦不及四分爲戸部尚書趙世卿所刻鐫二秩民聞令當罷三日逋賦悉完竟獲上考行取授主事鄒公元標萬公國欽等力爭改授廣西道監察御史當是時大學士朱賡李廷機秉政時論不與姚文蔚等附政府皆擢京卿又屢召還王錫爵錫爵辭不赴密揭痛詆言官而李廷機亦被劾奏辨於是公痛奔競之日甚而京堂冒濫異常也輔臣之譸張誤國也直道難容而讒諂至也乃上疏請顯斥姚文蔚陳治則王汞光罷免朱賡李廷機並允王錫爵之請以謂秉道觸邪臣之職分雖刀鋸在

前鼎鑊在後能挫臣不能鉗臣口不報復上疏陳要務略曰方今天下亦何脊脊多事哉觀之天意則天意違觀之人事則人事壞說者謂萬歷三十年後朝野景象不如二十年前二十年前又不如萬歷初愈趨愈下至於今日而儆極矣漢臣有言不見其形願察其影皇上於靜攝之中試一察之得不為之寒心哉然則圖之維何一曰通壅蔽臣惟上下交為泰上下隔為否自臨御廢而中外臣工咫尺不得望天顏亦甚睽隔矣通下情者惟章奏而章奏之入輒留中不發煬竈之禍開而壅蔽之形成曷若逐日省發顯示天下以從違之的一曰

錄直臣臣惟國家得百諾諾之臣不若得一諤諤之臣若鄒元標趙南星王德完等數十餘臣皆夙負忠貞久遭廢棄皇上治天下不以此時急賜起用顧使依阿輭熟之輩列爵於朝而欲以之彌變回天豈可得哉一曰決用舍當任不任政務益墮當去不去廉恥愈喪皇上試思目前總憲戎政等官關係國家何事自不得任其虛懸而被論諸臣忍恥含垢不能自決去者非皇上急爲之去長安一片地肯輕棄乎一曰恤民窮鳥窮則啄獸窮則攫今日之民窮極矣輦轂之眾困於充商楚蜀之眾疲於採取水陸商賈苦於抽榷人害之慘不忍見

聞夫獨非赤子乎而當事者不聞軫念固不可解也一曰急邊餉今天下府庫孰非皇上有而皇上分别內外外者任其常竭今日借太僕明日借節愼內者欲其常盈今日著進收明日著進取方今邊地阽危枵腹待餉急捐此數十萬緡保全左臂卽以保全京師若猶戀不能割萬一邊士脫巾咫尺邦畿甯保無恙而朽蠹之物獨能長存乎是又今日之萬不容緩者凡此五者諸臣言之已至厭陳皇上聞之亦至厭聽然而扶危定傾之策卒無以易此伏惟深留聖思天下幸甚時諸臣爲稅監誣陷逮繫甚衆至是參將李獲陽斃獄公言獲陽已

不可復生在衞獄尚有王邦才卞孔時滿朝薦在刑部
獄則有李嗣善皆以循良遭羅織將爲獲陽之續至楚
宗一獄羣邪欺罔搆成死者已多今被錮高牆者誰非
高皇帝子孫乃令沈冤不釋而漫無所矜恤乎皆不省
代王庶子鼎渭鼎莎爭立公援祖訓有適立適無適立
長謂今宗藩要例有所竄易不足據部覆從公等議立
鼎渭爲代世子當神廟深居靜攝公疏百數十上直聲
震朝野石埭人孫大功居京師力通權貴以採生割幼
自恣公廉得實坐院署立捕之中貴再四請不聽須臾
救牘盈尺悉揮之曰無及矣卒案論如法巡太倉銀庫

例進羨金萬餘金奏罷之巡長蘆鹽政卻陋規十萬以蘇商困捐金修河堤貯倉穀建天門書院暇則召諸生集講値福王就國贍田二萬山東應給四千餘頃王欲奪民膏腴公不可計租準値如故事宵小復嗾王遣承奉覈田郡邑騷動公以爲福藩田不定則諸藩圜起不特山左危天下皆危乃列其橫暴狀陳祖訓王府不得占買民業欽賜田畝租稅例赴州縣上納不得輒自收責疏凡七八上卒報可王初由舟行俄改從陸公復阻之王不懌而止四十二年冬考選科道而張先房趙運昌張廷拱曠鳴鸞濮中玉以言論忤時抑不得與公具

疏論之是時齊楚浙三黨勢張忌公讜直出爲廣東副使以母老辭不赴天啟初起南京光祿少卿轉太僕以憂歸會魏忠賢用事御史王業浩遂劾公建幟東林且與左光斗善削奪爲民初公與左同里以節義相許及左被逮詣公以家屬爲寄公慨然曰吾事也以曾孫女許配其冢孫之乾時方值周魏爲婚羅禍之後人皆危之公不爲動然亦竟無恙也崇禎初復職起太僕卿秉銓者欲得公一通問公笑曰吾老婦晚媚人邪遂不復起卒年六十八祀鄉賢著有奏略四卷行世

其祀謹按蕭家店在縣南四十里有碑巍然紀公遺德

何文端公爲之語曰公之澤被數萬戶公不自有矜容公之德修之數十年公未少有倦色居恆不以片牘干有司邑有大利害嘗造令力爭居民倡亂相戒勿犯馬公家及卒婦孺流涕罷市數日以吏役橫呼方知前此有所讋也公行載明史其祀謹據本傳及李公邦華所纂墓誌益以公自爲疏并綴述文端之言以俟後君子論焉

胡參政傳弟三十八

胡公諱瓚字伯玉號心澤萬歷二十三年進士授都水司主事分司南旺司兼督泉閘駐濟甯山東之水汶泗

爲大泗水之衝有金口壩會大霖雨沂泗交注堤不足
以勝水壩堰盡壞公復修金口壩以遏水勢又造舟於
汶上爲橋於盜陽民不病涉時議征稅濟甯公固言不
便而止又建議輕兩湖蓼稅謂草以聚魚稅其子不得
並稅其母萬歷二十六年河決單之黃堌運道湮阻劉
公東星來總河漕公因與論難往復謂黃堌不杜勢且
易黃而漕漕南北七百里以涓涓之泉安能運萬千有
奇之艘使及期飛渡宜濬賈魯河故道益治汶泗間泉
數百尋源竟委著泉河史上之嘗謂自濟以西地稍高
水虞其出不虞其入自濟以東地近窪水虞其入不虞

其出如鄒所爲淵源勝水諸泉其流盛濬之自易因與
有司約凡治泉一夫濬一泉泉水所匯則聚而役之各
有分地省其勤惰而賞罰之冬則養其餘力不征於官
以疏濬運道有功增秩一等還部尋督修琉璃河橋遷
虞衡員外三年橋成省費七萬有奇嘗修盔甲二廠又
創火藥局於東隅以便收放且防積火爲災不費水衡
一錢累擢江西右參政督理糧儲凡三督運飛輓無滯
旋予告歸杜門不與外事會邑中編審變亂祖制公昌
言不便當事者怨之至飛語上聞竟復舊又建祠置祭
田宗人德焉公性簡静好學在官貽其從子書曰吾視

汝輩猶子平生不喜人出一輕薄之言行一輕薄之行
衆人皆躁鎮之以靜衆人皆華持之以樸凡矜躁趨華
者吾門不願有此子孫也公初爲諸生時嘗手寫通鑑
全書晚益淹洽所居曰萬卷樓日閱一卷爲常課著尚
書過庭雅言若干卷禹貢備遺增注二卷泉河史十五
卷解慍堂集若干卷
馬其昶曰公疏運治泉事載明史厥績懋矣獨其家居
爭編審見忌事莫能言其詳龍眠古文錄公編審議有
目無書後從胡氏譜見公與邑人論編審改法書因亟
錄之其略曰諸丈負鄉里碩望苟可庇乎閭閻固無愛

齒頻況令甲昭垂一旦更革鄰封晏然吾邑創見如近日編審一事始於諛佞之單詞主以當事之獨任壞法亂常流禍無極祖制十一甲共充賦役十年一輪今則不論鄉圖止以八百畝當一賦役如一家八千畝更置一里是廢祖宗里甲之法矣祖制計口編丁如有消乏即以餘丁充補今則不論生齒止以五十畝定一丁不及此數盡與消除是廢祖宗戸口之法矣彼其意本欲以均役之說悅小民博聲譽且曰江南見行夫江南役法繁重人多飛詭白糧差役皆江北所無且其法除優免幾千畝外方與齊民均役猶自有節今則千畝而上

無一得免者衣冠比於編氓優免盡爲虛惠甚不可也若夫計畝成丁則畝多丁少盡報詭名畝少丁多遂至脫漏使大戸當無人之丁游民脫有丁之籍食土之毛莫非王臣無論富家踵足而立即小民亦不願有此也夫執干戈衞社稷非人乎萬一軍旅煩興據冊僉點何以應之彼將曰太平之世安得此語此非所以永治安而規萬代也又曰有土有人田之不存丁於何附夫有身有庸田載人去尤不通之論也某力薄言輕恐滋激擾諸丈同此利害凡可蚤計而預謀者當不俟辭之畢矣唯門下實亟圖之其爲書如此

何文端公傳第三十九

何公諱如寵字康侯號芝岳萬歷二十六年進士改庶吉士聞父疾亟歸而父歿服闋散館授編修復以母養請告公與兄布政約兄弟兩人者必一侍太夫人側三十九年布政督餉事竣歸里公乃再出擢中允累遷右庶子故事詞臣官五品歷三載無不遷者時中書某得幸政府公與左庶子趙師聖皆當遷或勸一詣某皆謝不往竟用庶子考滿前此以五品考滿者獨諸理齋後則二公天啟初拜禮部侍郎以母年九十辭不赴終母憂起故官魏廣微得志公坐與左忠毅公同里友善奪

職崇禎元年起吏部右侍郎未至拜禮部尚書宗藩婚娶命名例請於朝吏因索賕自萬歷末至是積疏累千有已死尚未名未婚娶者用公言貧宗得嫁娶者六百餘人明年冬京師戒嚴都人或自請出私財募衆助軍朝議壯之公獨持不可謂不善用且啟內釁上召問對如初上乃出片紙示之則得之偵事者果稱其叵測由是受知十二月命與周延儒錢象坤俱以本官兼東閣大學士入閣輔政袁公崇煥下獄上將族之以公力解免死者三百餘人籍其家得往還書一篋公請付閣中已而上索書對曰焚之矣累加少保戶部尚書武英殿

大學士四年春副延儒總裁會試事竣即乞休疏九上乃允抵家復上言帝王治世之要在虛己而受忠直之言求之今人不足則求之古人凡難處之事難決之疑古人皆有成畫皇上法祖御世資治通鑑會典二書最爲切要事至按之會典事前參之通鑑則賢姦昭著法制不紊俞旨襃答公爲人博大坦夷無察察之言對客不倡語應機時出則令人意盡以此爲士大夫所歸而操行純雅與物無競其難進易退之節世尤高之六年延儒罷召公爲首輔時温體仁方得君度其終不相容行至淮安乞休益力許之流寇猖獗公以皖城重地宜

設專臣乃上言臣郡安慶地在江北轄以江南上接荆
襄彭蠡巨浸下流直附淮揚爲留京第一要害高皇帝
破陳友諒鄱湖用安慶聲援之力甚厚宸濠以數萬之
衆不能越江城一步古稱長江天塹防江之法與防陸
殊防陸在嚴分地防江則必控其上游安慶距留京六
百里形若建瓴聲息可以相通備兵道臣原駐池州近
請改駐安慶誠知其扼塞之區也今撫臣業已整師溯
流疾趨臣郡觀其措施必能左提右挈遏氛固圉然此
乃一時應急之策臣愚謂宜從此增設大帥統領重兵
坐鎮其間則賊以舳艫相窺大江南北各有聲援若掎

舟從陸臣邑當廬楚之交勁旅踞關卽賊馬亦不敢飛渡於形勢防守爲便其後安慶卒設巡撫公所建也公雖家居猶歲給廩祿遣行人存問每具疏謝必附陳國家大計以十四年三月卒於金陵邸第年七十三祀郡邑鄉賢福王時贈太傅諡文端著有奏疏三卷後樂堂稿若干卷子應璜贛州知府孫亮功順治十四年舉人官古田知縣釆順治六年江甯籍進士官侍讀

馬其昶曰昔公嘗語同官吾輩日出視草至漏下不休亦足少酬餐錢特不知燕居深念於漢丞相何如耳聞者致歎夫遭時艱危秉鈞謀國非尋常守職苟可自謝

責者也公致位宰相屢疏乞退皭然不滓豈其澹靜之操然哉抑其意量之所營者大而不能自慊也

# 桐城耆舊傳卷五目錄

邑後學馬其昶通伯譔

桐城耆舊傳五

## 劉評事傳第四十

劉公諱允昌字燕及號渻水先世從豫章遷桐城是時縣人尚無有以科第世家者劉氏六傳曰劉瑩登永樂二年進士由御史出爲直隸永平知府調廣平民歌之曰太守政清二郡獲盜再傳爲劉璽正統六年舉應天鄉試第一教授敘州公其裔也生而穎異授書背文皆如素習萬歷三十二年進士選江西宜黃縣調知臨川吏能勤敏民不敢欺嘗校士應試士不下數千平第甲乙七日而畢刊落十不中一衆士讙譁於庭公出至庭執一人訊之曰某卽應聲曰女文黜者以某累然某語

致佳可續甄入冊又執一人訊之曰某曰女尚自言邪
因舉誦其疵句叱之退連執訊十餘人無差爽者衆相
顧駭散兩充鄉試同考臨川湯顯祖出其門調廣濟民
苦漕運爲條舉利弊得減半折兌轉大理寺評事未赴
任卒民追思之爲立祠公文辭贍捷學子承風自遠而
至箸劉氏類山十卷四庫書存目澹然齋集其若干卷
先是嘉靖時能詩者有處士秦吾田諱嘉禾號大龍山
人兼工書法里人或求書文待詔徵明文曰子鄉有秦
吾田奈何愛野鶩而失家雞乎其詩曰彭澤稿戴先生
諱乾字元泉亦處士錢先生諱元鼎字實夫鴻臚寺丞

其詩並見　御選明詩項先生諱琳字平野爲諸生頗有聲博覽多通不涉世事其曾祖洪武間自歙之桂溪遷桐城爲桂溪項氏至　國初有紹芳者成進士族漸盛而萬歷間與評事同時者又有侯先生諱珦天才穎異以諸生終嘗衍蘇氏迴文詩至八百首又善投壺箸壺譜奏矢百四十法置酒張壺按譜投之飛躍疾徐各極其致云

馬其昶曰吾邑文士見於傳記者一統志唐有曹松字孟徵光化中進士授校書郎宋李公麟字伯時弟公寅字仲謨一字亮工從弟元中字沖元兄弟同時舉進士

號龍眠三李與蘇黃諸公遊好宋史公麟列文苑傳無公寅元中而陸農師王介甫及蘇黃集於三李並有題詠又宋載上教授黃州詩句爲子瞻所賞其子中書舍人翊字新仲亦知名有猗覺寮雜記二卷其他無傳焉蓋宋元以前書史所載類統稱舒州實兼今懷寧舒城地洎明而舒南皖北之產始別之爲桐城故余書斷自明始明明時士大夫皆崇風節嫻吟詠而文罕成家至我朝方姚之徒出桐城之文遂極盛矣評事在萬歷時頗有文譽今所著皆佚余載於此以著其概云

左文思先生傳弟四十一

左先生諱德瑋字無奇一字鏡懸父成菴諱士梓受知學使耿公楚侗以儒術教家長子德玉字元璞號菼河專尚書天啟中歲貢生先生治春秋縣中習春秋學者如方宮詹父子皆出其門當萬歷末大饑居民相剽奪先生居邑東教授縣城一日歸經祖居族人爭告飢因出館金散之立盡後一人至無金卽解所被袍予之抵家囊橐蕭然其後官逮治諸肆劫者惟左氏以得金故無一人罹法先生兩中副榜年五十二卒學校諸生聚明倫堂私謚曰文思子鉛鉞銳鑕皆賢自鉞及兩弟皆縣學生鉞字公虔獨傳其世父尚書學謹禮法銳字幼

鎛旁綜子史不專家妻盛氏能通毛詩論語列女傳子
昊字白存號釆一早孤內稟母訓外資叔父藏一先生
獎勸卒成其業爲學者所宗著四書表證六經正訛然
其平生精力尤瘁於史自温國通鑑紫陽綱目及劉恕
外編李燾長編佖稗官野乘皆蒐釆成讀廿一史綱十
卷讀明史綱五卷前列歷代統紀世系國都地域改元
年號諸圖考粥田宅剞劂遂落其家

馬其昶曰當明季文思先生爲鄉里欽重今縣人遂無
有知者蕭敬孚文爲傳文彰之並從其六世孫愷得見
史綱蓋據其序例實起於文思先生公虔於晉魏十六

國南北朝之始終最核漢唐宋三朝則編自竚宋以
後缺焉兵火耗蠹無完帙自存劬學析薪負荷用集厥
成亦賢矣哉

姚湘潭副使傳弟四十二

姚公諱之騏字汝調父諱承虞爲葵軒長子公少督諸
弟學甚嚴倦則策曰麥飯詩其忘諸麥飯云者葵軒感
懷句也公與從弟汝芳先後八日生甫彌月葵軒弄以
筐一道士乞食笑曰一筐中盛二進士公生六歲孤貧
不能購書手寫讀之萬歷三十五年進士出李騰芳房
授湘潭令李湘潭人也跅弛豪放公過辭曰此去當圖

所以報德至則李氏奴不法庭笞之曰吾於爾主誼同子弟安有父兄遠宦而子弟顧縱其家人爲不法者自是境內悚息剛以爲治民且頌且謗之洞庭多盜公請往捕或以非湘潭事不宜問公曰湖潭人之所經也可異視邪吾越境往出不意盜必成擒卒健卒入賊巢執其魁還誅之公性清嚴絕苞苴民爲謠曰止飲湘潭水不污長沙泥舉卓異會疾卒年四十八兵備副使王志遠怒其倔强適過縣視其斂一無所辦室中蕭然四壁書錢穀出入及當興革事扃一木篋甚固啟視則疏邑中善士姦民冊副使撫屍大慟曰咫尺有名賢我乃不

知士民聞公歿皆奔哭副使曰父老休矣顧姚侯方未斂安所得巨棺公長身八尺某鴻臚亦脩軀年七十餘扶杖入請以自具棺斂於是撫按羣公及士民爭致賻累千金妻項氏謝不取卒貽書桐城以所賻金為置田贍遺孤而請祀之名宦縣人亦請祀鄉賢　本朝康熙間公孫文燮仕雲南值兵亂間道歸過湘潭父老曰此前朝神君孫也共庇之得脫文燮自有傳

副使諱之蘭字汝芳號芳麓似葵公子萬歷二十九年進士授福建海澄令嘗校士適家書至左右避之笑曰吾父無私言發書則戒以官中事不患女不明斷患太

過當默念爲生民布德次第末減衆乃歎服海澄地濱海夷商通市太監守監其稅暴橫公爲人彊毅內敏有方略一日有數百舟環璫厮洶洶璫大懼舟商有曉事者亦懼謁公公曰任衆譁勿動俟吾示出則已皆曰如約太監以舟迎公陽緩其行謂縣尉速備舁夫百人令夕有所調發旣乘舟至太監迎甚恭曰何以救我公曰商怨深矣浮收十倍正稅禍不測請爲君出示罷免太監曰善示出衆解散公曰海口去邑治遠恐令歸而衆復逞君盍從我往乎太監曰善然上供在奈何公曰上供有額君當爲行李慮耳太監乃出輜重竝舟至縣公

又曰官舍卑隘得無誨盜曷運至郡乎太監曰善然安所得舁者公立召百人至卽夕發太監悔然行李已前發卽去至郡無以棲遂倍道還福州自是惟檄取上供如額璫不復至姦民周慶妄言呂宋產金富人張嶷利之上書請採詔使往視撫按檄縣爲嶷具舟而不移文呂宋公曰是駭外國也且呂宋卽產金請貢猶當卻之奈何示貪外夷固請勿往不許有巨商願具舟載嶷慶公令縣倅偕往親祖於海畔旣畢以銀璫縶嶷嶷曰我皇商也何辱我公笑曰若得金歸乃皇商耳姑縶之次及慶曰嶷倚汝若左右手利害共之次及巨商商曰我

何罪公曰二人不得金倘蹈海死何以報天子吾以二
人付汝矣戒倅伺之勿令與夷私於是竣事還報卒無
金上誅疑慶璽書褒之未幾有紅夷千人載七船至漳
乞通市撫按議不許集僚佐問之衆莫敢應公請閒曰
若得某者夷當去卽下檄捕某公納檄懷中曰是速颶
耳密諴二幹卒往某果至致書其壻爲陳禍福紅夷竟
去蓋夷此行某壻主之也其贍才明察皆此類大吏咸
倚辦其能然公爲治好教化縱舍寃滯率數百人躬出
入阡陌督耕稼澄邑九都田瘠爲濬渠三百丈通石馬
淡潮匯於澗築下埭甃石爲門九都皆沃澄人號曰姚

蒲舉循良第一以父憂歸服闋補博野令行取南京禮部主事擢郎中出知杭州都會浩穰事皆親決司理某少年恃才積憾公剛直布蜚語遂移守汀州值朝議邊警加餉公曰汀州田止萬四千餘頃輸常後何堪額外議加乃搜府庫餘積得五千金佐餉完額民以不病督餉使者特疏薦之當遷秩念母老乞終養天子許之下詔稱揚曰汀州守之蘭急公惠民廉退有讓可謂淑人君子矣其加按察司副使以榮其歸天啟元年入覲京師前坐調任布蜚語司理某者亦以行取至急謁公請罪公笑謝之更揚其善人服其長者年六十三卒祀鄉

賢海澄汀州杭州名宦而民閒又多爲專祠子孫棐自有傳

馬其昶曰二公之從政清操感物才施裕如要以仁心爲質姚氏惟棻軒後爲盛自湘潭副使同時名宦其後兩公子姓成進士者半由州縣外官起家以故姚氏亦往往多循吏焉

胡姚安吳黃州傳弟四十三

胡公諱士奇字易礎萬歷二十八年舉人令黃州兼攝郡邑卓異拜姚安知府所居稱治會黔蜀交訌日夜籌備因疾乞歸道卒民歌思之祀鄉賢

吳公諱叔度字勿銘號青芝父諱仲沔隆慶時舉人推產兄弟未幾卒兄亦撫育諸孤至於成立公以萬歷四十四年進士授工部主事嘗榷杭州之南關杭民爲鐫榷政編紀其績尋守黃州黃故劇郡公處若無事卽事至立辦時盜起黃梅勢張甚邑令求方略公徐曰此烏合易與耳急之則瑕者立堅矣單騎往諭果解散以性疏闊左遷光州先是布政一介守光州公至諭父老曰此吾族父舊治也夙多惠政今甯毋弊已革而復行者乎僉曰宦僕爲胥吏者甚害公乃按籍深錮之豪強慹服人稱大小吳公云再入爲工部郎以疾卒祀黃州名

宦子季鵾字子翮流寇躪江北桐城岌岌出金助繕守順治閒辟舉福建監紀通判學者私謚文介先生有南陔草堂集季鳳字于廷崇禎閒諸生熟於史學有慰景園詩

馬其昶曰自州縣以上官爲治恆有二患自任喜事則侵職之謗起委成養高則曠官之刺興故往往才幹吏晉階至道府聲譽轉寂於前時者處勢不便而無所發其奇也黃州常若無事即事至立辦此眞才足了事者矣若夫科條密繁終日躁擾欲以禁姦止暴收整齊一切之效其於圖治不以遠乎

左忠毅公傳弟四十四

左公諱光斗字共之一字蒼嶼萬歷三十五年進士由中書選授浙江道御史天啟初與給事中楊公漣俱以清直敢言負重望兩人公忠一體有所舉劾必諧而後行權貴人皆凜凜畏之海內賢士皆從之遊而小人之趨利負權勢者皆弗便也巡視中城搜獲僞官僞印以百數尋出理屯田上書言國家倚漕東南不可恃而京以東畿以南兩河以北荒原一望率數千里因條上三因十四議請一切有司首課農政興水利田野不治即異材高等亦注考下下制曰可公乃親巡阡陌督官吏

教民種植桑麻菓秸一如江南及公去田復荒不治神宗不豫太監劉朝魏忠賢矯太子令索嘉靖中戚畹莊田公封還不啟已復奏太監陳登奪民籽粒壞屯政且請蠲十三場逋租民咸復業焉督學畿輔公名能知人而識史公可法尤奇公念天下承平久人不知兵而疆場多故每行部輒較諸生射奏開屯學又奏開武學公多諳朝廷典故留心當世之事其才無所不通未及盡試而崔魏之難作當神宗晚節東事起北關新破天子怠荒不視朝者三十餘年公上疏謂今日之事遼安則天下安遼危則天下危皇上御朝則天下安不御朝則

天下危疏三上不省當是時大學士方從哲兵部尚書黃嘉善皆以不稱職爲公三四糾而嘉善採人言許天下募兵者自領至京師受職公論其害事寢不行初御史熊公廷弼巡撫遼東負才自喜爲言官所論去遼遼敗復起經略廷臣欲斥魏應嘉等謝之公疏救熊意不平已而熊公亦敗光宗崩李選侍居乾清宮熹宗居慈慶宮選侍者光宗所愛幸上崩選侍欲專大權矯遺命母天下聲言垂簾決事羣臣䟦奏令先進乾清而後進慈慶而諸內臣劉朝魏忠賢等欲倚選侍自固皆出死力佐之於是公與都給事楊公謀恐爲他日患乃上疏

曰內廷之有乾清宮猶外廷之有皇極殿惟皇帝御天居之皇后配天得共居之今大行皇帝賓天選侍李氏儼居正宮而殿下乃居慈慶不得守几筵典制乖舛且聞李氏侍先皇無雞鳴脫簪之德待殿下又無撫摩養育之功此豈可託聖躬者乞令移置別殿俾殿下得守喪次成大禮疏上選侍大怒將加嚴譴數遣中使宣召公公曰我天子法官也非天子召不赴選侍益怒而熹宗得公疏心以爲善楊公漣等亦力爭內臣王安亦主二人議選侍不得已乃出居噦鸞宮由是朝野並稱楊左選侍既移噦鸞宮帝所以奉養之者備具而宮奴劉

遜等盜寶漏洩恐誅詞連選侍父則妄言選侍投繯皇八妹入井以熒惑朝士公復奏移宮以後固當存大體寛小過御史賈繼春上書以移宮非是首排公其黨相繼譁於朝帝乃宣諭百官備述選侍淩虐聖母諸狀繼春得罪去浮議始息其後崔魏猶借三案以殺諸臣三案者此其一也大學士沈潅與外戚鄭養性太監劉朝交通亂政先後典重兵公與刑部尚書王紀等先後論姦相典兵外戚典兵內監典兵必爲國患居無何此三人者皆敗而魏忠賢新專國命廷臣三案異議者皆附之其黨崔呈秀魏廣微尤用事公已歷官至僉都御史

而楊公爲副都御史是時吏部尚書趙公南星侍郎陳公於廷左都御史高公攀龍吏部都給事魏公大中皆負海內清望羣小畏忌之公同郡阮大鋮者諂忠賢進百官圖曰某宜先驅某宜後擊某宜正攻某宜旁射忠賢大喜按圖殺諸君子往往多用大鋮之策崔呈秀初巡按淮揚賕累巨萬高公攀龍劾之遂父事忠賢魏公大中亦劾大學士魏廣微於是崔魏教忠賢速殺楊左諸人事未發會楊公奏忠賢二十四罪忠賢大怒公復草疏論忠賢及廣微罪三十二可斬疏未及上忠賢詗知怒甚欲殺之未得當乃先二日罷兩人官而逐之廣

徽嗾忠賢刦公裝以逮忠賢不應已而覘公就道惟襆被而已廣微私自喜曰幸未刦也先是給事中傅櫆與東廠理刑傅繼教結爲兄弟因繼教通於忠賢櫆欲殺公等以媚忠賢乃曰左氏客有汪文言者並游楊魏之門今鍜鍊文言爲納賄則諸人可殺也遂上書論之公奏辨數四乞罷歸養親不許忠賢旣急欲殺楊左兩人未得乃先令兩人罷歸而中朝拷掠文言文言不服遂殺之御史徐大化者忠賢黨也論楊左妄議移宮且受熊廷弼賄誤封疆又受屯吏金故事御史巡視屯田屯吏餽金數百御史受之以爲常公獨卻不受諸御史皆

慰且恚至是大化誣奏之忠賢矯旨逮楊左入京考鞫緹騎至桐城家人環泣生祭檻車出郭父老擁馬首號泣壯士數百人潛行欲伏闕訟冤行至黃河公知之固辭謝乃還容城孫鍾元先生欲脫公於客氏以告公公曰吾雖不肖豈能求生於媚人之手乎至則下詔獄許顯純者素無賴尤疾惡士大夫謁忠賢求爲獄吏入獄者多不得免至是嚴刑訊公坐贓二萬金是時熊廷弼亦兵敗下獄爲狀告於朝曰楊左兩人乃皆前日劾我者也何以余爲通賄而畿輔好義者皆設部分募應鹿太公鹿太公者太常卿鹿善繼父也太公爲人好氣樂

義日夜醵金爲左公償贓初公視學畿輔畿輔人德之
故爭應太公金入未畢而忠賢已殺公於獄是歲天啟
五年七月二十四日也卒之夜長虹亘天里中星隕如
斗而楊公漣魏公大中皆死閲二年烈皇帝嗣立誅魏
忠賢客氏崔呈秀而褫阮大鋮魏廣微職贈公右副都
御史賜祭葬再贈太子少保謚忠毅予三代誥命建專
祠並祀鄉賢祠初大興人史公可法幼貧賤公爲督學
史以童子試見公公奇之曰子異人也他日名位在吾
上因召之讀書而時時餽遺其父母一日夜歸風寒雨
雪見史隱几寐解衣覆之勿令覺其憐愛之如此及公

逮繫史已舉於鄉矣知事不可爲乃衣青衣佯爲家奴納槖饘者賄獄卒而入見公肢體已裂抱而泣乃飯公公呼而字之曰道鄰宜厚自愛異日望子爲國柱石今子殉硜硜之小節而攖姦人之鋒我死子必隨之是再戮我也史拜且泣解帶束公之腰而出數日公死遺骸潰爛識其帶乃棺而斂之其後史果以功名顯世所謂閣部史忠正公者也而公諸子亦皆有文章節義自有傳

馬其昶曰吾鄉戴田有先生有逸才喜前朝軼事以史筆自詭嘗記薛大觀及一壺先生畫網巾者信乎其辭

之能也戴以文字得罪死其書世不恆有左忠毅公傳最其少作余取其文爲要删而存之

倪太僕傳弟四十五

倪公諱應眷字申之號吉旋始祖元末由浙江遷居舒城其後復遷桐城九傳至公舉萬歷三十五年進士授上杭令地產毒草挾怨者輒食之以詐取財物公令罪人掘草以贖草遂絕擢監察御史萬歷末孝端皇后薨疏稱毋儀曠邈宜愼積漸無致大柄旁落時訝其語激及光宗宅翼室貴妃請封皇后乃服其先見光宗崩疏引春秋許世子不嘗藥以討正紅丸之罪熹宗新立上

言皇上沖齡嗣服情識初開必愼選內侍定職掌擇老成端正有氣節者日侍左右知飢渴察寒暑愼起居遠聲色於大禮竣後選經明行修有道術者宏開經筵以廣論思又反覆論勤政納諫謹微諸端累數百言李選侍之移宮也羣議鼎沸公獨疏陳仁義宜兼盡楊漣去國復抗疏請留一時推爲敢言晉太僕少卿璫禍起削奪歸崇禎初累遷至南太僕正卿年八十卒贈工部侍郎祀鄉賢子祚善字永錫崇禎中以明經授永興令遷岳州通判金華同知值許都倡亂首犯金華登陴設守縛斬郡內姦民數十賊駭退以功擢處州知府其初蒞

丞丞治至岳而丞破菰岳岳治至金而岳破故丞人岳人皆立去思之碑元善字資生副貢生戶部司務嘉善字受之天啟二年進士改庶吉士授簡討以太僕忤璫削奪遂乞假歸崇禎初起官歷中允右諭德諭德次子田玉字度如爲休甯教諭設義塾葺學宮多求遺書及古禮樂器與諸生講習其中貧其膏火祀休甯遺教祠馬其昶曰公在朝侃侃可謂忠矣其初仕上杭上杭民爲生立祠越十餘年倭冦來犯戒勿毀其居鄉年八十里父老祝之爲鐫仁壽碑東郭外其入民如此此豈能虛致者哉

葉尙書方巡撫傳第四十六

葉公諱燦字以沖號曾城其先永樂時自婺源來遷營宅兆項家河桐城之葉有峽山陶沖樅鎭葉家河之別而入文獨推項河六世諱奕廩生公祖父也有厚德嘗得罪鄉貴人弟交走京師直其事交子維藩號實齋儀徵訓導以行德惠落其家捐地宜民門內祀唐邑尉張孚卿公再從父也父諱應和廩生公少時家貧塾師教以進取文不習潛誦莊子及舉於鄉課徒自贍經其指授悉有繩尺萬歷四十一年進士官翰林院編修校書秘閣多所擩染四十七年會試同考遷國子司業士習

浮競爲開示名理進以古學復召入充講官魏閹用事
遂落籍歸築室峣峣峰下若將終焉當天啟中婦寺亂
政吾鄉縉紳仕朝列者類以伉直被禍於時公與方公
赤城亦岌岌幾不免崇禎初起掌院事教習庶吉士轉
南京吏部侍郎晉禮部尚書鳳陵工成奉命越江告祭
以病請休公記誦不過人穎悟獨絕潛心理道充然有
以自樂好蓄書家藏數萬卷皆手自讐勘裝潢大帙聞
異本必購致之既致政纍書若城坐臥其中崇禎初里
中盜起至公宅無所得惟牙籤充棟而已箸讀書堂稿
八卷天柱集南中稿㢘下草若干卷年七十八卒南渡

後賜謚文莊子士璋以父廕至戶部郎中士瑛崇禎七年進士早卒玄孫諦昌雍正時舉人初公與方赤城最善兩人微時日相聚茅屋中揆膝密語期許甚高後兩人官位相埒而俱以清節顯

方公諱大任字思仁號赤城早歲不偶萬歷四十五年年六十五始成進士除北直元城縣令擢拜御史監理昭陵過西山見魏忠賢營生壙踰制抗疏糾之忠賢怒欲加罪賴輔臣韓爌曲救得免再疏請致仕乃克歸忠賢恨不已天啟五年輔臣馮銓阿忠賢旨嗾御史王烘誣奏坐贓千金下撫按提問會王恭廠災廷議恤刑擬

城旦踰年崇禎改元詔自配所復原官年七十四矣當
逆璫未甚時公發其姦最早疏稱臣高祖給事中方向
曾劾亘璫陳祖生於孝宗之朝臣從曾祖方克曾劾亘
璫邱得於世宗之朝臣爲國擊姦實不敢容默爲家世
羞於是朝野傾矚再起復官晉僉都御史巡山海關故
事按部但巡關內公獨出關千餘里與總督袁崇煥經
畫方略再晉副都御史巡撫順天出守通州城賴以全
一子甫數齡邏者得其家書無一語私上聞嗟歎久之
圖解遂得疾請告歸里公性清峻官至開府家無千金
之資箸有霞起樓集

馬其昶曰文莊讀書堂稿在其裔孫處後爲葉挺生吏部所得吏部有弟在蜀往余入都從吏部詢之則已寄蜀矣縣書載公理學傳不能言其詳意其藏書多性喜博覽其遺稿必淵懿可觀也方氏累世御史著聲魏閹初熾自周宗建一疏外未有指名斥之者副憲晚達首折亘姦雖由忠悃抑亦家風使然哉

方巡撫傳弟四十七

方公諱孔炤字潛夫號仁植廷尉大鎮子也萬歷四十四年進士除嘉定州知州調福甯州入爲兵部主事天啟初廷尉方爲御史與鄒忠介高忠憲顧端文諸公講

學首善書院天下欣然望治於時公亦歷官員外擢職方司郎中未幾而逆閹用事諸賢相次罷邊事棘樞曹選帥率通賄得規避公疏劾之魏忠賢欲進封兄子良卿伯爵公執不可忠賢怒削籍歸崇禎改元起職方郎中遷尚寶卿丁廷尉憂廬墓三年縣民倡變率鄉人討平之時流賊俶擾楚豫因益議廣儲積備器械爲固圉計城賴以全服除補原官尋以僉都御史巡撫湖廣始涖任賊已由鄖陽渡河公所部號萬人備多力分騎兵不及十一擊賊李萬慶等於承天八戰皆捷時總理熊文燦主撫議納張獻忠降於穀城授副將嗣是詐言求

撫者踵至公力爭撫賊之誤條上八議格不行踰年乃
有分地撫馭之命公嚴備遏賊南下未幾獻忠復叛知
有備引而西又遏賊荆門當陽有來家河神通堡之捷
獻陵竟得保已而賊屯興山楊嗣昌檄楚川沅三師夾
攻賊賊宵遁公知賊狡謀下令楚軍將止屯勿進而楚軍
二將已迫嗣昌檄違節制深入至香油坪賊果大集楚
師援絶遂潰先是嗣昌檄楚將進兵又調公駐襄陽相
距八百里及聞楚師敗約沅川二師赴援二師嗣昌又
檄調他去公乃獨率麾下千餘人疾馳抵竹山而楚師
已前潰六日於是公至亦被圍嗣昌之代文燦也亦專

主撫而公主剿異議至是遂劾公失機逮下獄長子以智嚙血濡疏訟冤得減罪遣戍紹興久之用薦復官命督山東軍務未行而京師陷遂奉母南奔歸隱白鹿山前在圜中與黃石齋先生論易既歸益潛心經訓箸周易時論二十二卷尙書世論二卷詩經永論四卷禮節論若干卷春秋竊論二卷全邊紀略十二卷撫楚疏稿四卷環中堂集十二卷門人私謚曰貞述齊先生諱程字邇元嘗爲公記室一時推楚撫奏篇爲谷子雲筆札崇禎末兵賊交困每登陴東顧痛哭失聲作望南畿諸臺官詩十篇音節楚激得風人諷刺之旨無何不食卒

年二十九又齊子安諱維程慧悟絕人寓目成誦卒年亦二十九兄維嶽詩文與之齊名惟捷敏遜之亦早卒馬其昶曰公初在職方忤璫觸禍後出撫楚與督師異議左掣右掣不隕不止嗚呼八捷之功不能當部將蓮制之一挫効忠亂朝才用未盡可勝慨哉

孫鄆城傳第四十八

孫公諱繼陛字我陽才識開敏萬歷中三中副榜四十三年授海門訓導多所裁成因廣學額歲旱建議開石閘南關外引海水溉田禾盡甦而泛海商船舊從五狼山入口舟往往折壞至是俱從海門閘入避峻磯急湍

明年大水泰通海三州如皋諸水由此出田廬無損商民歌之號曰孫公閘立祠祀焉利河鎮近海隄善潰屢濬築知縣嚴爾圭請以屬公未期月隄成大吏器異之司訓四年凡七薦擢項城令兼攝商水泚項城時值河水漲民飢奏發銀萬二千半振半濬河公請分振老弱其丁壯有力者悉令日掘土傅隄計多寡給米飢濟而工亦竣銅陽城積寇屯潁州四出劫掠大吏檄諸郡邑協治皆莫敢動公獨請復馬快及守城民壯之食益募練三百餘人詗知賊首出劫率精卒夜馳抵城下鳴金鼓守賊驚矢下如雨皆伏不戰天明矢盡急攻之繼以

火城中草廬盡爇賊死亡略盡威名遠聞三年調山東鄆城鄆爲盜藪城圮久不治姦民勾結白蓮教爲患賊首宋尚營聚衆出沒曹濮汶壽間公先在都聘勇士馬之龍等挾與俱旣視事明日巡城建大旗城上募夫運土培高上加甎八尺周城濬深濠外築土垣爲重關宋賊以六百人劫黃堆集欲因以起事公知其情乘城嚴守遣鄉兵往援別設伏蘆子橋以待鄉兵行不三里果遇賊因奮擊賊卻伏兵興於前夾擊之賊大挫已復連九營十八寨沿黃河上下五百里各穴地爲窟室外築棗樹營深厚四十里與白蓮教徐鴻儒及登曹賊爲犄

角詔河臣李若星會同壽張濟寧曹沂各守道進剿用
公策禁斷黃河船賊不得南逸大兵駐東西北三面堅
壁不戰日進數里賊益蹙未幾四十里棗樹營盡平民
大說爲立生祠勒石紀功以老疾乞休崇禎初敘前功
以員外郎徵堅臥不起鄉里休戚勇於任負與方赤城
姚心甫何芝岳戴允孚諸公結金蘭社觴詠往復卒年
八十八子隆光敦內行事孀嫂如母同時戴公諱君采
字允孚萬歷二十八年舉人令青田以惠愛爲政不樂
久吏去官歸鄉望甚美邑中汪黃之變田廬獨免焚掠
鄧公諱士美字實卿以選貢授廣東靈山令有廉愛名

年九十三子元盛諸生年八十五元炤字含甫崇禎時副榜深研經術有春秋四家宗旨年八十六元盛子森秀號樸菴年九十七文行爲當時所推世德世壽縣八無與爲比

馬其昶曰州縣令當末季其難倍蓰禍亂已蘊乘閒竊發財權兵符不己屬一搖手舉足文法吏持常格議其後非才具恢斥烏能勝其任乎郫城習水初膺七薦契闊武略靖兹搶攘賞卒不行明之刑政其傎矣

左侍御傳第四十九

左公諱光先字述之一字羅生號三山天啟四年領鄉

薦入都會兄忠毅公搆璫禍微服歸崇禎改元謫選得福建建寧令課績最擢御史疏薦劉公宗周鄭公三俊倪公元璐等而劾宗室朱術珣貪賊無狀當罷斥公在臺敢言有忠毅謇諤之概巡按浙江任滿且受代忽傳中旨募兵察其僞捕得伏誅未幾而有許都之亂許都者金華人家豪於貲敢大言交結聲氣何閒煽亂連破東陽義烏浦江乘勝攻金華前所傳僞檄募兵都之黨也公既受代出境聞變馳還或阻之公曰賊烏合初起乘不備擊之可破不然勢且益熾何乃忽便文自營於是徵兵集餉素知遊擊蔣若來有將略益激厲之不十

日都窮蹙生得斬以徇亂定行抵南都大司馬史公可法迎勞之曰浙之靖南都之福也時燕京告急公勉史公卒兵勤王既別復貽書及之已而燕京陷福王監國公被命安撫浙江時馬士英貪定策功出史公於外再起阮大鋮公爭之不可會許都餘黨應募再逞公與大鋮世讐又嘗劾士英故士英大鋮誣以殺降激變祁公世培爲具揭訟冤而大鋮必欲死之百計嗾黨交攻朱術珣等皆起應之復坐以通賄屬吏逮之亂亟道阻閒行走徽嶺得免鼎革後益溷跡自晦年八十卒嘗一日坐廳事有遠使到門致書數十通布數匹公曰此必建

甯人也訊之果然時公去官十餘歲矣且在難乃踰險千里而至後祀建甯名宦公爲人廉清居室甚整對客亦時雜詼啁宦閩七載蕭然就道及按浙將歸故事御史歸有謝薦儀公曰昔先兄巡屯督學皆卻餽不受今何敢愧先兄顧念桑梓遭寇骨肉故人不死於賊且死於兵死於歲吾安能無意卒受之歸以餉親族其後里人亦請祀鄉賢箸奏議二卷弟光明字允之號石樓崇禎時以選貢生爲黟縣訓導遷福建武平令縣地疲瘠軍民雜處吏從無得上考者至則革羨餘恤獄訟以字愛得民時江廣羣盜竊發盡捐祿入爲守禦備益置社

倉振荒勸農循聲大起以兄侍御抗疏觸權姦遂謝事歸里箸十餘錄性學宗藏於家侍御子國鼎字夏子及弟國昌皆諸生國治號橋亭以附貢考授州同崇禎時又有汪參議吳主事璩侍御皆有文學而擅吏能

汪參議諱國士字君酬崇禎四年進士授福建閩縣令禁火耗免羨餘一以簡靜為治遷揭陽課績最擢戸部主事尋由郎中除山東備兵參議值歲不登殫心輸濟民以不飢乞骸歸未幾卒父諱世澄受學羅近溪故其學有原本尤耽吟詠箸簡軒十一集子鶴齡字羽年啟齡字大年皆能詩

奘主事諱國琦字公亘號雪崖年十五刲股愈父病與
汪參議同歲進士令蘭溪愛民好士有玉蘭之瑞士大
夫作玉蘭詠勒於石改漳州推官疏沈獄八百餘案擢
兵部主事值國家多難草渡江九策皆切中時務晚歲
精詩律箸尙書音易占禮略及懷兹堂水香閣等集子
宏安順治九年進士翰林院庶吉士
璩侍御諱伯崑字山甫初以副貢授江西武寧令其地
爲漢海昏侯封邑明初陳友諒餘裔又聚居縣西柯源
洞號桀滑難治舊設銅鼓營鎭之至則平情以處頑梗
馴服大盜熊化元至詣獄自首勸學課士均田賦定畫

一之則民賴其利擢御史有政略石湖集子宣諸生宷順治十四年舉八

馬其昶曰忠毅劾魏閹三十二可斬疏未及上禍作侍御焚其稿稿不傳世爭惜之然忠毅大節固不賴有是疏當變起卒然忠毅生死未可知且太公太母在堂嗚乎悲夫豈得已哉許都跳梁勢窮授首南都以盜而世猶或有異議予是以論著之

孫侍郎傳弟五十

孫公諱晉字明卿號魯山始祖福一自揚州遷居桐城父號寄寰諱鼎祚有厚德家貧公少英峙出遇左忠毅

於道弗辟忠毅嘗夢之帝所一少年躡其後及出見其貌類所夢少年又弗辟道奇之問持杯何爲曰買油夜讀耳問能爲文乎曰能卽歸試以文立就因以兄子妻之天啟五年成進士授南樂令調滑縣報最擢工科給事中以疏劾大學士温體仁任所私人典試事亂祖制被謫體仁敗復起爲給諫始懷宗懲魏閹餘黨編逆案禁錮崇禎七年會推冢宰錮者賄吏部圖翻案侍郎張捷請臨軒奏之首逆案中唐世濟呂純如名以進羣臣愕然公厲聲曰昔錮是則今舉非捷卽欺舉朝無人將欺陛下何如主邪上曰科臣言是明日復上疏論之逆

黨雖殲亦以是不獲卽逞八年流寇南犯公以陵寢爲憂兵部尚書張鳳翼匿其狀且謂公南人何憂賊賊起西北不慣食稻米馬不飼江南草公奏刻鳳翼欺慢又言安慶爲陪京門戶當亟增兵防守累遷大理寺卿特疏出劉公宗周金公光宸於獄薦史公可法於吏部總兵黃得功被逮疏請釋之得出鎭鳳陽其後江左一隅竟賴史黃二公之力時賢路閼塞公在朝獄獄諸君子咸倚賴之推桐城左公後一人也尋以兵部侍郎出督宣大當時朝臣率輕外任必與時齟齬者乃推出之公獨曰主憂臣辱吾何敢愛身至則修斥堠嚴守備籌兵

食嘗集將佐椎牛置酒大會酒三行乃按劍起發音慷慨謂諸君何以報國乎將士無不感激思自刎越二年以疾乞歸凡節餉十餘萬封識如初即日單車歸金陵亡何京師陷馬士英擁立福藩出史公可法於外逆黨亦攀附驟用興大獄目公為黨魁兄頤字儀之知浙江仙居縣乃倉皇奉母避讐仙居筮得遯之咸因自號餘菴又曰遯翁　國朝舉舊臣强起之不可築室龍眠山率子弟讀書其中長子中麟字振公三子中象字易公順治十一年同舉於鄉明年中麟成進士四子中夔字臥公六子中夏字威公均有學行而臥公詩名尤著公

家居養親事兄無不備至年六十八卒學者私謚孝節先生祀鄉賢

馬其昶曰予幼聞吾縣前明有孫大司馬考之縣書所敘述皆不得要領後觀孫氏譜慨然慕其爲人公所建白動關天下大計而鄉里後進乃不能言其行事予甚悳焉於是採其大節著於篇

光給事傳弟五十一

光公諱時亨字含萬少有俊識敢決事性不能容惡崇禎七年進士初授四川榮昌縣是時流賊起陝西天下大亂榮昌之衝有石橋曰思濟縣人謀醵金修橋工費

鉅公告父老曰賊旦暮至而城圮奈何今當毀橋具舟渡而移橋石繕城此兩便也於是募役百數十人運大石城下中途一石墜地裂有聲鑿之得石龜色如紫玉身隱隱有龍文若字若卦畫不可識公蓄之池中每池中氣與雲接則天雨晴亦時有異光城成而賊至設奇計卻之徵入京師賜對左掖門略言近事之誤莫如撫賊賊猖而禍漫賊撫而禍深楚禍之深皖禍之深以獻革諸賊之撫耳其誤皆嚴於熊文燦之撫鄭之龍以海與之龍可也以腹心之地與賊不可也今當布大信以傾賊黨募民之剽悍從賊者歸而爲兵諭民之飢寒陷

賊者歸而爲農其衆可寡也當對時上爲起立注視者三歷兵刑二科給事中旬月閒彈劾權貴及言軍國事書凡百餘上桐城歲用兵又年比不登漕米三歲未輸布政下檄補徵民疲病無以納公疏請免之流賊陷山西入畿輔京師大震時詞臣李明睿倡議南遷公曰賊四面環集乘輿將安往請固守根本定人心及城陷公與御史王章巡城章爲賊殺公墮障折左股匍匐入尼菴夜半自經尼救之不死過御河與御史金鉉同投河鉉死而人或拯公起移時甦遂潛行南還至宿遷大帥劉澤清遣軍士執之先是阮大鋮名在逆案中左魏之

死大鋮有力焉公嘗切齒詬詈大鋮至是大鋮嗾澤清執之坐以阻南遷罪而與金壇人周鍾武爌同日殺之周武兩人固降賊者也由是野史亦遂稱公降賊唐王時子廷瑞字輯侯血疏訟冤給事中方士亮亦具疏辨曰執政以阻南遷爲名蓋別無可文致使時亨有臣鬬實事則一六等案殺之有餘何必借刃阻遷哉以阻遷殺時亨則時亨之無僞仕明甚疏上樞臣黃公道周是其議得旨昭雪復官並授廷瑞官內閣中書初公自榮昌召入京家人挈龜還里避亂祁門光氏之先祁門人也一夕風雨震電龜騰空去或曰光公其不免乎及聞

公死日果符其後康熙二十六年戴編修入燕京有役事館舍者年八十餘矣自言始事桐城光給事都城破時親從御河中救給事起復拊膺歎曰豈知其送與阮馬殺乎戴爲文紀其事並述公榮昌時治蹟孫標字霞起號虛舟康熙閒諸生逾六十事母猶童時澹於利榮陶然自得天趣有片舫齋集曾孫成采雍正二年進士箸大易旁通十二卷

馬其昶曰公初墮陴及自經投河屢死不得卒隕命於姦人之手事既已驗白而野史誣載至今猶被口語余閱潛虛集意編修平時持論稍苛今所記當不妄後見

桐城軼事紀被誣下獄及昭雪事甚詳左侍御光先有野史辨誣一則而公自爲祭影文述死狀與左戴言皆合其文載龍眠古文中余乃據以爲傳毋令蒙惡聲焉當公之下獄也法司會訊獨御史必欲坐以阻南遷罪殺之御史者即初麗逆案而後首迎降之張孫振云

# 桐城耆舊傳卷六目錄

邑後學馬其昶通伯譔

## 張忠節公傳弟五十二　　桐城耆舊傳六

張公諱秉文字含之號鍾陽少朗俊風格標異大父參政公許爲遠器萬歷三十八年進士授歸安知縣調徽州教授屢遷戸部郎中出守撫州政崇簡靜得士如艾千子陳大士羅文止輩皆負時望父艱服闋起湖廣荆襄道遷福建建寧兵巡道晉廣東按察使海寇李之奇自閩犯粤勢張甚巡撫退保省城命將出守以公爲監軍駐節虎頭門檄修戰艦練水師躬犯矢石海霧四起颶風作士皆殊死戰生獲之奇遷右布政使調山東左布政使十一年冬　大清兵自青山口入畿輔所過輒

破無留行放兵南下本兵楊嗣昌檄山東巡撫移濟南兵守德州濟南空虛遺卒不及二千　大兵下畿輔四十八城遂自德州圍濟南公率吏卒募士城守而連章告急於朝督師中官高起潛擁重兵臨清不救大將祖寬等亦觀望於是公等分門拒守十晝夜外圍急援兵竟不至公遺書家中曰身爲大臣當死封疆老母八旬諸弟善事之矣明年正月城破公擐甲巷戰被箭死妻方氏妾陳氏皆自投大明湖中事聞贈大常寺卿建特祠　國朝賜謚忠節子克倬克仔佑皆有高節不仕

馬其昶曰予讀惜抱軒集張公祠碑文稱公與左忠毅

公相繼成進士皆死於忠藎故世多言吾鄉人物風節之美又謂公行在明史傳不待文而顯爲之文者以厲鄉人也因竊本斯義旁採公行事爲之傳云

阮忠節公傳弟五十三

阮公諱之鈿字實甫崇禎中以明經爲江甯主簿同郡諭德劉若宰薦授穀城知縣未到官十一年春張獻忠兵敗窮蹙因襲據穀城求撫總理熊文燦許之縱其屯牧公上疏言穀城當襄陽上游今爲賊首獻忠所據名雖就撫實緣餉匱欲積粟待時伏乞陛下容臣到任相機恢復獻忠既據穀城不肯釋兵處其衆數萬於四郊

居民驚竄公至盡心調劑民稍稍安已而賊衆漸出剽掠公執以告卽謾曰借餐耳官不給餉給餉當自止村民逃徙殆盡掠及闤闠日刃殺人又於漢沔匯處立關月榷稅數千金文燦所檄監軍張大經入穀城鎭撫大經客聱者訣獻忠干支當大貴獻忠益驕心動當是時熊文燦一意主撫閣臣楊嗣昌新得上力持文燦議而公初至穀城卽上疏曰獻忠虎距邑城其謀叵測所要求之地皆兵餉取道咽喉秦蜀交會脈絡姦民甘心效用庫藏殫虛民產被奪臣守土牧民之官至無土可守無民可牧無賦可徵名曰縣令實贅員耳今廟堂之上

專主撫議臣愚妄謂剿撫二策可合言未可分言致損國威挫士氣又密報文燦勸其設備文燦不答及獻忠反謀益急公單騎往說之曰將軍始所爲甚悖今幸得爲王臣當從軍立功垂之竹帛且不見劉將軍國能乎天子手詔進官厚賫金帛將軍若有所疑慮之鈿雖不肖上書以百口保將軍待將軍以不死今將軍奈何而復懷他志邪獻忠怒乃大罵公公痛事不可爲憂憤成病題數語於壁自誓以死謂獻忠旦夕必反也而熊文燦輩方自以降獻忠爲奇勳未幾獻忠果反劫庫縱四毀城入公聞變仰藥未絕獻忠遣使索印公堅持不與

遂殺之縱火焚公署骸骨爲燼是爲十二年五月六日也後贈尚寶少卿　國朝賜謚忠節曾孫爲光字暉吉孝友敦行尤篤於先二子世忠世恩兄弟相代死已見前愛雲事中

馬其昶曰公並時有阮大鋮者籍懷甯其人世所共棄與公爲同宗公既以隻身趨危城折强暴使從其謀策獻忠流毒豈至是乎不幸言不用死史冊書之有餘榮焉先是大鋮官光祿卿斥廢終至尚書公財一縣令耳卒其所爲榮辱究何如哉

夏烈愍公傳弟五十四

夏公諱統春字元夫爲諸生倜儻有幹略與兄承春偕
春俱知名崇禎八年保舉賢良方正授黃陂丞嘗攝黃
安黃梅二縣事皆有治狀十五年賊犯黃陂公已遷麻
陽知縣未赴乃督衆拒守凡十五晝夜賊忽解去公度
賊必再至時衆已罷休於家閱五日賊至公出拒戰不
勝城陷復巷戰力竭被執賊欲屈之公指賊渠罵曰吾
職雖小官也肯從賊反乎賊怒斷其右手卽左手指賊
而罵賊又斷之復罵則斷其舌瞋目視之則更剜其目
且死猶以頭觸賊僵起撲地者數賊遂支解之事聞下
所司議贈卹會京師陷未果　國朝賜謚烈愍妻姚氏

副使之蘭女聞變抱子投後園池中池水淺不死從一婢一僕負公骸骨歸晝則伏巖谷夜行一日賊入山大索迫不知所之一老父前行因隨之忽不見見一石窟倉皇入少頃大風起拔一樹覆其上以是得免子鼎字象九父死時甫九歲又七年補縣學生負才跌宕不爲小謹嘗捐地建烈女祠輯節烈信實略又箸明史外紀梓峯文集

馬其昶曰予閱桐城軼事內載桂王時有吳中黃者名國瓚性伉爽習軍事以新興侯焦璉薦授南甯監紀推官後以疾歸里嘗上書言時政四端其論賢才略曰崇

禎中詔舉賢良方正當時在事諸臣頗厭薄之臣本籍桐城兩科薦舉九人授職者二一穀城知縣阮之鈿一黃陂縣丞陞任麻陽知縣夏統春皆宣力致命克全大節焉得謂賢才之無其人薦舉之不足用哉疏入褎納明重科第不由是者率爲時所賤簡故中黃云然

孫節愍公傳弟五十五

孫公諱臨字克咸侍郎晉弟也少孤娶方巡撫孔炤女而師事侍郎放邁不羣書史寓目便了指趣談說喔喔善屬辭曉聲伎吹簫度曲妻兄方密之嘗規之夷然不屑也時寇氛初熾雲間夏瑗公陳大樽徐復菴輩共結

社講求治亂禦侮之略公見而傾心因喜談兵騎射擊刺之事無不習也亦無不自以爲能一夕酒酣慼時事激發引一指然燭上自誓不滅賊者有如此指遂改字武公金壇蔡生以千觔力聞過公公出所引角弓令挽之生喘息終不彀公就取弓一引遽滿開合者數色不少動生大驚服自是常衣短衣騎生馬左右鞬箙插弓矢人莫知其儒者也巡撫開府楚疆屢戰賊公每雜騎士中躍馬深入横槊賦詩已而巡撫被讒下獄侍郎督師宣大邊事棘且請病移書戒勿妄言兵由是意稍沮益縱情聲色嘗偕方直之大雪中挾妓遊鍾山下戎服

驟馬過通衢避不及者或至顛仆未幾明帝殉社稷南
渡立國姦人柄政公走雲閒與陳大樽輩謀舉兵聚米
而談閒製木牛流馬能自運轉凡陳徐向所爲兵家言
者公一一親習其事轉以詰兩君茫如也故兩君益心
重公未數日松江破三吳兵散遂從新安下嚴瀨將往
依兄台州會蘇松巡撫楊文驄募兵龍泉山中素善公
以書招之遂入其軍上書唐王言關外情形甚悉授副
使監文驄軍順治三年七月　大兵乘勝取閩楊公入
衢仙霞關公隨至浦城　大兵及之自知不免拔簪與
妻方氏訣曰吾義不令楊公獨死汝自爲計歸報太夫

人矣遂馳去騎問爲誰抗言我監軍副使孫某也被縛不屈死之方氏從一老婢匿草間轉入田家聞某日有二義士死哭曰此必吾夫與楊公也公與楊公既同死橫屍道旁土人因就死所合瘞之刳大樹表官爵姓氏其上久之兄子韋走閩就土人所表樹求屍得之屍已毁不可别遂菈裹其骨歸乾隆中　賜謚節愍祀昭忠祠箸肆雅堂集十卷新城王文簡公爲之序死時年三十六子中礎諸生伉爽有父風祀鄉賢中岳守高不仕箸臥游齋集曾孫建勳字介酬號邵山其才兼資文武康熙時武進士　御前侍衞署陝西興漢鎮總兵有驍

騎集子顏字求俊號咫菴乾隆二十六年進士咫菴子
起峘字季如號岌之嘉慶十六年進士蘇州府教授爲
人短身清羸音辭亮越喜藏書手自勘校有推經齋劄
記
馬其昶曰縣北三十里有山曰楓香嶺其上雙忠墓在
焉雙忠墓者土人呼楊孫二公葬地予嘗過而弔之楊
公貴陽人文采跌宕好推轂士類與馬士英有連然卒
能死義固清議所許
胡監紀馬參議胡通判左沅州傳弟五十六
我　朝自甲申定鼎以來其時福王猶偷息於金陵唐

桂流離於閩粵一時從行播越殉節諸臣其孤忠有足憫者而在吾鄉可紀者凡得五人其一曰胡監紀諱如珵字卽公號潛峯淵雅有器量大學士史公可法督師維揚開禮賢館招致四方士辟公爲記室參畫露布封事敘功授監紀推官　大兵破揚州督師死難公殉之其僕胡央以軍功得守備亦赴火自焚揚人合瘞同時死事者骸骨十一人表其墓公及其僕與焉每歲寒食挈黍飯樽酒而弔者纍纍不絕其一爲先九世從祖諱懋功字長卿萬歷四十三年副榜貢生淹通羣籍有高名尤精天文象數之學著天文占驗二卷介石齋稿二

卷福王時大學士高宏圖薦授浙江杭州府通判唐王稱號尚書萬元吉薦同守吉贛有功歷擢江西道監軍僉事湖西道兵備參議順治三年秋　大兵久圍贛州援兵頗集萬元吉議待水師至乃出合攻水師久屯不至九月公督師出戰遇截焚舟赴水死又一月贛州破通判胡公死之而先是七月福建監軍道副使孫武公臨亦殉難於衢州胡公諱縝字瑟若由拔貢生中崇禎十二年副榜貢生任江西臨江府推官從閣部楊廷麟守贛州其兩弟繹納與俱繹諸生納以守備協守贛南城破兄弟奮勇接戰勢窮生得不屈呼曰吾殉國難死

矣弟等可自裁兩弟皆泣曰如兄言遂其死其一曰左沅州諱德球字球如歲貢生謁選授廣西奉議州同知有以道遠寇賊充斥勸無之官者公毅然曰國家多事羣思爲其易誰爲其難者挈妻孥之任尋遷湖廣沅州知州及丙戌秋　大兵下沅州觸石腦裂以死妻任氏及一女皆死老僕侯氏曰吾非不能死顧吾死誰殯吾主人者出囊中裝具棺斂越一歲始歸嘉慶閒祀府鄉賢祠公之未死也老僕爲言城不可守肰公曰吾年六十餘老矣豈以偷生愧地下兒耶先是甲申之變公子諸生旗字天章聞烈皇帝殉社稷痛哭不食嘔血數升

死而是時桐城又有曹先生者家樅陽年二十授書山中僧舍聞之亦痛哭即散遣其徒去終身不離僧舍距其家數里未嘗一歸也人不知其名知其字曰維周爲僧種菜計其傭以食僧前後易者數十人而曹先生在僧舍種菜如故

馬其昶曰大哉 皇清之褒忠不以異代歧視也順治乾隆中屢錄明季殉節諸臣各予專謚通謚有差於是通判胡公得謚節愍其同時致命大節同而不獲上聞者猶不可勝數然觀曹先生食貧作苦數十年而見者且以爲傭也嗟乎彼求仁得仁者夫又何怨乎

# 周方姚陳王尹趙汪笪齊許吳傳弟五十七

嗚呼吾邑當明之季死義不屈者多矣而其事略可紀述者自胡監紀諸公外吾又得數人焉曰周日耀字磐石外兄左忠毅公被逮周獨隨檻車至京忠毅死扶其櫬歸順治元年五月聞李自成破京師仰天大慟絕粒七日嘔血數升死乾隆四十二年祀忠孝祠曰方承萱字孟相以拔貢生爲休甯訓導流寇擾境大吏檄令城守城得全明年聞懷宗殉社稷慨然曰職有大小忠無崇卑古不云乎主辱臣死遂絕粒死曰姚孫極其父曰姚之章有厚德朔望集鄉人爲講孝讓不肖者多改行

崇禎十年流賊犯桐城被害時孫極年十六矣以身翼父父死哭罵賊亦死又有姚孫林亦以不屈死曰諸生陳力字列卿父子俱被執度不能兩全謂賊曰吾父老矣請殺我以釋父賊俱殺之至死罵不絕曰諸生王夷吾字爾須見賊殺其母以頭觸地者三曰母死奚生爲奮力與賊搏被數創死曰諸生尹楷字聖木事母孝母死於賊守母屍三日不去賊復至擊賊中項賊怒矢石交下遂死曰諸生趙之棻少與方君簡友善君簡知其賢使其子逢月師事之兩人遂成刎頸交君簡以守母柩死於賊時逢月客金陵未歸也趙聞信白衣冠縋城

下往哭之發笥得絹爲之斂斂未終賊至叱曰爾何爲者曰吾爲死友斂耳賊怒殺之逢月爲並祀於家當是時又有汪阿喜者汪祐僕也本壽春人歲饑逃亡祐憐而養之三十餘年及賊至俱被執賊隨釋之喜曰我與主俱出何忍獨歸必欲拘吾主者請以我代賊不許亦不去賊擊而遣之如是者再終不去賊遂殺之曰笪光宏字宏生有介節自其父兩世皆師事方明善先生建會館孔城講學其中及賊至不屈死曰諸生齊維熊字子祥猝與賊遇勸之降不可叱之跪亦不可賊批其頰曰死耳何相辱也罵不絕口死之曰諸生許世珠字赤

斐挈妻子避亂山中苦飢乘閒下山遇賊被執且撻之罵曰毋撻我王師旦夕至若屬不知死所矣賊殺之人有自賊來者謂頃一儒生賊掠不從殺於道左其妻哭曰必吾夫也疾往視之果然於是呼愴痛絕死於世珠之旁時人哀焉曰吳晉昭字克明率鄉民團練被害妻孫氏及子光璘皆以死殉之光璘妻李氏亦殉夫不食死光濯妻許氏爲賊逼以不受辱罵賊死人謂其一門五義

馬其昶曰士遭亂世遐陬窮巷之中倉卒捐其軀命者可勝道哉彼其孤忠幽憤蹈死若飴雖無所知名豈不

浩然常存乎今取其言行有可載者具於篇非謂其人之止於此也

## 左武康傳第五十八

左公諱國柱字子正一字碩人號醒園忠毅公長子忠毅被禍公甫弱冠誓不與崔魏共生懷宗御極誅魏忠賢隨世父抵長安具疏鳴冤忠毅得贈卹予祭葬廕一子入監崇禎十二年中副榜貢生上疏改蔭子授浙江武康縣知縣武康舊苦徵兌漕糧公參酌條例復三十六圖之舊制以便里甲改官兌以省民財事竣餘米八百石呼窮黎給之民不肯受讓公公不可以之修學宮

時年比不登武康有條編夏稅南糧南絲白糧漕運海
鹽諸役督催一時公力請歸併請改折積困用蘇涖官
二載民戴之若親戚吏憚之若師訟大者立決小者亦
有所縱舍考滿且內召會國變遂挂冠歸民畫像祀之
立去思碑祀名宦年六十二卒子六人幼子雲鳳字未
生號隘居與方靈皋侍郎爲石交侍郎誌其墓以爲名
侍不與其家譜同也少好老莊以遺物自遂爲宗爲文
章要渺閎放不知所從來性高簡問疾弔喪非戚屬不
往每登城循雉堞而行不欲見衢肆中人侍郎坐南山
集被逮急其難偕赴塞上遂羈死京師平生重氣類有

人倫鑒常稱邑中胡嘉及兄子文廉其後二人學行果異於衆子文韓字秀越諸生有藺齋詩集始居縣城忽返東鄉荷莊舊宅與劉海峯先生交最篤及卒海峯爲之傳甚悼惜焉文廉字策頑號賁趾諸生舉孝廉方正

賜六品冠服初武康公與弟眠樵鶴崖稱龍眠四傑眠樵諱國棟字子直崇禎末諸生國變後匿影江湖歷游燕秦粱楚吳越歸築抱蜀堂於三都館之側三都館當龍眠山口忠毅別業也卒年七十里人私謚和節先生鶴崖諱國林字子忠順治二年舉人選儀徵教諭遷廣東南雄推官持法平再遷河南同知未之任留

充廣東鄉試分校官尋卒箸陵江草子之稷知任邱縣
有清名霜鶴諱國材字子厚忠毅公季子也當南渡時
馬阮用事重修三朝要典詣闕上書力爭以爲大逆營
進欺蔑君父頓翻前案公道難泯揭出衆咸稱忠毅有
子流寇圍桐城急巡撫史公檄調池陽甯安兵增戍守
城賴以全者以忠毅於史有恩而霜鶴請救之力也後
更名櫟隱居龍眠山卒年八十箸越巢文集二十卷易
學及他雜箸數十卷二子暉相
馬其昶曰以忠毅之大節聞者莫不致慕夫想慕其人
則樂道其子孫人之情也況其子孫又自有立身居官

之懿美則彌樂道之矣當流賊之擾吾縣獨得完城而室家保聚不可不知所自也

姚職方傳第五十九

姚公諱孫棐字純甫號戊生副使第四子崇禎十三年進士授浙江蘭谿令蘭谿素困糧運自邑漕轉至南都三易船十金而致一石公請撫按具題改折又清覈田畝絕飛寄隱匿諸弊民感之爲立生祠調東陽邑有巨室子許都者雄於貲意望非常所與遊皆當時知名陰蓄死士僞爲中宮牌劄募義勇公見文牒疑之約鄰邑爲備甫定議都已反刦宣平破義烏乘勝攻東陽東陽

故無兵械縣人皆洶懼把總某開門迎賊城陷公使主簿朱琦請師杭州而自走樓村山中集義士趙鳴臯等數千人圖恢復城中有獄四三十六人脫械不走公子文龐陰與結十七年元旦公率義勇至城下城內四及居民應之而主簿亦偕援兵至賊破走敘復城功擢兵部職方司主事賊再來攻皆擊卻之都窮蹙詣紹興府推官陳公子龍請撫而巡按左公光先惡其陷城並其黨三十餘人斬之宏光南渡馬阮使人持彈章示公曰左光先殺降有罪能證之將增秩公曰左公君子也盜同坐死馬阮怒誣公激變左殺降逮下廷尉會　王師

南下事解乃歸隱龍眠山中築頌嘉草堂每歲迎春東
郊邑令湴止士女懽集公偕老友數輩設幕張筵於河
之中流子若孫數十人奉杖履稱兕觥爲壽龐眉皓首
被服都雅旁觀者如堵牆咸嘖嘖歎息以爲盛事公自
號瑞隱人稱瑞隱先生年六十六卒祀鄉賢著亦園詩
集長子文烈字覲侯康熙初以舉人官雲南楚雄知府
有治績次文勳字集侯號丹楓順治八年拔貢生祀鄉
賢次文然自有傳次文蘙字駕侯號蟄存隨侍公東陽
有圬者何德成罪當笞奇其狀爲請得免杖且厚卹之
許都陷東陽德成與都有舊常左右之因得免難復以

計盟獄因破賊及馬阮以激變都謀陷公獄甚急走哭鳴父寃會事解乃奉父歸隱德成後貴爲四川提督生平澹於榮利大臣將舉應鴻博及山林隱逸皆固辭康熙十年大饑鬻田以振夢神付一兒明日家人報生子矣因名曰粥郎十八年復大饑刊小揭募米使粥郎捧簿至人家求募人爭應之以孝行得　旌祀忠孝祠次文燕字翼侯順治十八年進士知江西德安縣粥郎名士圭雍正中以薦授河南密縣皆有蹟

馬其昶曰公初遘陽九仕宦蹇連亦不幸矣我　朝開基懸車歸隱高風碩德見推人瑞時各異也余每讀張

太傅集跋瑞隱寫手澤後述迎春東郊事輒低徊不置云

方密之先生傳第六十

方先生諱以智號曼公巡撫孔炤長子崇禎十三年進士未授官而巡撫爲楊嗣昌劾罷下獄先生懷血疏膝行號泣長安門外閲兩載疏無由達上尋釋巡撫而授先生翰林院檢討會李自成破潼關先生自請効力行間范公景文復疏薦之召對德政殿語中機要上撫几稱善以忤執政意不果用俄京師陷先生哭臨殯宫東華門被執加刑毒至兩髁骨見不屈賊敗南奔值馬阮

亂政修怨欲殺之遂流離嶺表自作序篇上述祖德下表隱志變姓名賣藥市中順治三年桂王稱號肇慶以與推戴功擢右中允扈王幸梧州擢侍講學士明年拜禮部侍郎東閣大學士旋罷相固稱疾屢詔不起嘗曰吾歸則負君出則有親吾其緇乎未幾就縶平樂其帥欲降之令冠服置左白刃置右惟所擇先生辭左受右帥更加敬禮解其縛始聽爲僧先生旣隱於禪名曰宏智居浮山稱愚者在天界爲無可入匡廬爲五老在壽昌爲墨立爲藥地又合浮山匡廬而號曰浮廬康熙十年冬赴吉安拜文信國墓行次萬安歿學者稱文忠先

生先生之閉關高座寺也友人錢飲光亦客金陵遇故
中官爲僧者以錢桐城人問曰君鄉有方以智者識之
乎曰吾友也君豈曾識邪曰非也昔侍先皇一日朝罷
上忽長歎曰求忠臣必於孝子如是者再某跪請故上
曰早御經筵有講官某其父巡撫河南失機問大辟某
薰衣飾容止如常時不孝如此能忠乎朕聞新進士方
以智其父孔炤亦失機繫獄以智日持疏求救諸達官
此亦人子也言訖復歎未幾釋孔炤而辟河南巡撫外
廷亦知其故乎飲光以告先生先生聞之伏地哭失聲
蓋先生在懷宗時未及柄用其見知已如此先生生有

異稟年十五羣經子史略能背誦博涉多奇所與遊皆四方豪俊凡天人禮樂律數聲音文字書畫醫藥下逮琴劍技勇無不析其旨趣箸書數十萬言名流海外方氏自先生曾祖明善爲純儒其後廷尉中丞篤守前矩至先生乃一變爲宏通賅博其三子中德中通中履並傳父業於是方氏復以淹雅之學世其家矣先生所箸書曰易餘二卷切韻聲源一卷通雅五十二卷物理小識十二卷藥地炮莊九卷諸子燔痏若干卷幾表若干卷浮山前後集二十二卷前後編十六卷弟其義字直之號次公好俠工爲詩力能挽五百斤弓嘗客黃靖南

侯所較射連發皆中的侯大驚國變後以悲憤年三十一遽卒次公子中發字有懷縣學生隱居白鹿山莊五十年不近城市年八十三卒

馬其昶曰通雅物理小識諸書　文淵閣皆箸錄提要稱其援據奧博明一代考據之書罕與竝而山陽汪文端公亦嘗語徐六襄先生浮山愚者學博而精其所箸書實開　本朝經師門徑嗟乎先生躬豪傑之才遭逢季運以佔畢稱豈其志哉

吳鑑在方叔茂劉長人王永宣傳弟六十一

吳公諱德操字鑑在號皃客諸生才氣跅弛與從叔道

凝以詩文相矜尚明末渡江選過江詩畧嘗北走燕趙憤國步多艱慷慨談用世籌策漳浦黃忠端公薦授福建長汀令桂王時擢監察御史時劉承允擅國挾桂王之武岡公與給事中萬六吉力主留駐全州之議會承允矯王命自晉公爵而封其弟承永及錦衣指揮馬吉翔皆伯爵御史毛壽登爭之承允脅王杖壽登因及公與劉湘客萬六吉等並奪職旋起原官巡按廣西在臺錚錚有西臺封事二卷久之擢大理寺丞間關轉徙遂卒於粵

方叔茂諱孔時郡庠生大欽子爲諸生左忠毅嘗上其

治平十二策漳浦黃公稱其切時弊肄業國學陸萬齡
請祀魏忠賢配孔子司業朱之俊以聞留書切責之俊
即日南歸崇禎時除台州同知又舉賢良方正皆不就
國初屢膺薦辟堅臥不出卒年八十五門人私謚介
節先生

劉長人諱元勳幼穎邁能文好孫吳兵法睥睨同輩補
縣學生會賊勢盛詔諸生習騎射史公可法拔隸麾下
攝都司乞假歸娶方公孔炤撫湖北招致以親老辭史
公檄提餉繁昌甫入城而守備徐際相亦率眾至城下
薄暮大霧城守者疑賊至誤發礮傷百餘人際相急報

言民叛請遂攻城公下城說之事得解繁昌爲立生祠史公以憂去巡撫鄭二陽强酉之黃將軍得功既破賊言二陽檄公佐剿餘賊遁匿英霍山中者敘勞擢游擊私念鄭不足與共功名辭歸及史公起淮陽巡撫特疏薦之居憂未出　國朝定鼎巡撫兩徽皆不應隱居孔城三十年孔城者縣北之一鎭宋爲舒州而唐拱嘗監酒稅於此者也明末被寇市廛蕩然公結廬其地經紀稗販殖財產通商從而居者五百餘家孔城復爲巨鎭後嗣昌衍六世孫開尤知名

王君諱雯耀字永宣邱君諱山皆諸生有幹濟才崇禎

末流寇攻縣城危若纍卵兩人屢籌守禦策獻之當事邑令楊公爾銘張公利民尤敬禮之萬衆喧沸得一言立解駐防孫得勝羅九武殘虐爲民害　大清豫王遣騎逮捕兩營兵士三千欲掠城而遯官民惶懼王君獨以利害懾服之俾釋戈就縛斬於市晚歲勸學奬善鄉里服其義卒年八十五先是楊公爾銘行取入都邱君客其所時黃將軍得功方坐擅殺桐城守將張寶山被劾君言楊公當上書白其事楊猶豫未決君又以告縣人孫司馬光給諫于是楊公用諸君言卒具疏敘黃將軍功天子乃任黃爲都督東南得保自邱君也　國朝

定鼎縣人念保城功祠楊張二侯並附祀王邱二君及廩生李灼府學生員胡文燦縣學生員朱汝霖職員胡來虞等十人

馬其昶曰世每患乏才天下大矣才有不見收者其在下未嘗無人也淪棄不用其所表見者微余次數公事蓋深惜之

# 蔣誰菴周農父傳弟六十二

蔣先生諱臣初名姬允字子仰後更名而字曰一个號誰菴少通敏有名諸生中崇禎末應賢良詔至都會大學士張至發典試發策語譏諸賢良就徵者先生乃箸

書上之略曰僕江淮之賤士也尚氣誼矜廉耻遇公卿貴人未嘗折節聞頗留意當世之務推明治亂之理數不第於有司輖飢窮困會主上有詔顯巖穴之士或以僕薦僕自以親老子獨內顧其私不足以備天子驅策而亦以事不出於當世貴臣意必陰爲沮壞則僕且無以自見故遜避不敢居有司承檄驅迫就道比至都門問大禁而後敢入得明公所爲試錄策讀之故遂未敢陛見方今主上聰明神聖御極之初虛己延佇以聽於士大夫而士大夫莫有建一籌抒一策以副上意且相與護交持祿罔上行私主上不得已稍厭其所爲而僉

壬之徒陰用以自結日夜伺臣下之短以中傷善類數年以來凡士大夫之負才蓺飭廉隅者無不以陰謀中之引用一二輭靡柔滑憒憒者又使投匭告密之徒炰烋於國而天下之仁賢於是乎空矣人心離散海內困窮盜賊充斥幾半天下國家養士數百年而食報乃爾甚可痛也所賴主上神聖不終以士大夫爲可厭棄以爲天下之廣豈無傑士率繇舊章庶幾一遇而明公之言又如此則是天下遂已無才矣且夫薦舉而得賢猶是士大夫之徒也古之取人也或取於屠釣或取於亡人今稍使一二被褐懷玉者參乎其閒豈遂非我族類

而惟恐驅之不速主上即賢於堯舜豈能以獨運致太平哉不取之士大夫則所謂耳目心膂者乃別有所託其可昭之史冊乎則奈何不以汲引人材保全善類爲心也伏惟明公起家外吏致位綸扉自嘉靖以來六七十年未嘗有也天下想望丰采兩年於兹無所表見而獨以此策著聞然則明公之心路人知之矣今天下寇氛日熾吏治日偷士風日卑民窮日甚皆烏程在位七八年間所致豈有他哉娼嫉而已矣然烏程機智警敏才猷練達使移其才能爲天下國家計猶足以集事明公自視警敏練達孰與烏程無能改於其德而意欲似

之天下其謂之何明公誠能風諸有位愼其別擇其有茂材異等者密以上聞待之不次集思廣益豈惟致治之理則然於明公相業必且有光矣自明公欲以格繩之而銓曹所創之格遂與詔旨悖明詔固曰守令尤屬親民所舉務求允堪民牧不言堪佐領也果其不堪罷歸可也以守令薦之而以佐領授無乃使詔旨不信於天下乎且所甄敘不但以所舉爲格且以舉主爲格矣銓曹不畏主上之詔令而畏政府之意旨士安得不止於千里之外然則詔旨徒頒不及逾年且廢格不行矣明公無以僕在舉中疑僕自爲僕雖無似徒步歸山上

奉老親箸書自娱猶足以垂名後世所慮者主德之弗宣而治平之無日耳草茅之人不識忌諱不敢聞其說於天子而私獻之下執事惟明公試垂聽焉先生既上書以此名重都下范公景文復薦之於朝又撰漕屯鈔足國三議倪公元璐奇其書疏請授官召對平臺策足兵裕餉累千百言天子善之退復寫所箸書以獻命授戸部司務晉主政甲申國變閒道南歸大學士史公鎮淮陽欲留參軍務私歎曰奈何以一驧虞將五狠乎因爲策淮上軍情數事固辭歸先生性孝母怒必長跽俟解乃起箸無他技堂稿十六卷長子愚俊達有父風

周先生諱岐字農父號需菴少與方爾止密之錢飲光吳子遠數輩友善以博雅好奇聞四方嘗取孝經更採集曾子語佩而誦之崇禎十七年遵義知府何剛疏論兵事因薦錢塘進士姚素允桐城諸生周岐應召入京上書宰相言時政得失尚書馮元飈薦參宣督侍郎孫晉軍事以功授開封府推官參陳元倩軍復以按僉事銜贊大學士史公軍務尋謝病歸築土室龍眠著孝經外傳執宜集燼餘稿嘗與豫章陳士業書曰僕歸入龍眠二百里清流翠石諷詠其間以畢詞賦餘事排比各體凡傳記序說可六十餘卷既成視之猶天之南箕虛

無所用嘗見鄧徵君元錫函史一書筆力過諸作者上編惜失在敘置學者不便攷獲今次第增損之續以本朝可當廿一史約也下編二十篇經世士所必資自隆慶辛未後闕如欲篇各續之第百年來天官地理之災祥水利河漕之徙決土田賦役之繁簡兵刑之得失官制之冗耗邊防之强弱弛飭僻在山壤無所資考又傳聞異詞汲汲未能究也敝邑邇年民賊兩訌江以北無尺寸乾土僕以獨子奉母流離江干向時脫稿半塵土矣近復移家金陵得聞足下近狀去城居山中惟善貧每與密之夜論彈指刺刺吾道偃蹇乃如是邪雖然今

者臥子高臥雲閒維斗濯足平江足下獨步宜豐密之上下其閒僕得介而次名姓焉天下未大窮也書疏尚可數數足下無厭蓋其爲書自喜如此子瑄字式玉年十四補縣學生師字合萬兄弟並工書畫有文名初先生與族人梅山諱曰赤字子緼同受知於溧陽陳百史陳後登政府既薦先生而梅山堅以疾辭不赴徵辟嘗一參吳橋范文忠公幕府已而范公殉國作弔忠碑言數十章惻愴欷歔號稱詩史

馬其昶曰崇禎八年舉賢良方正自阮忠節夏烈愍白靖識外又有姚訓導孫森吾家桐鄉先生之璋及蔣誰

菴六人是年誰菴農父又同膺薦辟固皆一時之雋也觀其激卬論列摛藻斐然豈不陵厲無雙哉然則謂薦舉之不能得人吾不信也

姚休那白靖識方羽南鄧顛崖陳朗生傳弟六十三

姚先生諱康字休那原名士晉先世自婺源遷居桐城白苓潤桐城之姚族有三曰麻谿曰苓潤曰官莊先生苓潤姚氏也少孤母吳氏守節稍長爲諸生才雋辨逸何文端公客禮之文端誌吳江周忠愍公墓出先生手史家遂據爲傳文端告歸數年被召再起強與偕先生知世不可爲題臥猿詩以諷文端因固稱疾返後復參

史忠正公幕未幾復歸得免揚州之難屏居田野作忍死錄記其家曾祖以下四世事語致悲痛所爲文代草與自爲者各半凡十餘卷其學長於史自其小時塾師授以經則寐然睡即讀史則心開讀至數十百行無不貫綜人所略視不省獨加詳焉其論是非成敗每與人殊異爲文法太史公亦不純似取愉快己意而止崇禎時流寇起秦豫躪及楚皖先生脫身走江渚間取閱唐書黃巢傳始末與流寇類因思所由致寇與防禦之所由失或莊或諧雜以俚言皆援唐事比論以客京師久親見諸公營私負國故痛之也又嘗評貨殖傳皆刻行

順治十年卒年七十六自先生存時史忠正公預題其葬所曰明讀書人姚康之墓門人周行恕諱孔忠事母以孝稱母嘗曰人多子而養缺吾一子養周有潔癖至不與人同巾櫛坐處無纖塵不喜與貴顯游氣陵其上然遇長者必折節禮下之師事休那先生執義甚恭喪耦鰥居十餘年無子預營棺衾自題處士碑於先兆側不以累人

白先生諱瑜字瑕仲一字安石清和有識裁博聞廣記性善飲至數斗不亂語及時事默不應酒酣閒與親交徒友論前古得失悉中情竅苟措諸政而必當也崇禎

中以歲貢生舉賢才入都廷對稱旨授雲南府推官丁艱服闋補登州尋告歸隱居大龍山中去樅陽三十里許石塘環其下居民種杏爲業花時遠近爛漫數十里有杏花村山下有白家灣爲先生故居宅畔有香海棠七株因以爲號方公潛夫爲作七棠先生序亦五柳之遺意云年六十卒學者稱靖識先生謝頤齋諱國楨字屏石亦高士也天啟間諸生才思煥捷值世變退居土室吟詠自娛寫錄天文地志方伎之書盈尺許字畫楷正晚歲篤好禪理年八十二

方先生諱鯤字羽南少爲諸生以才穎發名後益耽思

經籍謂文藝非儒者所急也會豫章葉兼山講易桐城
與之語歎其夙慧盡以授之由是冥契開解箸易蠡二
卷推河洛縱横之圖以測古人制樂用兵之法往往悉
合黄石齋先生歎爲前古未有　四庫書存目先生與
姚職方交最暱其諸子文烈文勳皆從受經年八十卒
學者私謚文潛先生同時童先生諱鈜遠字方平箸易
學管窺門人張廷璐爲刻行
鄧先生諱森廣字東之號顛崖崇禎閒貢生重氣誼然
諾以匡濟爲任於時人罕所推讓下筆㖞㖞如懸河皖
撫張公亮黄公配元重其才略競延致之晚歲隱居不

出嘗一參制府幕爲起草活百餘人不自言也子鋌字
田功號栲岑順治閒貢生知唐山縣以循卓聞有集杜
詩三十六卷鄧先生同時有文譽者曰范先生諱世鑑
字子明趙先生諱相如字又漢皆天啟閒諸生好學淹
雅尚風節文藻絕麗兩人齊聲時人語曰范經趙史趙
先生崇禎四年草治平十二策阻於勢要不果上箸有
事林偶記及史略若干卷而范先生識姚尚書弱冠時
見其論事書激賞之持示人曰此異日救時才也其識
鑒如此又有王先生諱彭年字幼公世居東鄉之炭埠
早惠年十二補縣學生研窮陰陽象數兵農漕馬關塞

之故風流雅尚不爲諧謔崇禎十年流寇至縣被執得釋妻童氏駡賊斷臂死後二年舉於鄉會國變賫志沒子來雝字以清縣學生左侍御奇其才以女妻之言行端謹爲鄉黨所宗淇先生諱明瑞字祥卿隱居篤學自稱有明遺民子世治高雅有父風著孤芳自賞集二十卷

陳先生諱昉字朗生農家子負奇嗜酒喜駡人爲詩險僻類長吉嘗讀薛包傳慕之以宅讓兄已乃鑿石搆軒顏曰石舫內祀魯仲連李太白元次山黃魯直王文成五人平生好急人難已而絕不與通明末亂起或告寇

至時方飲酒則大罵既被刃未殊頸血黑一寇就視曰此陳先生也爲合其創傅以藥扡至村媪家而去其居在樅陽市後時挂酒餅樹上往來就樹飲醉則拾敗葉破瓷片書所得句吟數徧輒棄去晚年更架小樓石舫之巔造長梯達石磴而上度酒食稍具卽去梯獨坐經時不下樓自爲喪制親題銘旌曰閒翁石舫老人之柩一日大醉卒有三子高瑜度事親皆能順志雖極貧誓守敝廬不去高字琬次號辥青度字官儀號曉青皆頗工詩然父詩瑰異其子詩則清瘦父稱酒狂三子皆循循狷謹風操特殊矣

馬其昶曰休那憤世罵譏靖識口不臧否羽南潛心易象顛崖范趙思捷才麗石舫佯狂麯蘖皆得自免於亂世既明且哲以保其身斯可謂大雅君子矣

# 桐城耆舊傳卷七目錄

邑後學馬其昶通伯譔

桐城耆舊傳七

錢田間先生傳弟六十四　自渠先生

錢先生諱澄之字飲光初名秉鐙字幼光號西頑道人父諱志立字爾卓明萬歷間諸生師事趙縱江學行甚高嘗闢館聚徒講易五子秉鐔字幼安秉錡字湘之並有文譽先生其季也少以名節自勵有御史某巡按至皖盛儀從謁孔子廟諸生迎迓門外先生忽前扳車御史大駭止車因抗聲數其穢行御史故閹黨方自幸脫逆案內懼不敢究其事先生以此名聞是時復社幾社始興比郡中主壇坫者宣城沈眉生池陽吳次尾吾邑則先生及方密之諸公而先生又與陳臥子夏彝

仲輩聯雲龍社以接武東林先生體貌偉然好飲酒縱
談經世之略嘗思冒危難立功名南都立新主阮大鋮
柄用刊章捕治黨人先生於是亡命走浙閩入粤崎嶇
絕險猶數從鋒鏑間支持名義不少屈漳浦黃忠端公
薦諸唐王授吉安府推官尋改延平府桂王時擢禮部
主事己丑特試授翰林院庶吉士兼誥敕撰文指陳皆
切時弊忌者眾乃乞假間道歸里結廬先人墓旁環廬
皆田也自號曰田間著田間易學十二卷詩學十二卷
四庫皆著錄卒年八十二先生嘗問易漳浦依京房
邵康節說究極數學其後兼求義理其治詩遵用小序

首句於名物訓詁山川地理尤詳自謂箸易學詩學成
思所以翊二經者而得莊周屈原乃復箸莊屈合詁八
卷蓋先生生值末季故離憂抑鬱發憤箸書而以莊繼
易以屈繼詩也又有藏山閣詩集十卷文集三十卷初
先生避禍吳中長子法祖字孝則隨母方蹤跡之遇兵
亂方赴水死先生後入閩孝則家居以盜入後母室奔
衞母被盜死從孫源啟字致一號信齋源逢字湘舟號
鐵華兄弟齊聲信齋工繪事書法宗華亭鐵華有澡雪
齋詩錢氏自田間以經學聞其後乾嘉閒有白渠先生
者亦深於經而無所知名

白渠先生諱彝字秉之以經學教授四十餘年老乃得儀徵訓導未赴官卒於諸經皆有纂述箸易概二十二卷書概二十二卷詩概三十二卷周官概二十卷儀禮概四十卷禮記概四十六卷孝經概二卷都三百卷輯錄先儒成說皆手寫字畫拙醜其自爲說則別出之曰經疑七卷有刊本子榛能傳其業

馬其昶曰先生負瓌特之才鬱無所試以墳典自娛孳經爲文視先代諸公堂廡大別望溪少時承其緒論後遂蔚爲儒宗當先生眾辱御史其猶明之遺風哉而卒以經學文章開啟學派亦考流別者所宜知也白渠經

概稿本今存余家

馬兵部傳弟六十五

先九世伯祖兵部公諱之瑛字倩若號正誼幼孤與弟恕菴皆依祖太僕公恕菴公諱之瓊字孔璋兄弟篤愛也痛不逮事父乃益致孝於祖太僕嘗臥疾半載兄弟更替侍側不暫違恕菴性剛直多任卹之行以諸生終而公淵雅有德量舉崇禎十三年進士知廣東陽江縣初至訟者獻酒一甌實皆金也察其異卻之卒置於理秩滿遷去或持上金卮一雙拜曰公在官民不敢有私謁今願報德笑曰此豈山陰一錢邪亦卻之度嶺聞南

渡政亂避居池陽順治十八年以薦授山東定陶令康熙八年課最擢兵部督捕主事未行而卒祀定陶名宦公治定陶值李化鯨陷城後四郊灌莽絃誦寂如單騎詣賊壘降其魁餘黨平縣多豪族舊額賦地隱占三萬餘畝前令因以虛額加賦公履畝清丈盡除虛加益捐金給牛種數年報墾踰千頃賦均荒闢農事既舉加意教化月有課季有考親自率厲又平反姦民造僞印事發諸連坐者百餘家同縣潘木崖先生嘗至劉家口渡河抵曹縣距定陶四十里所遇曹父老問曹民安否曰噫嘻曹何敢望定陶定陶天堂也問其故曰陶有好官

曰馬公自公視事上官但以教下縣胥吏不煩至即至亦怵令清嚴無敢犯又爲縷述他善政曰定陶天堂也曹何敢望潘先生聞而歎曰政之化民其速郵邪觀曹民慕歎若此即定陶可知矣公居鄉有大興除必以身任流寇之難預請具矢石繕樓櫓厚積聚偕諸士紳及弟恕菴捍禦甚力城卒以完公强記博覽尤工詩歌方儀衞謂足與江左三家方駕著秫莊集四十卷平居口不言詩先是天啟時公及從父爾升子翼從兄君璧輩并以文采知名號怡園六子怡園者太僕别業也三人皆諸生爾升諱懋學重躬修譔下學編高忠憲公歎爲

篤實子翼諱懋贊左良玉兵亂入皖不屈死君璧諱之瑜與蔣臣輩知名復社晚棄儒冠卜居湖濱時時御小艇投竿以漁有耦耕漫筆琴旨湖上草堂詩兵部六子教思自有傳恕菴二子長爲西屏公諱國志字勳公以貢生考授州同知箸懷亭詩集西屏子爲雙岑公諱庶字少游以清正見推鄉里博涉子史箸懷亭瑣記四卷其昶謹按先太僕公一子是爲孝子公孝子公二子長兵部次恕菴其昶出恕菴公後自太僕以下稱中二房中二房最相親不似他族服盡則疎以余家丁少因加厚又中二房同祖太僕故也風化日漓懼後生不曉前

規乃略述於此

姚端恪公傳弟六十六

姚公諱文然字弱侯號龍懷崇禎十六年進士改庶吉士流賊陷都城閒道歸隱居養親　本朝順治三年以安慶巡撫李猶龍薦除國史院庶吉士改禮科給事中數言政事便宜其才施無所不通而於錢穀刑律尤精務爲國家崇寬仁惜大體鞏固基本初入諫垣即疏請嚴敕撫按遵　恩詔清刑獄勿任有司稽延或條赦外有可矜疑原宥者許專疏上陳畿南盜熾公言直隷與山東河北接壤盜軼境外難越捕請改保定巡撫爲

總督兼轄直隸山東及河南懷慶衛輝彰德三府又請
定例會試下第舉人得揀選皆議行轉工科給事中八
年　章皇帝親政求直言大臣以巡按澄清無效議停
止公言巡按不得人不聞都察院大臣指劾反使　朝
廷察吏安民之大典坐是罷廢徇私溺職莫此爲甚願
賜　召對面議同異疏入憲臣及御史甄別有差臺班
一肅是年西北大熟江浙水災鉅公請改折漕米以災
輕重定改折多寡明布折漕規則防官吏爲姦改折外
重徵火耗或先已徵米又收折價及重折輕解諸弊
上嘉納之十年遷兵科都給事中公旣以忠誠自竭所

請多施行而性故澹退未幾乞養歸康熙五年起補戶科六年疏請嚴禁川楚諸省官吏不得藉採木搜取民間屋材墓樹又言一部可結之事宜一部徑結一疏可結之事即宜一疏通結如各省錢糧考成已報完者部臣議覆時可即與開復以省奏牘報可九年　命以四品服俸仍任給事中凡臺班內陞例皆回籍候補內陞留任自是始公歷言官惟戶科最久擢官皆在法司十年廷鞫總督周有德編修陳志紀而兩江總督麻勒吉亦逮繫至都先是公疏請免大臣鎖禁城門存國體從之及是復言麻勒吉情罪未決不宜遽辱　上韙其言

命自後赴鞫者概免係縲著爲令擢副都御史遷刑部侍郎十二年調兵部督捕侍郎充會試副考官尋以京口將軍柯永蓁爲副都統張所養奏劾奉　命往鞫得實永蓁罷任是年遷左都御史十三年長沙新降復叛公言長沙距辰沅近當擒獻賊使之際必請兵救援彼見荆州武昌頓兵不渡謬謂國家棄此土於度外一旦賊使再至望絕而降固非得已宜深原其情以開反正之路又言耿精忠孫延齡與吳三桂相脣齒中間獨隔阻廣東耿逆將士舊駐其地熟悉形勢恐乘不意夾攻則廣東勢危而江西毗連閩粵若賊侵據贛州南安則

餉絕郵梗宜駐重兵通聲援　上從其議是時秦中已
定獨平涼未下公言從此進討湖南兵勢有餘請停調
蒙古闗東兵而益堅招撫明大信以徠平涼前後所建
白甚衆不少依違又其言從容諷諭故聽者易入而尤
推本　君身惓惓以節愼起居爲言　孝仁皇后梓宮
奉安鞏華城盛暑　車駕屢幸密疏切諫且引唐太宗
作層觀臺望昭陵納魏徵諫泣而毀觀事語甚切至
上亦受之不怫也十五年擢刑部尚書當是時　國家
規制初立　天子大聖寬仁公矜恤民命惟恐一物不
得其所於是乃稱曰刃殺人一時例殺人萬世其可忽

哉因益推明律意虛心鉤稽不猷法不市恩如錘之稱物不有杪忽之爽且盜於其出也微昂入也微沈所以廣　上恩德於無窮也每退食輒攜招冊盈尺以歸校擬恆至夜分嘗刺一人非法爭之不得退而長跽自責在位二年薨年五十九　賜祭葬諡端恪祀鄉賢公爲人精密有大量養親家居近十年不以一事干有司至繫地方利害則移書反覆必得請乃已晚歲洞明生死泊然無所戀繫獨其惻隱牢結病中猶口授疏請更定二例恐其或有寃濫也著疏稿八卷文集十卷詩集十二卷白雲語錄六卷雜著十二卷雍正八年入祀賢良

祠　特勅加祭一壇建專祠本邑歲時有司致祀

馬其昶曰世言慈不刑懦不兵豈以二者之用非猛鷙莫勝邪然三世爲將道家所忌及司刑名法比者或往往子孫卽廢又豈二者之不可爲邪公之宅心何其哀矜惻怛之甚也後嗣彌盛名賢相踵我　朝刑律定自公手凡前代殘苛遂以剗除澤流無極可謂大仁余讀公病中日記一冊儒生訟過自刻莫能及也

王參議陳兵部吳提學傳弟六十七

王公諱大礽字以介一字定爾號願五幼慧涉目成誦年十二畢六經史漢方廷尉以公輔器期之順治四年

進士授編修恥隨俗奔競乞病歸家居九年閉門靜修
亦時爭利害於官府止防兵革里役鄉里賴之功令
勅補乃起江西參議督視漕務罷一切苛細政暇輒自
課士專以譚藝爲樂獎成甚衆尋復告歸築西園日觴
詠其中著西園雜錄有懷堂集學者稱文靜先生子玑
字其八號蒿伊雍正閒以貢生爲欒城令歲革羨餘千
金浚井數百溉田民祠之遷紹興府通判求百年湮廢
之蹟開濬紹興三江門及杭州城河士民撰濬江頌勒
石西湖之孤山　特旨命佐大臣治下河水患專濬丁
溪草堰省帑金四萬擢彰德府致仕歸詩才雄健能世

其家彰德孫諱洛字仲涵甚有文譽雍正十一年進士吏部郎中有瀹靈集懷坡詩鈔初王氏遷桐城至參議七世矣其兄弟行有諱文燦者字蔚然生三歲父熒爲史忠正公裨將擊賊遇害母攜之轉徙十年忽相失散既寄籍粤西入蒼梧學徒步訪母得相遇於雲南曲靖因偕歸蒼梧康熙二年中廣西舉人任廣東清遠縣政聲大起以母老改象州學正子地錕三十五年舉人孫瀚滄雍正十一年同榜進士均蒼梧籍

陳公諱焯字默公號越樓父祀鄉賢諱朝棟號皤石明萬歷閒諸生家世儒學以爲士苟操行弗篤不獨象山

慈湖之徒流爲禪趨尊事程朱亦無當也父有孌姬强
名他人子揣父意推産讓之箸三易露箋清越樓日錄
各十卷公之生也母夢綠星擲手中寤而生因名其居
曰綠星七歲能屬文年二十遊吳越閒作寶帶橋望月
歌吳人王子稼譜入管絃明末建海屯之議兵科陳公
子龍上其策授以部職辭不就　國朝以拔貢生爲中
書舍人退請與鄉試順治九年進士殿試讀卷官擬進
呈第一以曾官内閣引嫌改置第五授兵部主事乞歸
養親歿廬墓三年湯文正公嘗展謁墓所又於城内西
山高處構滁岑王文簡公過縣留宿滁岑論詩甚驩風

雨中登其閣望龍眠諸山也工於詩善草隸箸滌岑詩文前後集十卷又輯古今賦會若干卷宋元詩會一百卷采錄九百餘家　文淵閣箸錄謂足與吳之振顧嗣立二書相輔嘗修安慶府志江南通志年七十四卒學者稱文潔先生子堂謀字大匡號絡翁歲貢生爲東鹿縣丞巡撫于清襄公器之及督河奏以自隨詩文博麗與陳檢討維崧吳祭酒偉業爲忘年交箸北谿詩集次子臺略字綴四縣學生友孝慈仁潛心儒學喜言易有易學辨疑子鳥鑑雍正二年進士臨海令同時有陳絅菴陳二如皆不知於兵部何族屬也絅菴諱光字季白

縣廩生制舉文爲一時楷式晚歲窮研性命箸治平要覽古事彙考等書二如諱式字質生康熙初貢生寓白門與里人胡栲峯何道岑張蔚喬吳南蒼方樓岡邵村姚丹楓龍懷盤青輩爲潛園十五子之會平生耆杜詩箸問齋杜意十五卷栲峯諱如甡字子兒順治八年副貢生考授浙江臨海令時防臺兵數萬所過縣出民夫畀之多累死因條陳大府通得免役子天章正宗並知名時在下能詩者又有諸生丁漢公諱倬字彼雲好古博學與錢飲光方爾止善有髻山堂集二十四卷子舟巘高才早逝有掃煙樓遺詩許晝林諱七雲字耕華康

熙四十六年以諸生進迎　鑾詩三十章有芋畹集越遊草周鶴田諱南字汝爲諸生喜言經世之略以父磐石明亡殉義死遂不求仕　聖祖御極伏闕陳便宜十事給事中胡悉甯劾奏之　朝旨嚴飭悉甯謂其議有可採不以違禁致罪後客粤帥幕一日飲酒高會帥出歌者十餘人持扇索詩因援筆寫付各詠七言一律坐客皆驚其工速有鶴巢詩文鈔王蜀隱諱之楨字以寧諸生負才豪宕尤與龔芝麓尙書善其子伯通昆季皆出其門劉雲芝諱允升字巖遇亦諸生少時賦七言百韻詩上合肥李文定公文定奇之館於家其子丹壑編

修自謂才不及也有懷古堂詩稿
吳公諱子雲字霞蒸號五崖高甸之吳分兩宗曰寶慶
曰榮華公寶慶股也祖諱汝亮貧不廢學父諱先攀號
恂菴明末總鎮駐師皖城麾下馬進寶肆虐縣境民憤
格鬬進寶羅織三百餘人以叛聞恂菴力白其冤乃免
公登順治十二年進士歷廬州府教授國子監助教勤
於訓課再遷戸部郎中河南提學道增秩以參議用年
五十遽歸能孝事繼母其督學及同考鄉會甚有鑒衡
之譽制府石公文桂尚書翁公叔元閣學楊公瑄修撰
彭公定求皆其所得士也弟玉藻字冰持以恩貢授內

閣中書兄提學歿遂乞養歸父母皆年逾九十既終喪
乃起赴官補成都同知攝雅州溫江屏山皆以清廉著
聲提學曾孫元念字在宮乾隆中知雲南建水州有土
官亡其弟欲奪其子位饋酒置金其中君召至堂啟甕
出金令建橋而斷以子襲鄰州盜逸至境獲之不自爲
功還其州官擢戶部員外郎告歸戶部從子臣弼字夢
霖乾隆四十五年副貢官五河教諭孝友端謹鄉里服
其識量
馬其昶曰參議兵部清操高節雅擅於文各有令子箕
裘克紹提學韜榮餘慶在後皆一時之傑也滌岑據全

郭之勝他處登望或止半面此獨得其全今其遺址爲法蘭西教堂

程太常吳吏部龍修撰孫樑道傳弟六十八

程公諱芳朝初名鈺字其相號立菴順治四年進士殿試一甲第二授內國史院編修遷秘書院修撰繙譯五經九年會試同考轉左春坊左諭德十一年提督北直學政遷國史院侍講學士初安南國明嘉靖中降安南都統使康熙三年黎維禔卒公以侍讀學士充正使往安南諭祭仍冊封黎維禧爲安南國王壽進詹事府少詹事轉太常寺卿嘗奉宣於御前伏几作大字

上嘉其端勁意方嚮用而公遽移疾歸年六十六卒子
仕字松皐官建甯知府有梅齋詩集吾邑科目昉唐曹
夢徵及宋李伯時兄弟至明而大盛自永樂甲申劉瑩
第進士訖崇禎癸未凡八十八人入我　朝太常首以一
甲二名及第至今二百六十年又一百五十三人其舉
於鄉者明一百六十五人我　朝六百二十八人自太
常後其以一甲二名及第者二人康熙己丑戴編修名
世戊戌張宗伯廷璐而編修又實舉是科會試第一編
修之前舉會試第一者已未有馬編修教思其後又有
吳吏部明以來重科第會試第一曰會元鄉試第一曰

解元桐城之解元七人其在前明爲劉教授璽趙都憲鈛

國朝康熙二十九年江南鄉試同考廖騰煃首薦桐城劉捷卷主司欲置第二廖不可曰盜擯落耳而是科第一即捷兄輝祖也其後九年方侍郎苞亦舉鄉試第一又十二年廖以御史典江南試以書屬輝祖必欲得捷而輝祖病阻書不達廖求捷卷不得太息累日及揭曉則捷已褎然舉首矣捷桐城人寄上元籍又五十七年爲乾隆戊子張曾敭字譽長舉鄉試第一官貴州貴西道司空廷瑑孫也至光緒戊子而姚永概復領解焉吳吏部諱貽詠字惠連後戴編修二十四年成進士

少孤家貧值長夏或至日晡不得食未嘗有戚容舉於
鄉年四十八矣又十年乃成進士子賡枚與試題名至
躍然曰子不先父我固知若遜一籌也選翰林院庶吉
士改刑部主事從吏部性恭謹終日無忤屬文精整莊
寫不草書箸芸暉館詩文集賡枚後六年亦成進士官
監察御史自程太常以下得第者百數十人皆由正科
恩科其以大臣子　賜舉人會試中試者一人爲方
傳穆勤襄公子也以　召試舉人通籍者三人乾隆四
十一年　召試張曾太後知福建歸化縣四十九年
召試張曾獻至山西冀甯道嘉慶十三年龍汝言字子

嘉由寄籍廩膳生應天津　召試　賜舉人十六年復
應五臺　召試授中書十九年成進士　殿試一甲第
一授修撰纂輯祕殿珠林石渠寶笈三編二十一年湖
北正考官二十四年會試同考尋坐校字不慎鐫職道
光元年起用內閣中書授兵部主事進員外未幾卒年
五十二箸賜研齋集十二卷本生父諱驤積學不遇好
行任卹子森字書樓同治初官浙江龍游縣率鄉勇勦
賊力戰死先是張文和公子閣學若靄癸丑　廷試
世宗親拔第三文和辭乃改二甲第一并頒　諭旨示
中外仍照一甲例授職爲編修由是縣人遂無有以一

甲三名及第者自張閣學後二甲第一有糧道孫公諱
起端字心筠節愍五世孫也少孤貧炊火恆不繼閉戶
自精性孝謹無圭角犯而不校嘉慶二十四年進士選
庶吉士改部職轉御史出爲貴州糧儲道再攝按察布
政清廉自守嘗出死罪四之誤坐者定讞寬嚴不失洪
楊造亂上言黔粵界連宜練精兵合剿並嚴懲居民傳
習邪教者皆不果行糧道孫曰慧基字積甫同治七年
進士由庶吉士改河南武安令盡心災振性忮愎一言
之忤必復惟順母能娛適其意亦以孝稱
馬其昶曰士蔽於科舉久矣光緒三十一年　詔罷鄉

會試興學堂而人心猶若隱慕於此誠積重難返之勢也救時者痛人才由此壞鄙夷之不屑道然兩朝選舉又未嘗不得士余粗述其概亦考吾鄉掌故者所不得略也戴存莊孝廉鄉舉上元梅伯言先生致賀書謂科第不足重人得其人乃爲科第重耳閒嘗披覽邑志見選舉表臚列諸人名氏而迄今顯晦懸絕有不知其誰何者念梅先生言爲之慨然

戴成都劉廣昌楊邯鄲錢蒼梧傳弟六十九

戴公諱宏烈字山民少孤母孫苦節育之工爲詩格律精渾與弟研字導及竝知名人稱龍眠大小戴順治八

年舉人授成都令時兵燹初定成都當省會又併入華陽地繁劇倍他邑土著少秦楚遷民占籍客主違言調劑安輯威惠大行墾田數萬頃戶口歲增千餘訪遺蹟榛莽中修復之民趨令罔後以勞卒官貧不能斂士民輟舂巷哭賻金歸其喪

劉公諱鴻都字爾雅號西麓少負儁才事繼母至孝順治十一年選拔貢生授山西廣昌令廣昌土瘠居民稀至則盡力開墾給牛種設義學勵士邊徼荒遠弦誦聲達於衢巷總憲魏敏果公敬禮之致仕歸與里中耆宿相酬唱為後進矜式焉卒年七十八

楊公諱臣鄰字欽四康熙六年進士知邯鄲縣值軍興旁午撫綏疲氓甚有惠愛大吏下檄墾荒懼其擾累力請免行毋憂服除補光山歲饑振糶有法又建義學士服其教民歌其德擢知光州解組歸足跡不履公庭明末處士楊先生諱臣諍字古度疑其兄弟行不知親屬何等也强記博聞著有禹貢箋禮經會元未見傳本惟龍文鞭影二卷盛行於鄉塾

錢公諱旆字叔闓號彭源自少失父以孝友著稱夜讀恆至雞鳴康熙二十七年進士授四川蒼梧令邊區瘠荒到官首革苛稅招流移開墾勸民種桑戶滿三百株

者給錢寵異之地故高燥經旬不雨則苦旱親履田隴相地平窪者爲築堤堰蓄水置桔槔教民用溉行之再期民稍蘇復乃大起孔子廟置義學數十椽集才彥士親爲講說月課藝者再遠近慕效大吏奏其績狀將徵入都遽以疾卒櫬歸道旁有失聲者

馬其昶曰一代革新之際民罹塗炭不有賢吏其能存乎凋殘之所由復國本之所由固以此迨其後數傳民生樂利或相與忘之君子曰此其功不在汗馬闢土地者下余故擇其尤著者書之

姚開化階州峽江傳弟七十

姚公諱文燮字經三號羹湖父珠樹先生能詩有高名諱孫森明天啟閒副榜貢生崇禎八年舉賢良方正爲龍泉訓導祀鄉賢方宮詹拱乾曰姚子位不副德將留餘以餉其後邪及生公而才氣陵轢一時談天下國家之故恢恢如也順治十六年進士授福建建甯府推官民俗獷悍睚眦讐殺案積無數公片言立剖未數月囹圄爲空有方秘盜殺其家數人盜就撫秘乘閒復讐前官坐秘死公得其情活之未幾有叛民殺武弁案繫千餘人公疑其獄坐數人罪餘釋去督撫大駭公固言非叛久之事得已蓋鄉民持械逐盜弁適過盜殺之從騎

後至執爲民叛公固疑之及獲盜訊供盜自伏殺弁也
耿繼茂建藩其下怙勢多不法貸民錢因奪其女妻公
悉使訐發自捐錢償還民婦得歸者百數藩戚某尤横
或訟之郡郡守懦被侮公自請案治執法加等自是藩
人斂跡時方議修邊海戰船費鉅斂民錢民大譁公密
白上官民得免費秩滿改知直隸雄縣渾河泛溢浸及
城東南隅樓櫓傾圮田廬漂沒暴龍爲害公至作文檄
之水退歲大熟修城築堤造橋以利涉者地近京畿旗
人圈佔膏腴地民勿敢爭公爭之旗人上請於是戸部
司官至牽繩量地繩所定處民不得有公拔佩刀斷繩

辭不稍屈未幾有　詔退地還民雄俗輕死逐利往往親族促使自裁訐訟不已公敕鄉約死者卽埋葬毋得生事遂無死者立屯丁爲團長以守望盜賊又請免狐貢報墾地蠲耗羨減鹽引恤驛政清逃人撫循瘡痍境內獲安擢雲南開化府同知尋攝曲靖府阿迷州吳三桂叛陷賊中密與建義將軍林興珠有約林不及期發事覺繫之獄乘間遁還安親王軍林先以謀告王王以聞　聖祖召至京賜對甚詳滇平乞養歸年六十六母喪毀卒公神爽聰令告歸後以詩畫自娛皆有名隱居黃蘗山龍眠之奧區也爲梁沼亭軒倚山而樓莪爲

耕樂堂營生壙其側自書碑曰黃蘗山樵之墓著羹湖文集十二卷詩選十卷四六偶存二卷次子士矗字綏仲康熙二十七年進士授編修典試湖廣直隸終左贊善著泳園詩文集贊善子孔鎧字翰擢陝西葭州知州葭州子輿滇字南召山東曹州知府曹州曾孫元之左都御史自有傳

階州公諱文熊字望侯父諱孫棨字心甫明天啟二年進士官御史有直節錦衣項震殺妻立訊伏辜執政私震忌之左遷上林院典簿歷吏部主事福建漳南道故相國林釬歿勢豪奪其遺產清還之復爲勢家所中左

遷再起荆南道按察司副使終尚寶寺丞祀鄉賢公康
熙六年進士　廷試策問錢穀因舉直省分合數以對
且陳轉移之法置二甲授浙江江山縣調蕭山耿逆亂
閩浙嵗用師民困輸運公固請撫按折價交納嗣以爲
常遷陜西階州知州悉除無名之徵上官督催急吏驕
横公縛其吏撻之降調歸卒祀鄉賢先是蕭山蝗起公
移文於神忽大雨蝗盡死又有逸盜自歸獄曰夢父讁
我不可累好官其神化如此蕭山祀之名宦復爲祠合
祀公與賈公國禎水旱就禱輒應道光七年巡撫劉公
以　聞奉　旨禦災捍患於民有功封賈昭應伯公昭

感伯亦祀階州名宦子士陛號別峯康熙三十二年舉人有才名早卒箸空明閣詩集四卷曾孫興泉字問樵號虛堂諸生以賦落花詩知名人稱落花先生有一枕窩詩三卷

峽江公諱文焱字彥昭號磬青龍泉訓導諱孫森子也年十二賦金陵感懷詩人目為仙童康熙八年舉順天試授長洲教諭再聘浙江同考吳中大饑監視粥廠胥役無一弊漏釐別男女尤盡心醫藥遷峽江令民泣送塞道峽江征糧舊設里長督花戶城中復設保戶督里長鄉民輸稅咸主其家歲斂費數千金公一禁革聽民

自輸其弊遂絕郡守下其法列縣行焉其聽訟不事鞭
撲以寬簡爲治長子士贇字東膠康熙二十九年舉人
母疾刲股和藥弗效哭踊血溢不自覺痛修譜牒篤宗
誼嘗客蘇州見鬻婦以償官逋者傾橐助之復得完聚
又買山埋露棺數百具其急義率如此子四皆工爲詩
孔鍸字鐵也雍正六年舉孝友端方至惠潮兵備道署
江蘇按察使有西堧詩鈔十卷孔鋅字道沖號歸園七
年舉品行才猷至贛州知府有抱影軒心香齋南陔詩
選各二卷叱馭集一卷惠潮贛州政績均可紀弟孔錭
字粱貢號于巢廩貢生有華林莊詩集四卷　四庫書

存目孔鋠字範冶號三崧雍正十一年進士授編修乾隆戊午順天同考拔盧學士文弨京察優等當遷以母老遽乞養歸有小安樂窩詩集贛州子興㙛字渭川號花龕乾隆三十九年舉人有香巖詩鈔峽江子當雍乾時長房稱盛乃其後遂替矣而次房陝州代興陝州諱莆字勤若於峽江爲玄孫嘉慶初以縣丞投効南河白蓮教起用軍功擢知商城鋤强卻饋歲旱糶振有法大吏檄列縣仿行遷知陝州以勞疾乞歸鄉里義行率首倡焉曾不惜費

馬其昶曰開化列國史循吏傳幹才優裕兼嫻文雅

嘗輯龍眠詩傳蒐採甚勤猶自病其隘未遽傳書潘蜀藻先生資之以成龍眠風雅又刻通雅古事比及易盪諸書斯誠藝苑之鴻功薦紳之高致已階州峽江同時並峙姚氏人文蔚然盛矣

江參政彭副使孫東昌傳弟七十一

江公諱皐字在湄號磊齋祖諱之湘字楚望明萬歷四十六年舉人爲四川峨眉知縣有惠政父諱楫字葦渡諸生兩世皆祀鄉賢公中順治十八年進士授江西瑞昌縣遷九江郡丞擢甘肅鞏昌府改廣西柳州府尋爲四川提學副使丁艱服闋補陝西平慶道副使運給軍

糈歷隴塞賀蘭諸險作籌邊九策秩滿遷福建興泉道參政性喜吟詠以詩擅聲者二十年然公故長於吏能初在瑞昌河水舊繞城下決徙他去民病沒里居不蕃公築隄濬壅使復故道城南煙火復盛衣冠之族亦輩興焉閩楚告警姦民乘間剽刦大吏議發兵公曰是迫飢寒耳急則資寇親出誘諭盡解散之守鞏昌會王師入蜀民困於兵乃謁帥約軍士無符信者不得至境一日有數騎入村漁奪悉縛詣軍斬之由是肅然莫敢犯及守柳州時新收粵西兵留鎮本州軍士多掠婦女哭泣思歸公白大府分別資遣亂離得聚者數百家而

其罷採木事民尤喜稱之柳州山勢峻險斤斧所不及時方修　太和殿採木使者且至長老驚恐以謂往代採木南荒震天吸地僵仆無算今將奈何公曰無然奉上旨孰敢匿諱亡何使者至公令鄉民前導偕使者視木行數里至絕巘下巨木挺出巖壁馬不能前解鞍步登使者有難色公曰　上命也守臣當以身殉短衣持節扶兩吏先登使者强隨之路絕足半垂外仰視木猶萬仞公顧使者曰何如使者喘息咋舌曰是不可取公曰木具在是賴使者爲　上言不可取狀使者還奏得免王纘緒者故巨家子經亂奴四人據其產孱弗能

理寄食僧舍公至寺詰得之捕奴奴入院司爲吏懼獻
金二千乞免公陽受金召吏至出金於廷一訊卽服付
金纘緒奪還其產民歌誦焉其在興泉坐前任事左遷
遂解官歸康熙五十年　上垂念老臣　敕部列奏公
與焉加恩復職卒年八十一祀柳州慶陽名宦箸文三
十卷詩四十一卷仲弟廣譽字繡聞康熙二十四年進
士臨邑令季弟筆字紹文十七年舉人時有三江之目
初楚望公令峨眉有兩生以父讐誣陷瘐獄雪其冤活
之夜夢老父來謝是夕生公後見公成進士始歿年八
十五祀峨眉名宦公視學四川過峨眉嘗謁拜祠下康

熙時江氏又有硯崖先生諱爲龍字我一三十九年進士令宜春雅尚文化刻邑志建義學政教燦然卓異擢兵部主事遷吏部員外著六經圖十六卷　四庫書存目

彭公諱纘字孔晳號粥岑孝子寶之後也祖諱湯有盛德嘗遇盜解囊與之且戒曰速行毋爲人所跡盜慼愧公中順治六年進士時兩廣未平甫釋褐即以僉事備兵蒼梧躬馳炎瘴單騎到官決獄勤敏期年四境威服粤西平敘功遷汝南道副使尋以蜚語罷公起寒素能自建樹撫育幼弟恩義甚備年五十六卒學者私謚孝

靖先生

孫公諱元衡字湘南節愍孫也少孤力學以明經爲山東新城令邑苦水患濬小清河孝婦河以殺減水勢築長隄遏其衝捕蝗振飢全濟甚眾稍遷四川漢州知州一意撫綏流冗還集增戶四千有餘會鑪蠻煽動籌備轉運甚有方略康熙四十二年再舉卓異徙臺灣府同知思以文化被邊俗首建文廟設義塾又置邏纓船以偵嶕沙開米禁通利民食秩滿遷知東昌歲比不登買穀數萬石減價糶之民以不飢母喪去官送者塞塗歸里起宗祠置墓田與族人同其緩急學宮傾圮復捐金

修焉卒祀鄉賢工爲詩著赤嵌集片石園詩各四卷赤嵌集　四庫存目玄孫世昌嘉慶七年進士潯州知府

孫氏節愍後爲盛當康熙時公兄弟行能詩者有安其先生諱曰書貢生有壘樵詩概鴿峯先生諱曰高字紀常諸生有意香齋詩集其後乾隆時節愍玄孫又有艮忠選拔生弟艮懿艮慉皆舉人艮慧進士艮棻諸生兄弟孤貧厲學恆枵腹誦詠皆工書時人語曰孫氏五艮而艮懿字仲山書名尤著

馬其昶曰孟子以仁術言政此善言也雖有仁心無術不濟參政鋤姦字艮才性通敏其庶幾乎副使蹶起亦

一時之俊也東昌所居職辦借紀述皆略難觀委備要
可謂績效灼著者矣

左潞安遷江建陽傳弟七十二

左公諱文言字衍初府學生諱暉字峙匡長子於忠毅
公爲曾孫以廩貢考取教習選授直隸完縣令再遷山
西潞安府潔躬率屬問事必究其蘊以此周知閭閻利
病嘗有盜夜持刀入室公據案治事如故神氣閒定盜
逡巡退徐遣吏跡得之一訊具伏箸椒堂文略弟文高
字迓平號二松廩貢生雍正六年舉孝友端方　召見
賜宴并賞給香貂藥餌特授廣西遷江令吏畏其嚴清

縣境接壤上林有樊氏者嘯聚爲亂鎮兵至賊穴地逼遷江因密召父老告曰賊起上林地也利害所及遷江也鎮兵不能分防宜自爲計皆曰善於是會合鎮將伐木樹栅掘壕塹困賊而自率鄉勇深入山洞討之賊方椎牛釃酒待期約猝相遇驚潰捕斬甚衆三月事平移疾歸遽卒有紉椒詩集欅溪文略弟寀字雒三號巢松康熙五十年舉人知福建建陽縣建陽地磽确賦薄萬歷時乃加重　國初耿藩從逆民逃徙已而田墾歸之佃民而官按籍猶責徵田主其本族及同圖甲之里長皆被累前令李六成因每畝報虛荒若干貲挹注繼任

者訟其冒免請復征公獨力言大府民困無田之賦奏
請豁減遂爲永利箸忠毅公年譜二卷初峙匡公七歲
能文承父霜鶴先生遺教博綜經史尤篤行誼及生公
兄弟同時并以文學幹濟著稱其後潞安子世壽字山
年雍正七年舉品行才猷授直隸懷來縣遷江曾孫其
章號壘溪舉嘉慶初元孝廉方正子德修字達泉嘉慶
六年進士三從子元烺字保臨道光二十四年進士四
川彭水知縣侍御四世孫世鄉字挹青令羅田羅田民
德之爲生立祠勒石頌焉弟世經字仲孚姚郎中稱其
詩三從弟世容字學沖乾隆三年舉人姚郎中稱其善

經義各爲之序學沖子殷薦字德旗覃思博覽於山川形勢儀器圖象之屬皆究其藴奥著有甲子新書桐城地脈記修予齋集孝子公光前七世孫德慧字欽敫號石僑舉嘉慶九年優貢授吳江教諭矜重名節文辭博贍時與閩人鄭兼才並稱二教諭而諸左乾隆中宦達者有武平令光明玄孫宗人府主事諱衢字賡唐十七年第進士官京師與紀文達錢詹事諸公結文社又武平五世孫盜紹合道諱周字逸澴號問莊三十四年進士由檢討轉御史給事中改官浙江坐署布政時失察屬吏左遷子堅吾字叔固一字君朐監生劉海峯先生

其外祖也有至性言論笑語翛然若魏晉人
馬其祖曰忠毅之後自明末以逮我　朝嘉道閒文儒
吏績時時有聞君子之澤五世而斬今不啻五世矣而
孝子侍御武平後又代有興者太公之遺澤遠哉

王砭崖左硯農周筆峯三先生傳第七十三

王先生諱瑜字石仲號砭崖性篤謹人見其言笑舉止
類迂生也讀書務明先聖之微旨不慕榮利見人過不
言輒閉目自訟人往往化服順治中以歲薦任上元訓
導於皇極通書各有詮解每月朔必集諸生會講興起
甚眾舊志先生列理學傳別理學於儒林以爲尊之非

通識也今不承用而以左周二先生學派略與先生爲近故類及之

左先生諱正誼字龍媒號硯農郡廩生祖諱光前左氏所稱爲孝子公也先生亦以孝稱事母數十年無忤自少喜讀宋賢書以倡絕學爲事一時問業者比肩門下有四書五經講義及性善致知養氣知言先天圖說諸篇祀鄉賢子之毅字素臣學行不失世守康熙二十一年武科進士直隸宣化府守備族子之柳字箴我以明經司教宿邳二州甚孝養寡母有友旅卒收育其孤如己子再立其家箴我子斅字念臣號慕陶工詩喜游覽

歷三峽峨眉之奇勝有峩雪詩集八卷文二卷論史唾餘四卷蜀道記五卷蜀話三卷吟閣貧談九卷唐詩別僞十數卷

周先生諱大璋字聘侯號筆峯祖諱天鳳篤內行四子皆孝謹有父風至先生益研窮性理之學治科舉業必資之經史百家評定諸籍一時傳習殆徧嘗以四書大全所輯異同得失紛錯百出爲芟取其要一以朱子爲宗成四書精言四十卷正義十九卷評論左氏義法辭令爲左傳翼三十八卷又病學者徒騖華藻文日工身心日益喪以爲朱子文與道兼至復選輯朱子古文讀

本六卷皆行於世雍正二年年五十四成進士授湖南龍陽縣築濱湖圩隄時集諸生講學明倫堂諸生素讀其書至是親見講授益樂就之悉紀所聞爲龍陽講義年老請改教職選華亭教諭大府聘修江南通志書成復聘主講紫陽書院其教學者用白鹿洞規則未幾返華亭卒箸修凝堂文鈔六卷同族虛中諱芬斗字汝調紉齋諱芬佩字汝和孿生兄弟也虛中雍正十三年舉人四川敘州知州紉齋乾隆十年進士浙江龍游知縣兩人並以科舉文知名其後又有鶴亭諱大魁乾隆十五年舉人爲泗水令民歌曰公作吏清如水愛卞人如

己子年老請改全椒教諭子捷英號墨仙十六年　高
宗南巡獻文賦荷賜　尚方文綺逾二年充選拔貢生
考取景山教習早世有墨仙稿存齋諱卜政字時亮虛
中門人也從事性命之學淹貫經史學歸熙甫徐思曠
爲文金壇王罕皆極稱之乾隆二十六年進士嘗主講
永平書院卒後門人私謚曰文安箸古文十卷詩十二
卷三禮會通左氏詳著史斷四書周易講義
馬其昶曰姚郎中有言諸君皆欲讀人所未見之書某
則願讀人所嘗見書如三先生者可謂能讀人所常見
書者矣周名稍顯王左當鼎革初潛修樂道倘所謂碩

果不食者邪噫風會隨世移易宋儒義理書在今日又恐翻爲人所罕見者矣

諸方張葉傳弟七十四

方位白先生諱中通號陪翁藥地老人仲子也郡諸生考授州同知與兄田伯弟素伯并有高名田伯先生諱中德號依巖素伯先生諱中履號合山當馬阮亂政黨禍起田伯年十三撾登聞鼓訟父冤不報父出亡偕諸弟徒步追從母病嘗溲以驗差劇箸古事比十三卷遂上居稿十卷其他未刻者尚數十種位白先生箸數度衍二十四卷音韻切衍二卷篆隸辨從二卷心學宗續

編四卷陪翁集七卷續四卷初藥地老人廬墓合山時
重編周易時論閒衍極數示諸子位白退郎變數十圖
以進老人喜甚因益考求天人律歷音韻六書之學發
明勾股出河圖加減乘除出洛書後玩泰西書乃合筆
籌珠三法窮差別於九章已復得尺算法於其弟精思
數日盡其變及書成老人書而示之曰漆園天下篇云
明於本數係於末度吾謂數自有度易曰制數度以議
德行神自無方準不可亂舍日無歲無內無外秩序變
化原同一時因其條理而付之中節之謂度故曰一在
二中物自獻理誰能惑我然則數乃質耳度也者其大

本之時幾乎泥於數則技通於數則神汝既知數即可以此通神明類萬物矣專精藏密勉之勉之於是遂以數度衍名其書又嘗與廣昌揭暄論難日輪大小得光肥影瘦之故及古今歲差之不同須測算消長以齊之一晝夜八一萬三千五百息每息宗動天行十萬里有奇別錄爲一書曰揭方問答次子正珠字浦還康熙三十一年以明經　召對問律呂之蘊　示以中和樂諸法器進父中通數度衍並自箸乘除新法奏對稱　旨兄正琫字鞞上弟正瑮字揚光正璆字序左皆敦行力學知名於時素伯先生天才捷悟少隨父崎嶇嶺嶠時

人擬東坡之有蘇過晩築稻花齋於湖上離世遠俗嘗
曰吾所箸惟古今釋疑一書討論經史禮樂法度以及
歴象算法聲韻醫藥無不備頗自謂無謬於道其後張
文端公以其書十八卷進　御子正瑗字引蘧號方齋
康熙五十九年舉人官至陝西潼商道以幹濟稱嘗春
月攜賓從泛舟出關觀桃花暮夜關未閉坐劾免歸署
所居曰瀟灑園箸方齋補莊連理山人全集潼商子張
盤字弗諼號新莊諸生淹通經史張登字芸墅號褚堂
乾隆十七年舉人令平羅濬桃花渠漑地數萬頃及改
官主事仍留治一年以竣其役新莊子賜豪字染露三

十年舉人令清溪蒞官四十日卽以病自劾歸有味佳居詩文鈔田伯先生子正璪字芥帆令五臺署繁峙又署朔州有清操　聖祖臨幸臺山寵錫　宸翰正璿字玫士性敏萬言過目能背誦正玢字弢采雍正二年舉人選無極令縣有木道溝沙流壅塞爲疏决之民得溉利擢福州同知以循良著稱

張先生諱裕葉字侍喬號華巖乾隆六十年副榜貢生爲歙縣教諭滁州學正撰開方捷法凡算中積求邊者不過一乘一加而所得之邊與古法等又以己意製燥濕表能預知晴雨其學通經史旁逮藝術雜家精醫方

施治輒效閒推日月五星天首天尾北極出地決人命數多奇驗年五十三卒著爾雅補註通雅刊誤開方表各若干卷又余晉齋諱熙著八線測表圖說一卷遵數理精蘊發明勾股和較割圜八線六宗三要諸法括爲圖說主於明淺以便初學　四庫書存目

葉先生諱棠字漢池號松亭生道光時獨究心天文輿圖算數不喜爲科舉學邵陽魏默深聘修海國圖志因得從歐洲人士討論聞見益肆其自爲渾天恆星赤道全圖天元一術圖說已刊行數理闡微勾股論經解藏於家縣學生鄭君福照字容甫傳其學嘗以所作勾股

術演開方論略是正海甯李壬叔李固算學大師也覽其書善之又嘗學詩於方植之先生雅潔有家法馬其昶曰算數之術後起益精吾縣在前唯位白所撰

四庫著錄又胡襲參司業從宣城梅徵君問難有梅胡問答嘉道以還張棻稍顯科學未興孤士閉門厥難倍哉非由天悟未有能與於斯者也今學堂普設自勝衣乳臭莫不攘臂言算學矣

方氏三詩人傳第七十五

方先生諱文字爾止號明農一號嵞山萬歷進士戶部主事諱大鉉子也當明之季以諸生及從子密之皆聲

振天下先生性亢爽有天趣每見人詩輒改竄其人不樂不顧也嘗自以生命壬子命畫師作四壬子圖中陶淵明次杜子美白樂天皆高座而已呈詩卷傴僂於前其詩任性靈雖民謠里諺塗巷瑣事皆以入詩著龠山詩文集五十卷說文條貫十八卷一時如施愚山孫豹人王阮亭諸公皆盛相欽重其後方氏以詩名尤著者二人一曰南堂先生諱貞觀字履安著南堂詩集八卷一曰息翁先生諱世舉字扶南著春及堂詩集二卷江關集一卷兩先生皆少詹事坦菴曾孫而孝廉章鉞孫也坦菴諱拱乾字肅之崇禎時官少詹事　國朝以薦

起補宏文院學士尋除少詹平生篤交誼嘗急人難晚年謫甯古塔撰絕域紀略號甦老人甦老人七十自壽曰老人冏卿子七歲能屬文爲詩長登進士官翰林至少詹事娶相國女至今猶共哺糜生兩女六男亦皆掇科名男女孫百幾十人老人所徼於造物可謂厚矣其自喜如此詹事長子元成字孝標號樓岡順治六年進士官侍讀學士次亨咸號邵村順治四年進士官監察御史坐科場案謫甯古塔王阮亭稱賞其詩尤工書畫人得其寸縑珍若璆寶兄弟並知名次育盛膏茂章鉞亦皆舉於鄉次奕箴奕箴孫世儁乾隆初進士官湖南

巡撫子保升翰林院庶吉士南堂先生胸次灑然布素終身若忘其爲華胄者善行楷書與汪退谷王箬林盧雅雨友善孫文定公嘉淦在翰林時從之學詩先生詩初近張籍王建後浸淫貞元大歷間以南山集被累出關放歸後詩益平淡乾隆丙辰　詔開博學鴻詞科文定首舉先生以老不就試賦詩謝之而是時息翁先生亦舉詞科謝不就息翁先生學博而性疎曠少遊京師事秀水朱竹垞多見古書祕本名日起先生爲詩好自改竄晚年定稿少作無一存者酷耆韓詩爲韓詩編年箋注十二卷又有李義山詩注漢書補注世說新語補

注年八十餘猶於廣座中伸紙濡墨頃刻賦數十篇精采不少減其從子宜田撫浙時請之不往復書曰野人方與諸朋舊劇談高會掀髯鼓掌以爲樂女乃欲爰居享我邪竟不肯往

馬其昶曰三先生之詩不必同要其有以自樂極困阨不悔則三先生者皆然詩之爲道至精其出也一肖乎人彼其中或且熱而不盌吾未知其詩何如也然則三先生之賢亦遠矣

潘木崖先生傳弟七十六

潘先生諱江字蜀藻號木崖少孤母吳氏高節博學著

有松聲閣集先生生而天才雋妙十歲試文郡邑羣士推爲聖童後益博極羣書歷遊齊岱京楚與海內名流相結主盟壇席者三十餘年康熙十八年舉鴻博以母老辭後兩徵遺逸皆不就隱居北郭之河墅年八十四卒張文端公題其碑曰詩人河墅先生之墓其詩法白香山亦時出入錢劉耽耆風雅尤留意兩朝文獻遇人一韻之工稱賞不容口戴編修名世初未知名先生奇其才悉發藏書資之卒傳其學先生輯龍眠風雅六十八卷續二十八卷桐城鄉賢實錄一卷木崖詩文集五十餘卷續集十五卷又六經蠡測字學析疑詩韻尤雅

記事珠均佚子仁標仁樹孫義炳皆能世其學同時詩人又有祝樸巢李芥須二先生樸巢諱祺字山如文端師事之家貧得錢即償書直匿名跡遠權勢所爲詩博奥蕭遠有樸巢集芥須諱雅字士雅高祖諱春字初陽景泰元年舉人授應山令治行第一行取御史先生性卞急詩文沈酣宏肆亦文端所敬禮也寄籍廣東生員選拔授江西崇義教諭歸築東臯草堂於東郭外無子依女以居耆酒而不能恆得因仿陶潛顏眞卿故事作乞米行投同志時應者十許人程太常兼金代秫復作後乞米行以謝之年八十二卒臨卒乞潘先生河墅以

葬遂葬河墅後潘先生叉瘞鶴於墓左謂其孤高清潔與鶴宜也嘗偕友人何存齋編龍眠古文一集二十四卷鄉先輩詩文得不泯者潘李何三先生力也存齋爲布政公孫諱永紹字令遠廩貢生與毛西河宋漫堂爲友

馬其昶曰當李何輯錄時自言家藏文集無慮千種及道光中徐六襄先生編桐舊集已謂按目而稽十亡七八矣況更兵亂盜可復問邪而龍眠風雅古文一集猶幸有傳本施愚山學士謂全集繁而易失選本合而易行信哉是葢後死者之責也夫

張湖上先生傳弟七十七

張湖上先生諱載字子容文端公仲兄少倜儻有風槩明季諸生年四十輒棄去隱居松湖之隈濱湖田數十畝宅一區門臨大泊可畜魚歲發荷花數萬挺長隄左右接山麓隄外爲大湖當鼎革初張氏方貴盛而先生獨率妻子躬耕湖上與世相忘家纔足稻粱經年不見賓客不入城市或婚嫁將會姻親輒作惡曰予豈耐衣冠而與人拱揖邪惟疎節闊目存大意而已晚年以田付諸子自以漁爲業每歲十月後湖水稍退則集莊農具舟楫結罾網卽以魚爲雇值先期大設酒饌以勞之

妻治具僮僕持壺觴先生勸醻葥檐之下談笑移時各
盡懽去性至孝母遺手繡佛像構一亭事之有僧詣門
募施笑曰彼以我佞佛邪此吾親也吾故事之性不能
多飲常微醺體貌頎然爲書學鍾繇至老目視不衰嘗
作輿圖詳沿革方寸中字數百小於蟻腳文端時年五
十自謂不能辨也鄉人化其行松湖數十年無盜每貽
文端書輒勸以歸休年七十有八與妻同時卒子廷珠
自稱松山樵者高達有父風卒年八十
馬其昶曰文端在朝時時有江湖之思尤喜於公卿閒
述先生行事然吾竊怪其不慕榮利可矣卽何至衣冠

聚會亦屏不與豈其性眞不堪邪抑有所不得已於中者而姑託是以逃也其殆以明之遺民自處邪嗚乎賢已

張獅崖李古塘吳伯颺三先生傳弟七十八

張獅崖先生諱度字齡若一字仲友世居拔茅山與張太傅不同祖慮無以別世族自署曰蓬蒿舊家事親孝介特寡合淡於世榮書畫皆絕人手鈔至二三千餘紙箸蟋蟀窩詩集十卷姚端恪公爲諸生時延禮賓塾課其長子歲饑或日餔不具食課誦自若其後諸子生次第從受學二十餘年交如一日端恪五子二女不名他

師嘗稱曰賓無二主主無二賓張先生殆有道而隱於教授者不然其才藝術業如此何乃終爲一家一塾之師哉世之爲師者視其塾若傳舍弟子亦數更其師若舉棋聞張先生之風可以興矣李古塘先生諱嶴字長康與獅崖同時工書善畫平淡高逸詩學東野閬仙家無儋石之儲怡然自得陸東洲諱振山水花卉人物人爭傳寶卒年八十八舊志以冠　國朝藝術之首今不見其所作其後道光時有吳伯颺先生諱犖字牧臯諸生性和介人與之處皆化服焉家貧以繪事遊客公卿間不立資產得一金輒以施貧乏囊槖常虛或詐取其

金雖覺不以悔也年老益困姚按察光布政吾家工部通守諸公月日有餼非其人不受其畫自以意得於山水不專事摹擬縣人藏者多有時雜僞跡惟視款字蒼勁以辨之咸豐後惟張新安諱世祿字二谷以字行始工花卉後更肆力山水張故顯族家中落老年謁選得新安令

馬其昶曰吾縣以畫名者舊志明成化時有丁南羽諱雲鵬其畫佛盛傳於世南羽實休甯人舊志誤也我朝推方邵村姚羹湖然世不恆見其跡見者必賞異以爲大家云而張閣學花卉姚總憲折枝竝工絕其位望

皆通顯矣余略取布衣之士類記之於此

清末民初文獻叢刊

# 桐城耆舊傳

（下册）

［清］馬其昶　撰

朝華出版社
BLOSSOM PRESS

# 桐城耆舊傳卷八目錄

邑後學馬其昶通伯譔

張文端公傳弟七十九　　桐城耆舊傳八

張公諱英字敦復康熙六年進士丁父憂歸十二年以編修充　日講　起居注官累遷侍讀學士十六年　上始選儒臣置左右設南書房　命公入直賜第西安門內當是時三藩擾亂凡戰陳兵餉方略一皆取斷宸衷而　上尤勤學問故事經筵有常期　上日御乾清門聽政後卽適懋勤殿召儒臣講論經誼無期時公率晨入暮出暫退輒復宣召或輟食趨宮門小心愼密久之　上益器重每　巡幸輒以公從一時典誥之文多出公手遷翰林學士乞假歸築室龍眠山中居四年

特召起授兵部侍郎調禮部充經筵講官坐事降級

優旨留任俄遷工部尚書再調禮部公自躋卿貳至

典秩宗皆兼掌院學士並管詹事府尋坐不詳審編修

撰擬　諭祭都統佟國綱文引用悖謬罷尚書仍管翰

詹教習庶吉士三十一年復職先後充國史館方略一

統志淵鑒類函政治典訓總裁官三十六年會試正考

官再乞休不允三十八年拜文華殿大學士兼禮部尚

書　聖祖在位久天下治安一時宰輔諸臣如公及李

公光地熊公賜履魏公象樞陳公廷敬張公玉書類皆

敦崇寬大而公尤以勤慎結　主知立朝數十年未嘗

一日去　上左右介特內含絕遠權勢雖異趣者莫能媒孽其短　上嘗語執政張英終始敬愼有古大臣風也公爲人淡靜寡欲喜讀白傅蘇陸三家詩喜佳茗公退日手一編蒔花鼓琴雜賓自遠自其壯盛卽有山林之思作芙蓉雙溪圖記見志時時形諸詠歌四十年冬遂請告歸瀕行　賜宴暢春園公旣歸里冬日城居自餘三時多在龍眠雙溪閒自是徜羊山中者凡七年爲聰訓齋語恆產瑣言教子弟以務本力田隨分知足之義而於擇交積德尤諄諄焉其書世多有故不具四十二年　聖祖南巡迎謁行在至江甯　上將返蹕爲公

蹕再宿是時總督阿山欲加錢糧耗銀供　南巡江甯知府陳公鵬年持不可總督旣積怒知府素強項欲因是以罪供張故不辦扈從王大臣及侍衛多言知府誹謗　巡游罪不赦及公見　上盛稱鵬年總督意沮陳公得免罪反以是見　知竟爲名臣四十六年再迎鑾淸江浦扈蹕江甯踰年薨年七十有二　賜祭葬諡文端　世宗卽位　贈太子太傅雍正八年祀賢良祠又祀鄉賢箸易經衷論二卷書經衷論四卷　四庫著錄又箸素堂集存誠堂集共六十卷子六廷瓚廷玉廷璐廷瑑廷瑑廷璀瑑附貢生璀候選訓導餘皆至大官

自有傳附貢子若潭官檢討訓導子若霍若霽皆舉人

若霽孫元宰編修

馬其昶曰予幼時大人授以聽訓齋語謂讀之可淡榮利就本實因益爲言張氏當隆盛時其子弟無不謹敕謙約可爲大臣家法其後恭讀　世宗庭訓格言乃知聖人之言其遠如天其近如地公之書切近敦篤殆本其所陶淑於　聖教者以垂訓與曾文正公亦嘗舉二書教人而番禺梁按察鼎芬言張公書不善讀乃爲鄉愿余謂立朝與居鄉異節公之書所以誡家也其保全陳公事余得之湘潭志爲表著之

馬編修傳弟八十 中書公

公諱教思字臨公號嚴沖先九世伯祖兵部公有才子六人公次居四少而卓犖博學淹雅嘗雪夜侍外舅藥地老人建初寺梅花盛開承命賦七言詩三十篇當夕立就年垂五十始舉康熙十八年進士弟一授編修廿一年同考會試故事校閱者必取前科元墨爲程式因逮見己卷及榜發得士十二皆知名而金檢討德嘉又實爲榜首公在館纂修鑑古輯覽分撰唐五代遼諸史論贊於唐史論昌黎諫佛骨宣諭王廷湊直節與顏魯公段太尉等耳不得僅以文臣目之徐尚書乾學歎爲

知言壽充　會典纂修署　日講起居注官性不能造
請報謝嘗讀史笑鄭莊爲人何其僕僕車塵馬足閒也
以是得簡伉聲適院中有所彈劾不當遂拂衣歸園居
杜跡益殫心撰述邑中徭賦贏縮及大利害輒昌言於
縣令與巡撫薛公雅故或以急獄奉兼金求解峻辭拒
之自是戒門者客至絶不通諱性至孝舉念輒在先人
及卒方孺人哭曰先夫之清操介節人所知也其孝德
人所不盡知也於是學者僉曰孝且介德之懿也上私
謚曰文懿先生祀鄉賢著文集二十卷左傳紀事本末
四十卷等韻捷要二卷古學類解八卷羣書集粹十六

卷蠹齋雜組六卷皖桐幽貞錄一卷公兄弟皆賢而有文長一公諱敬思工書畫有虎岑集十二卷次永公諱孝思號玉峯有屏山詩草三卷次愚公諱繼融號舫齋有菜香園集十二卷公與諸兄齊名時稱四馬而一公愚公詩尤專家其後一公以次子鳳翥字紹平號恆齋爲弟禹公諱日思後恆齋詩格雅健有復初堂集三十卷當是時馬氏又有梅坡先生諱書思字笏陳公族兄弟行也善畫工篆隸卜宅江干不關世事子元文字季甫詞翰敏速以訓導參陝甘總督年羹堯幕府馬上日可作字二萬年將奏薦擢官忽謝去不逾時年果敗八

以此服其識鑒
中書公諱樸臣字春遲號相如父髣山諱霳字千仞編
修次子也豪俠好義嘗有故人死族人侵其産千里走
使責之卒爲經紀成家箸杜詩考證十卷髣山集十卷
公少傳家學言語妙天下與弟湘靈並有高名遊學吳
越詩篇一出輒流播浙東西之口年五十舉雍正十年
順天鄉試授內閣中書會詔舉博學鴻詞工部侍郎張
公廷瑑具疏薦之是時桐城薦舉鴻博者八人惟方恪
敏公由詹事王公奕清薦臨試以平郡王掌選引嫌不
試方先生貞觀以老不試其與試者若劉先生大櫆由

內閣學士方公苞薦葉先生酉由太常寺卿王公㳺薦以及江先生有龍姚先生焜方先生辛元皆不錄罷歸先是康熙己未公從祖繼融積學有名徐公乾學將舉應鴻博固謝不就時潘木厓先生江亦以親老謝薦者遂不及舉張文端公每引爲恨至是再開特科吾邑舉者數人試未入選而公則又垂得復失時謂媢嫉者特去其三人故卒不遇也公天才雋逸詩文散佚歿後蒐得二卷德州盧都轉見曾序而行之爲報循堂詩鈔二卷湘靈諱蘇臣字波賢嗜酒喜爲詩縱論當世利病氣鬱喉吻閒嘗遊滇南萬里詩益奇自訂其稿曰湘靈詩

鈔二卷海峯序之以爲必傳江先生諱有龍字若度號
涵齋與海峯爲古文學安徽巡撫趙公國麟薦舉鴻博
以優貢肄業國子監乾隆九年順天副貢授江甯教諭
居喪以毀卒年四十五毛詩三禮兩漢書皆有論注姚
先生諱焜字伯鸞高祖克齋講宋儒學父諱孫枝少工
舉業讀其先世語錄遂棄去以純儒自處至先生學益
肆由副貢中雍正元年舉人充明史纂修官任興化教
諭江蘇巡撫高公其倬薦舉鴻博後遷山東甯陽知縣
著處齋詩集方先生諱辛元原名蕃號雪泉上元籍附
監生與望溪侍郎爲從父兄弟其試鴻博由戶部侍郎

呂公燿曾薦雖不錄然皆其知名者也故并著之

馬其昶曰昔先伯祖編馬氏詩鈔七十卷作者四十六人閩閣三人其篇什僅存不能成卷者又二十三人得詩四千三百餘篇吾族不繁然風雅之林乃若此其中兵部秫莊集最盛秫莊集四十卷詩近萬篇存於詩鈔者猶十卷然兵部至工詩不以詩名編修兄弟彬彬繼起至中書益有聞蓋一時門才於斯爲盛矣

姚羅田朝邑傳弟八十一

姚公諱士基字履若端恪公弟四子康熙十一年舉人授湖廣羅田知縣以慈愛爲治不輕笞辱地患盜立保

甲法使牌長自逐盜催科不責胥吏悉以牌示卒無逋
賦他所興革皆實政將行取而病且卒問天旱今有雨
否言訖而歿民巷哭爲祠歲以公卒日祀又請祀名宦
箸松巖詩八卷端恪五子長諱士塈字注若康熙閒官
刑部郎中河南有大獄　上擇可使勘獄者咸舉以對
上曰此故尙書姚文然子邪宜可使也果得其情以
報次諱士堂字佩若康熙八年舉人爲內閣中書入武
功館纂修方略從　狩口外逆次以小臣蒙　顧問次
諱士堅字庭若號深園幼穎異勤於考史以明經貢於
鄉作不可錄戒淫泆建石梁挂車河以利涉自刑部中

書深園皆好急難施與里人皆請祀之鄉賢端恪子五人三祀鄉賢一祀羅田名宦而是時羅田弟朝邑公亦以循良著稱初爲碭山教諭以興學變士風　詔賜冠服擢陝西朝邑令首革陋規改設計口授鹽之法官民稱便朝邑界域東盡黃河古岸舊距蒲州門止里許後河去古岸西徙數十里朝人渡河耕蒲人伺熟輒刈之各持梃刃火器鬬由明嘉靖至是大獄數起死者不可勝計秦晉自兩巡撫下各袒其部民文移駁詰公固請會勘是時兩邑聚者萬人洶洶爭論諸大官未及發公抗聲曰秦晉民健鬬而官復激之咎在官殺戮近百年

矣仁者不爲也今能和衷以謀善後乎衆少定公乃徐
言曰蒲人死不恤爭界於河以曲朝邑設河身再西越
朝邑縣治而去將縣治亦蒲有之乎賦若干責辦朝邑
而蒲人坐收無賦之利以此言之曲在蒲諸公咸曰姚
令言是乃從公所畫界植柳爲識尋告歸卒公諱士塾
字庠若端恪弟五子也端恪諸子後多顯者尤以羅田
爲盛初羅田行取入都其子康熙二十九年舉人孔錞
字振修方家居心動卽日首塗至一日父歿　特旌孝
子而中書子孔鏞字衹如亦嘗以孝行　旌官四川合
州知州州其兄銳嘗知雅州稱幹敏卒官合州來攝其篆

兄弟相代爲政雍正初合州子淮字書巢復知雅州亦有聲後至浙江杭嘉湖道朝邑子鈴字卿如爲貴州湄潭令教民以竹製水車溉田終處州知府有葮齋詩集十卷刑部五世孫維藩字价人嘉慶十六年進士由庶吉士改石樓令少受學惜抱先生性淡靜不營田宅石樓瘠小上官議調補汾陽辭不就

馬其昶曰余聞之妹夫姚永樸端恪公嘗燕居諸子侍食或擲箸微有聲公徐問曰近者汝兄汝師曾誦若過乎對曰未也公曰噫汝方日矜人誰汝誦小失不箴終取大戾今於長者側忽肆如此忘恭甚矣過以習增驕

由漸致小子戒之凡公所以訓類此傳曰世祿之家鮮克由禮自古賢士之興豈不以義方哉

## 張工部傳第八十二

張公諱芑字武仕號雪芩祖諱士絅父蔚喬諱秉哲順治十一年舉人有學行子四公其季也康熙二十二年選授湖廣武昌通判攝知府事二十七年督標材官夏逢龍爲亂露刃圍官廨署布政使葉公映榴死之公聞變出罵賊被執父老數百人走哭賊不敢害囚之授以官罵裂其剳絕食三日夜半有老民懷飯以進得不死夫人孫氏奉姑懷印閒行匿民舍潛歸印於公會葉公

柩歸公紿守者同出送登舟哭拜畢躍入江中守者拯之不死囚益急頃之賊犯荆州監守者胡定海義公陰釋之夜奔武穴錄狀達部請師剿賊時蘄州武昌相繼叛公率衆討平之進駐道士洑飭器械具芻糧招徠流散賊由是不敢東下七月振武將軍瓦岱等帥大兵抵蘄水公迎謁因隨師進剿與賊戰黃州提督徐治都敗之於金口逢龍遁公察知蹤跡白將軍親往禽取磔之餘黨悉平事聞復原官居一年乞養歸母終起補襄陽通判遷四川嘉定州亂後土曠招墾增萬餘戶創書院興學變荒陋之俗遷工部員外以病去遂不復出喜爲

詩性倜儻以推解爲快凡事見其大不守小謹嘗佩一
刀雜置書畫側一日客至作畫方畢手刀出室曰礫逢
龍時吾親持此割肉一臠釃酒酹葉公也子廷慶字榮
懷恩貢生以薦舉授湖北安陸縣調江夏冒雨塞金口
隄泥沒至胸終湖北糧儲道先是工部平夏逢龍亂楚
人請祀名宦並建專祠　命下適糧道君至奉主入祠
觀者榮之次廷珩字瑲聞雍正元年進士　殿試二甲
一名　上曰汝文字置二甲屈矣即授檢討入直南書
房充日講官未幾患疾以小臣被　異數遣太醫臨視
終不起　賜治喪金次廷球字澤臣用薦舉爲令福建

歷永福福清值漳浦不靖被檄往招撫流涕諭之民感其誠卒就撫擢知龍巖州祀名宦炎廷琬炎廷璇字清紹亦以薦舉得職擢運判分司通州有符生高材能文以私謁不應徐曰汝毋乃貧乎曷不語我而見怵於利遂厚贇之生感厲爲善後爭事於上官不得竟投劾去工部從子有孚字守愚號鶴田以明經授臨淮教諭遷四川南川令山邑僻遠居民少令此者卒傳舍視之獨捐貲擴官舍修治道路招民開墾而立義學課其士之秀者舊時令所需一取之里長皆革除之爲治九年四方就居者千餘家民祠祀之子桐字判南雍正四年舉

人至萊州知府以廉幹聞箸武成日月表戰國年系各一卷曾孫元輅

馬其昶曰工部爲參政曾孫與文端再從兄弟文端以下多由翰林爲京朝官其登甲乙科者至今不絕工部後則往往用薦起其任守令外吏者亦至今不絕當公之被執一再矢死其不死非意所及也折而再奮卒建勳名偉已

張文和公傳第八十三

張公諱廷玉字衡臣號硯齋文端公次子康熙三十九年進士授檢討直南書房由洗馬五遷至刑部右侍郎

侍經筵轉吏部　世宗御極　命同翰林掌院學士供
几筵祭告文字　初政殷繁　諭旨日數十下公承
命應奉敏贍悉稱　旨擢禮部尙書爲　諸皇子師
加太子太保兼掌院學士充經筵日講起居注官轉戶
部三年攝大學士四年拜文淵閣大學士明年入文華
殿又明年入保和殿兼攝吏部尙書七年加少保是時
方用兵西北　上虞內閣在太和門外漏洩要政乃設
軍機處隆宗門內　命公與大學士鄂爾泰爲軍機大
臣其格式公所定也軍機既立爲承　旨出政之總匯
而內閣之任遂輕公天才警敏當軍興羽檄交馳所兼

領旨要職諸曹司及書吏抱案牘於旁日常百數十人
環立吏進坐肩輿中仍披覽文書吏人隨後取進止無
一事壅滯　上嘗曰爾一日所辦在他人十日未能也
賞輕車都尉十一年文端公從祀京師賢良祠復卽家
賜祭　詔乘驛歸行典禮過直隸疏言水災重請加
振一月明年回京　上遣戶部侍郎海望迎勞蘆溝橋
世宗崩　遺命公與莊親王果親王大學士鄂爾泰
總理事務且詔公他日配享　太廟　高宗卽位　賜
爵三等子授　皇子學仍兼管翰林院事侍經筵時
車駕謁　景陵公與王大臣留京總理事務自是每

巡幸輒留鎮撫三年　上將視學舉行三老五更之禮
時惟公及鄂爾泰公位望可冀公疏言名實難副非其
人不足當盛典議遂止尋進爵三等勤宣伯加太保十
三年以疾乞休　諭曰卿受　兩朝厚恩且奉　皇考
遺命配享　太廟從祀元臣豈宜歸田終老公言宋明
配享之臣曾有乞休得請者七十懸車古今通義　上
曰不然易稱見幾而作非所論與國同體者使七十必
令懸車何以八十有杖朝之典且不聞武侯鞠躬盡瘁
之訓邪公言武侯遭時艱難與生逢太平者不同　上
又曰不然皋夔與龍比可信其異地皆然夫既以身任

天下之重則不當以承平自逸朕爲卿思之不獨受
兩朝恩渥不可言去即以朕十餘年眷待亦不當言去
朕謂古人致仕之說必道不行言不聽非得已者若朝
廷建官命職皆預設求去之心將膜視一切國家誰與
爲治是不可不辨　命舉所　諭宣示朝列公遂不敢
復陳然衰疾日甚是年冬　詔許原官致仕於是公登
朝垂五十年矣長詞林二十七年主揆席二十四年贊
畫軍國大政不可數計修　三朝實錄玉牒會典治河
方略　國史明史諸書皆爲總裁自康熙丙戌迄乾隆
丁巳與分校者三主順天鄉試者一主會試者三廷試

朝考屢充閱卷大臣在刑部時山東鹽販圖不軌青州
民用邪教倡亂已逮捕者百五十餘人公出按戮七人
讞三十五人餘黨不問浙江江西界連閩廣流民入深
山種麻結茅居號棚民不隸州縣爲良民害公請編戶
籍行保甲錄其膂力技勇及秀異之士消慝弭患遂以
無事嘗條奏刑部錄犯不分首從累無辜請如外省例
分別收禁又凡引律文多刪節前後影射比擬請令都
察院大理寺駮正草率者連坐皆議行公既久典樞要
承　殊寵其後固稱疾求退　上　召見奏及配享事
意不懌允須　旨並　賜詩爲券翼日以老病遣子謝

恩　上遂發怒未明譴俄而公自詣謝　上疑人洩言
屢降旨切責廷議大不敬請奪職會　皇長子定親王
初喪公求去急　上愈怒謂無師傅誼益以爲讓公惶
恐引罪加　恩削伯爵以大學士原銜休致家居六年
薨年八十四既薨　特旨仍命配享　太廟諡文和本
朝漢大臣得與配享者惟公一人公性簡靜無聲色嗜
玩在政府不與外吏交通退食泊然箸澄懷園詩三十
七卷子若靄若澄若淑若渟
閣學公諱若靄字景采號晴嵐文和舉子晚及生公年
四十二矣少有異稟甫冠襲一等輕車都尉雍正十一

年進士後三日　廷試　上御懋勤殿閱卷由進呈第五卷拔置一甲第三啟封知爲大學士廷玉子　上大喜遣内侍就直廬宣諭文和固辭奏上不允乃請對既入見免冠頓首謝復奏曰國家制科三年一舉天下應試士不下十數萬人得舉者千餘人聚數科之人試禮部貢於朝者止三百餘人此一甲三名雖拔於三百餘人中實天下十數萬士子所想望不得者臣家受恩至重今臣子又占巍科臣誠惶誠恐願推以讓天下寒士卽臣子亦幸留有餘以承方來之澤　世宗動容嘉歎爲改二甲第一名授編修充日講起居注官直南書房

乾隆三年襲三等伯遷侍讀學士尋以儒臣襲爵非制
罷世職三轉官至內閣學士公工書善畫又久直 內
廷得徧觀古人遺墨凡 御府所藏悉 命題品鑒別
上嘗宴公卿庶僚於瀛臺泛舟至流杯亭再與諸臣
即事聯句且曰大學士張廷玉父曾侍 皇祖西苑宴
賞今與其子若靄共陪此會亦盛事也十一年扈蹕
西巡感疾歸遽卒年三十四有藴眞閣集弟若澄字鏡
壑號默畊亦工繪事乾隆十年進士授編修直南書房
三充鄉會試同考官一主湖南鄉試歷官內閣學士有
瀟碧軒集晴嵐子曾效曾效子元鄒元鄒子康伯三世

皆舉人康伯無子以四從子紹華字小傳爲後光緒中
由進士至江西湖南山西布政使屢攝巡撫事篤於宗
親無宿怨犯之不校布政本生祖諱元偉號湘帆四川
巴縣令有厚德巴縣祖勤恪公也與晴嵐同出文和
勤恪公諱若渟字聖泉號壽雪由貢生納貲爲郎授刑
部主事入直軍機處以郎中出爲雲南知府遷四川建
昌道入爲太僕寺少卿歷通政使內閣學士舊制內閣
非甲乙科者不得與　特旨張若渟非他臣可比補工
部侍郎嘉慶五年進兵部尚書改刑部公居心縝密尤
練習刑律年七十五卒　贈太子太保　謚勤恪先是

公外祖父姚端恪公爲刑部尚書有名及公繼職人以爲不愧有十一子次子曾諠至浙江按察使

馬其昶曰文端公相　聖祖當大亂初夷惟以德惠覆露元元之民咸得安業國本固矣　世宗嗣統繼之英斷公於此時復以精敏詳愼之才爲　上倚任非皆所謂其興應運者邪夫依日月之末光展釆錯事救過不暇卒能恩禮始終邀　享侑非常之典延寵後嗣則高宗優老成全國體可謂厚矣非國盛時其遭際能若斯哉

諸張傳弟八十四

詹事張公諱廷瓚字卣臣號隨齋文端公長子也康熙十八年進士由編修累官至少詹事二十六年典試山東所拔皆宿學士三十四年六月　上召翰詹八人至暢春園　賜宴時文端以尚書兼掌院事公同時官翰林侍讀學士又同為日講官父子並與宴　車駕三征絕漠皆扈從性謹厚每遷除悚然若不勝先文端卒三子次若霈字雲舉康熙四十七年舉人由內閣中書歷任廣西梧州知府梧故多巨盜立弓箭社練鄉勇盜以稍息擢蒼梧道整鹽弊創官消官運之法以能政聞卒祀名宦

宗伯公諱廷璐字寶臣號葯齋文端公三子康熙五十
七年一甲二名進士授編修入直南書房遷侍講學士
雍正元年出督河南學政爲諸生爭事至與大吏齟齬
封邱士子控縣令以防河擅役諸生上官置不理相約
罷試公開喻諸生郎入試而大吏先以罷試　聞坐落
職頃之　上意解途次起侍講擢祭酒遷少詹事出提
江蘇學政再留任前後凡九年晉禮部侍郎予告歸卒
年七十一公持守堅正無踦亢之行表裏洞如也屢以
文學受知閱浙江右三典試事再與南宮分校咸得士
而任江蘇獨久去時諸生泣別所甄錄武進劉公綸長

洲沈公德潛尤知名者也箸詠花軒詩文集子若震若

需

司空公諱廷瑑字桓臣號思齋文端公五子雍正元年

進士由編修累遷工部右侍郎初在翰林嘗充日講起

居注官擢侍郎仍兼起居注事不爲翰林而仍職記注

者獨公爲然五年視學江蘇改補內閣學士兼禮部侍

郎典江西試尋乞病歸京畿大水督臣請使稍給飢民

食俾築隄代振以工公獨謂飢民非有田在隄內強使

力作受直無幾不足以贍彼富民有田貲隄蓄洩反得

巧避役外事不平夫民隄無異官隄宜令官予半直而

有田貧隄之富民更輸其半然後雇直足以供朝夕而輸錢用力無偏倚　上是其言允行焉公爲人顧謹持禮法每當入朝自書職名必再三讀之視紙上字數不誤乃敢出門生饋餼一無取受其自奉儉薄雖其家人皆竊笑之卒年八十四子若泌雍正十三年舉人若渠副貢生副貢長子曾敭至貴西道次子龢字惠常乾隆四十二年舉人令汶上汶水南注會通河舊築壩汶壩民間歲費數千悉蠲免改官辦汶人立石頌德遷濟寧州卒貴西子聰咸自有傳

巡撫公諱若震字宗岳號楞阿宗伯長子也雍正元年

以迴避卷中式舉人初授浙江天台縣有能名自康雍
以來民間多私銷制錢　世宗深慮錢法壞由銅貴錢
賤因收銅器定制非一品官不得用銅行之數年銅器
終不能盡納私銷如故乾隆初罷銅禁又數年公已歷
官至浙江布政使奏行青錢用錫合鉛入銅毀之不能
造器姦民無所得利私銷自絕於是在京寶泉寶源二
局及各省鼓鑄局皆一律改鑄青錢由此十七年大饑
告災巡撫不允公下檄屬縣開倉給振而徑自　奏聞
巡撫怒劾之得　旨嚴飭竟允藩司之請踰年拜湖北
巡撫之　命所居職辦未幾卒官　賜祭葬宗伯次子

若需字樹彤號中畯乾隆二年進士由編修進侍講海峯序其見吾軒詩集盛稱之子曾敞字塏似號櫑亭乾隆十六年進士授檢討父憂歸歲比不登約戚黨出米平價糶民因以糶餘錢建倉儲穀以備歲荒附郭糶穀之用今所謂永惠倉也服闋補官進侍讀充　日講起居注官自文端宗伯侍講至是四世居職士論榮之初爲翰林年最少持己清峻洞曉掌故由侍讀四遷至少詹事罣吏議未竟其用卒弟曾敷字師常號秋涪監生有畫裏山樓詩鈔亦爲海峯所賞異

馬其昶曰遭時承平文學侍從之列類皆從容雅步養

台鼎之望而張氏諸公尤恂恂退讓長者各自有其風類也其學大抵範時守法期中權度不務爲名高用此多由翰林平進至大位一時門閥遂莫與抗矣

戴南山先生傳弟八十五

戴先生諱名世字田有一字褐夫南山其别號也世人隱其名稱曰宋潛虛上世以訾雄父諱碩字孔萬諸生爲人退讓長者顧善憂坎軻不偶爲詩百餘卷嘗曰讀書爲善欲報如捕風影如吾等者豈宜至此及生先生而好學不事生產曰是將復爲我也吾終以憂死我死其及汝乎然愼勿效我憂也先生才儁辨逸旣孤授徒

自贍以精制舉業發名文稿脫手賈人隨刊布之於是天下皆誦其時文先生曰此非吾之文也康熙二十四年行選貢法以廩生考得貢補正藍旗教習授知縣厥後往來燕趙齊魯河洛吳越之閒所至方聞宿學之士聞聲欽慕而長洲韓慕廬汪武曹無錫劉言潔江浦劉大山宿松朱字綠吳縣吳荆山大興王崑繩及同里方百川望溪尤心折先生其學長於史喜考求明季逸事時時箸文以自抒湮鬱氣逸發不可控御於是天下又翕然稱其古文而望溪曰此猶非褐夫之文也先生既負才自喜睥睨一世世亦多忌之嘗遇望溪京師言曰

吾非役役於是而求有得於時也吾胸中有書數百卷其出也自忖將有異於人人非屏居深山足衣食使身無所累而一其志於斯未能誘而出之也因太息別去其後屢相見必以是爲憂年五十三始舉順天試逾四年爲康熙四十八年會試中式第一名進士總裁李文貞公喜得士殿試一甲二名授翰林院編修越二年都御史趙公申喬劾南山集悖逆逮繫獄五十二年二月論死無子從弟輔世自京師以柩歸葬於居宅之南先生夙負文譽久遊公卿間及垂老搆禍遂無肯有道其爲人者　上嘗問文貞自汪霦死誰能爲古文者對曰

惟戴名世案內方苞能叩其次卽以名世對　上亦不
之罪也先生生平酷慕司馬子長之文每引以自況留
心先朝文獻網羅略備將欲成一家之言卒莫能遂其
志以死惟嘗紀桐城明末兵變事曰孑遺錄一篇有刻
本其答余生書相傳先生所由坐死者錄之以存其實
其辭曰余生足下前日浮屠犂支自言永歷中宦者爲
足下道滇黔閒事余聞之載筆往問焉余至而犂支已
去因教足下爲我書其語來去年冬乃得讀之稍稍識
其大略而吾鄉方學士有滇黔紀聞一篇余六七年前
嘗見之及是而余購得此書取犂支所言考之以證其

同異蓋兩人之言各有詳有略而亦不無大相懸殊者
傳聞之閒必有訛焉然而學士考據頗爲確核而犂支
又得於耳目之所覩記二者將何取信哉昔者宋之亡
也區區海島一隅僅如彈丸黑子不踰時而又已滅亡
而史猶得以備書其事今以弘光之帝南京隆武之帝
閩越永歷之帝兩粵帝滇黔地方數千里首尾十七八
年揆以春秋之義豈遽不如昭烈之在蜀帝昺之在崖
州而其事漸以滅沒近日方寬文字之禁而天下之所
以避忌諱者萬端其或菰蘆山澤之閒有廑廑誌其梗
概所謂存什一於千百而其書未出又無好事者爲之

掇拾流傳不久而已蕩爲清風化爲冷灰至於老將退
卒故家舊臣遺民父老相繼澌盡而文獻無徵凋殘零
落使一時成敗得失與夫孤忠效死亂賊誤國流離播
遷之情狀無以示於後世豈不可歎也哉終明之世三
百年無史金匱石室之藏恐終淪喪放失而世所流布
諸書缺略不詳毀譽失實嗟乎世無子長孟堅不可聊
且命筆鄙人無狀竊有志焉而書籍無從廣覯又困於
飢寒衣食日不暇給懼此事終已廢棄是則有明全盛
之書且不得見其成而又何況於夜郎筇笮昆明洱海
奔竄流亡區區之軼事乎前日翰林院購遺書於各州

郡書稍稍集但自神宗晚節事涉邊疆者民間汰去不以上而史官所指名以購者其外頗更有潛德幽光稗官碑誌紀載出於史館之所不及知者皆不得以上則亦無以成一代之全史甚矣其難也余夙昔之志於明史有深痛焉輒好問當世事而身所與士大夫接甚少士大夫亦無有以此爲念者又足跡未嘗至四方以故見聞頗寡然而此志未嘗不時時存也足下知犂支所在能召之來與余面論其事則不勝幸甚

馬其昶曰余家藏一寫本潛虛文集又嘗見先生所輯四書朱子大全獨取朱子一家之言遠出他本上先生

存時門人尤雲鶚氏刻文百十餘篇今無傳本余讀其文悲其有史才而不自韜晦愛重以成其志也趙公名臣以剛直著稱其子修撰熊詔與先生同榜進士坐同官許奏記注事落職俄而卒

方百川劉古塘二先生傳弟八十六

方先生諱舟字百川少朗拔風概非常六歲能為詩十歲好左氏太史公書未冠通五經訓義遂綜百家與其弟望溪先生友愛甚望溪師事之其所學皆以古人為期而顧不喜為時文望溪每遠遊歸出所為古文辭及詁經之言相質先生亦不喜曰古之為言者道充於中

而不可以已也而今自覺不能已乎徒友刊其課試時文曰自知集者行於世韓文懿公見之歎曰二百年無此矣先生以諸生終而所爲時文自其同時以逮沒後二百餘年天下學子皆誦習之先生少貧旦晝治事暇則徜徉郊原墟莽閒夜誦書或危坐竟夕不寐一時名流傾向先生過之落然江西梁質人宿松朱字綠高談經世之學證䣓經史先生退發其覆鮮不窒礙者望溪謂兄盍曉譬之曰諸君子口談最賢非以憂天下也先生既懷抱大志未及一試康熙四十年年三十七遽以疾卒初先生幼弟林字椒塗夙悟能屬文未娶早卒先

生泣曰吾兄弟當其一邱不以妻祔又嘗謂望溪異日汝子與吾子相視如同生其娣姒或違言先生曰汝輩日十反脣吾不汝止但欲吾兄弟分財異居終不得耳及疾革妻子環泣斥去之正命之夕惟望溪在側未嘗以子道希道永爲屬其後望溪先生爲家訓示道希等令其從兄弟皆相服期以謂受命於元兄可以義起也先生嘗授經姑孰登萊閒學子課期必請文爲式積至百餘篇亦閒爲詩歌古文錄四冊貯篋中曾一示溧水武商平高澝張彝歎旋復收匿蓋恐其弟及同學見而刊布之也病篤自啟篋出所錄四冊文摧燒之望溪入

戶見鑪灰滿盈退問侍者始知之長子道希字師范以縣學生舉乾隆元年孝廉方正季父望溪先生依古禮經定齋期喪次遇期功君必率諸弟出次惟謹侍望溪側不異孺子望溪亦以孺子視之嘗稱其平生無一言一動使予心隱然不適者年五十四卒弟道永順天通判

劉先生諱捷字古塘先世懷甯人祖諱若宰崇禎四年及弟弟一名父諱璜遷居桐城爲桐城縣學生員兄諱輝祖字北固康熙二十九年鄉舉弟一越二十一年而先生復舉鄉試弟一於是年五十四矣始爲諸生督學

邵嗣堯按試呼名至先生遽命答責數十衆大譁郡中
武生有同姓名者爲患鄉里督學聞之未審旣誤責則
列其文四等衆益譁已而督學發病死先生對之未嘗
有慽辭快語貌精悍好氣任俠諸公貴人厚幣傳客之
一語不合徑去年羹堯巡撫四川議加賦固爭而止俄
假他事去曰其心神外我矣及督川陝强與偕旣至浹
旬告歸嘗居江南督學幕有故人爲其姻家夜出千金
請事先生曰吾不意君視我何等也其爲文篤自信始
課試必壓其儕顧自謂所業弗善中歲沈浸經史試輒
擯矣守其道不變久乃獲舉爲禮部者猶不喜其文磨

勘停一科其後友人方望溪以南山集被逮又護其妻子北上失會試期竟未一與禮部之試年六十九卒子四人兄北固卓犖有志操與百川望溪交最善箸藕浦詩文集

馬其昶曰余少喜讀百川遺稿孤懷曠識邈然有千載之慮然是要未足盡先生夫躬布素外以憂天下內篤倫紀出其緒餘且足爲法後世觀其摧燒己作自視乃若無有者彼其志量可測也哉劉先生制行不牽於衆誠可謂自重之士

方望溪先生傳弟八十七

方先生諱苞字靈臯號望溪曾祖按察司副使諱象乾
避亂居江甯祖諱幟歲貢生父諱仲舒號逸巢國子監
生與黃岡杜茶村兄弟同縣錢飲光友善箸詩三千餘
篇三子長百川次先生皆有大名先生官至侍郎矣而
海內學者言德行文章經術三者必推先生故皆稱望
溪先生先生少貧厲學安溪李公光地長洲韓公菼見
其文盛相推挹稱爲北宋後無有年三十二始舉江南
鄉試第一逾七年爲康熙四十五年試進士第四且
廷試朝論翕然期其一甲聞母疾遽歸李公馳使止之
不可丁父憂尋坐爲編修戴名世序南山集南山集悖

逆逮下刑部獄在獄二年著禮記析疑喪禮或問獄具論死　上曰方苞學問天下莫不聞署勿論李公亦力救之出獄隸籍漢軍　命白衣入直　南書房撰文稱旨移　蒙養齋編修樂律　上命與諸皇子遊自成親王以下皆呼爲先生充　武英殿修書總裁　世宗嗣位　赦還原籍初蒙　恩出獄即迎母致養母喪還葬服除授左中允再遷翰林院侍講學士孫公嘉淦以刑部侍郎爲順天府尹兼祭酒以勁直見忌有自王邸來屬先生劾奏即以代不然與同禍拒不可數日孫公竟被劾下獄先生言於文端公鄂爾泰曰孫侍郎以非

罪死公復何顏坐中書文端爲解乃免十一年擢內閣
學士充一統志總裁校訂春秋日講　高宗登極將追
踐古禮行三年之喪　詔羣臣詳議先生因欲復古以
次變除之制臣工分差等除服禮部尚書魏公廷珍上
其議大臣或不便事寢先生時領書局就直廬持服未
再期不出所教習庶吉士二十七日內齋宿館舍無敢
飲酒食肉者他部院未能也時田文鏡方得　上眷先
生奏文鏡定徵收地丁銀限四月完半十月訖無益國
課而農民苦累請寬期六月完半訖十一月仍舊便又
請歲饑有司得擅發倉穀平糶勿拘存七糶三之例皆

議行尋　命選錄明以來四書文頒天下爲士子程式充三禮義疏副總裁二年遷禮部右侍郎以足疾辭詔數日一赴部平決大事又時奉獨對　上方有意大用而先生亦思以經術飾治自初直　南書房時安溪李公方在閣徐公蝶園爲總憲遇朝政得失輒啟告二公引義侃侃二公夙重先生雖不能盡從未嘗不欽其高論至是益感　三朝恩厚起罪廢列卿貳求所以爲不世之報奏言通計古今食貨之源見民生所由日就匱乏者數端因請禁燒酒禁種煙草禁粟米出外洋飭佐貳官督民樹畜紳士相度濬水道十年後可致饒給

又奏請矯除積習興起人才願　皇上以時延見廷臣別其邪正明示好惡取人必以其類爲招凡九卿督撫中深信其忠誠無欲者悉命舉其所知繼以試驗破瞻徇繩贓私加廉俸久任其聲績茂著者則時賜金帛進爵秩而尤以六部之職各有其實非獨循例奉法而已必慎簡卿貳各責以實使日夜訓厲其僚屬隨時進退之則中材咸自矜奮其指如此當時以其言迂闊不甚偉異也又嘗欲仿朱子學校舉貢議分經史爲三科詩書易附大學衍義春秋附通鑑綱目三禮附文獻通考以疑義課士不能行及教習庶吉士因請改定館課及

散館則例仍議格不行初河督某故與先生善其後違衆開毛城鋪臺省爭之至下獄先生奏河督之愎河督大恨禮部薦一貲郎入曹親王蒞部許之先生以故事禮部必用乙科不肯平署王亦怒會新拜泰安爲輔臣召尚書魏廷珍爲總憲或謂是皆方侍郎所爲由是忌者日衆凡所陳奏皆合口梗之河督因劾方某嘗手書託致其門生河上事　上意稍不直之先生自知孤立乞解任許之仍教習庶吉士充經史館總裁及庶常散館先生請補後到者試遂被劾徇私坐免仍在三禮館修書先生是高安朱文端公疾革謂先生曰子性剛而言

直吾前於眾中規子謂子幸衰疾於世無求假而年減一紀尚有國武子之禍欲諸公諒子之無他而不以世情相擬耳賓實既歿吾病不支子其懼哉賓實者楊公名時字也先生竟以是廢及周官義疏成以衰疾求解書局　賜侍講銜歸里建宗祠定祭禮作祠規祠禁設祭田以其餘周子姓艱窶婚喪之不能舉者年八十有二卒祀鄉賢先生爲學一本宋儒程朱之說以求之遺經尤究心春秋三禮以謂禮者先王磨礲德性而起教於微眇使人益深於人道若夫考世變之流極窺聖心之裁制則春秋之義具焉自少以至篤老無一日不讀

經其治經不爲茍細小辨詳誦本經及傳注而求其義
理於空曲交會之中篤於倫紀其立身一依禮經遇忌
日必廢食遭期功喪必準古禮宿外寢以弟椒塗亡病
未視斂終身恨之且卒遺命袒右臂自罰先生長身怯
瘦面微有瘢痕目視若電厲言正色後生憚不敢見安
溪李公入相先生問自　國朝以科目登兹位者幾人
公屈指五十餘人先生曰甫六十年而至五十餘人其
不足重明矣願公更求其可重者時魏公廷珍在坐退
而曰斯人吾未前見無怪人不樂聞其言也其論文嚴
於義法非扶道教裨風化者不苟作讀其文知其深於

經有中心惻怛之誠其箸書曰周官集注十二卷周官析疑三十六卷考工記析疑四卷周官辨一卷儀禮析疑十七卷禮記析疑四十六卷喪禮或問一卷春秋通論四卷春秋直解十二卷春秋比事目錄四卷詩義補正八卷左傳義法舉要史記注補正删定管子荀子離騷正義各一卷奏議二卷文集十八卷集外文十卷補遺四卷又四卷删定通志堂宋元經解二十年始畢業未刊行無傳本二子道章字用闇雍正十年舉人有學行早世次道興來孫恩露字雨培道光十二年副貢就職州判粵賊陷江寧語家人曰吾受氣於天受形父母

倘假賊手是辱也乃先送母妻及子出城而已復反門外有方塘適楊氏妹攜女先躍入塘夏氏妹偕其夫溶繼之因削竹各書姓名繫襟帶具藁葬之既畢乃死馬其昶曰先生最負天下大名顧亦多謗議至今有之湘鄉曾文正公曰望溪古文辭爲　清二百餘年之冠其經術雖乾嘉後諸家詆之曾無損毫末獨其經世之學持論過高同時自朱文端楊文定數公外多見謂迂遠余弟國荃嘗擬疏請從祀孔廟昔望溪於乾隆初請祀湯文正公未行至道光三年湯公果祀望溪志行殆伯仲湯公躋之兩廡無愧色湘鄉實近代知言君子不

妄許而吾友鄭杲東父以其義猶未盡推其經術深而病其經世之學將令天下終不用經術治世乎凡先生之言有可以經世者其深於經術者也有未可以經世者其於經術猶疏者也其論如此余並著之

孫麻山先生傳弟八十八

孫先生諱學顏字用克一字爾堯號周晃又號舫山其先有曰以忠者明初遷桐城爲始祖先生康熙閒人也嘗築華農精舍於麻山讀書講學其中徒友相與稱華農子又稱麻山先生先生堅苦立學宗守程朱同時有宿儒曰方閑阿閑阿之友曰胡莫齋桐城自明嘉靖閒

何省齋倡學其後方明善繼之聞風興起者數十輩延及明季或歧於釋老或騖於雜博或降爲講章之學而閑阿獨與其友莫齋以藍田呂氏鄉約教於鄉於是先生及里人方待廬皆師事閑阿而亦與莫齋爲友莫齋因搆尊聞書舍館先生於家教其子田兢兢守朱子之遺法於姚江之學不稍假借也閑阿歿先生及吳易光易正兄弟輩作同人堂祀朱子以閑阿配先生性耿介家甚貧友人勉之習舉業就有司試爲書答曰道學之不明久矣士苟有志振興斯文則凡所爲者正宜拔本塞源不當復爲徇俗欺人之說也蓋人之爲心理欲二

者而已學文以苟一時之名爲榮身肥家親戚交游光
寵計者欲之甚者也立志不汙求造聖賢之閫奧者理
之至者也安有事出於人欲之甚而可曰無害於天理
之至者哉自世衰教息老佛空虛之邪見訓詁詞章之
末學先儒大聲疾呼世之信道不惑者閒有之矣惟所
謂科舉之學以窮經讀史爲利祿之媒苟非識超等夷
之士何能不浮沈流俗挾苟且之說以之自欺欺人哉
於是卒不應科舉遊歷四方以講學會友爲事嘗言學
道而遇飢寒正可驗吾學之所得力必於此而不驟吾
業屈吾志然後乃可上達先生後坐文字累遭湖南之

禍繫獄六七年竟論死方待盧爲經紀其喪以歸先生既沒遺書散亡其後蕭文學穆搜得之其族裔孫雲錦號海岑爲江甯知府始刊行閑阿諱日新字漢艮莫齋諱國鉽字鉉五莫齋之子田字雍則亦能傳其學知府君以諸生從軍得官所至有跡其知通州時張修撰謇尙微也奇賞其才爲成就之祀通州名宦

馬其昶曰易曰亢龍有悔余讀麻山遺集義嚴而詞厲洵哉其爲亢也然不可謂非特立獨行遯世无悶者矣進不行道於天下退不能自保其身時當末季如明東林諸君子以講學搆禍無足怪矣悲夫先生乃生於昌

明之時而獨不幸也

方渥源汪樸巢二公傳弟八十九

方公諱式濟字渥源荻港都司諱仲嘉曾孫也祖諱兆及字子詒號蛟峯順治十一年舉人山東備兵僉事父諱登嶧字鳧宗號屏坧工部主事兩世皆能詩有逑本堂述古堂等集公少僑居金陵七歲喪母哭泣盡哀經旬不索食性亦工詩兼精畫繪王麓臺侍郎甚獎重之康熙四十八年進士授中書逾年歸省適南山集事發語連公本生王父因以受禍侍工部出關族屬連坐者四人邊帥欲分置各路不令同處公罄裝稱貸營護戍

得無分用是益困婢僕死亡略盡苦寒躬取榛棘爨火
久莝風雪中兩手皸裂工部憐而作詩然工部性故朗
豁居絕塞十餘年辭色不形恚激同戍侍郎傅繼祖鴻
臚卿訥爾樸每言見方君輒灑然忘其身之在難也公
以吟詠承歡又益殫心經學父子閒自爲師友性謙厚
見人寸善卽自貶損以爲弗如家居時母夫人命置妾
有婢具容慧或舉爲言公正色曰是吾見自襁褓中者
於心安乎諭其父母自擇配族弟薪傳嘗同客病疫汗
閉見者皆避去公獨抱持同臥得汗而解薪傳每言此
輒流涕三子觀永觀承觀本時有富室議昏者數家皆

謝之曰吾不欲以憂患累人也年四十二以疾卒於卜
魁城邊人如痛親戚著龍沙紀略一卷　四庫著錄易
說未定稿六卷陸塘詩稿二卷子覲承自有傳
汪公諱以岱字文超號樸巢生一歲而孤家饒於財祖
母陳母潘俱寡居族衆欲併其產母賢而才支拄數載
勢益危一夕聞窗外私語曰毋走孤母知事急潛推兒
覺踰垣逸盜入室索孤母厲聲曰吾母子非汝世讐汝
曹欲得財乎抑欲殺人自取死乎財任爾取如必索孤
者孤出走矣吾今以頸血濺汝明日向官府責汝曹償
抵者我孤也盜方錯愕則聞排闥鳴鉦呼曰毋無畏兒

已率眾捕盜來也盜倉皇遁自其小時應變才略如此性至孝每見父畫像哀不可止既冠卽遊成均屢試不獲舉翻然曰吾以一歲孤賴母得長奈何既長乃離母外求哉遂遄歸張文和公以茂才薦　詔授知縣固辭不起家居奉母建祠堂置祀田修家乘縣中役法計圖爲保按戶苛取雜費公創議設保田用田息抵支下戶得免復儲其贏穀備荒歉鄉人賴焉年七十五卒孫志伊自有傳

馬其昶曰世人困阨輒改行以謂天不佑善怨誹不平否則頹然自放耳二公之所遭皆極難而彊自爲善後

嗣勃與余爲著之此可以觀天道也

## 左馬趙余楊陳傳弟九十

左公諱藻字子畏於忠毅公爲再從曾孫而獨慕忠毅之爲人故號曰慕忠其行誼孚遠邇問其族之人族之人皆曰是孝子也以父右宜公諱之誼嘗過雙溪見溺者傷之因遂積貲建橋於雙溪右宜走樅川見暴骸纍纍欲起義塚因卽買山瘞殣他若育稚嬰贖鬻女凡力所能爲者罔弗爲也以康熙三十二年舉人考授內閣中書年七十五卒祀忠孝祠及本府鄉賢祠孫行健亦好施濟父老癃病奉事惟謹煩汙之役不假婢僕人謂

其孝行世家

馬公諱源字伯逢號菱塘父屏菴諱方思兵部公弟六子母姚太孺人爲端恪公女有義烈之性公生八歲而孤適寢則哭於父柩入幃則跪太孺人前求進飦粥又跪求諸父諸舅解勸母也見者皆垂涕年十五入邑庠有名諸生中屏菴嘗草族譜未竟繼其遺墨纂輯成書以歲貢生教諭鳳陽勤於講課一準宋儒胡安定遺意不納諸生贄金歲荒歉食取資於家康熙三十九年方膺保薦以母老遂告歸嘗築室北嚮顏曰陸舟夏則奉太孺人居之築凝暉齋迎陽冬則居之羅田公士基歎

曰寒燠燥溼不愆於時几席琴書不移而具如吾甥者

可謂就養無方矣年六十喪母猶日爲孺子哭廬墓三

年性好施濟屢助振邑里稱其仁惠雍正十年祀鄉賢

弟濳字仲昭諸生賅覽羣籍通敏人事戚黨咸資其計

畫有宕渠叢稿八卷

趙先生諱錧字艮冶師事潘蜀藻爲學號鈍拙獨能躬

修連喪父母五六年不內寢無寒暑皆齊衰家故饒財

田宅逾萬金兄悉據之遂至露處夫婦困辱備至曾無

一言怨怒父有藏鏹數千金陰知其處兄戒勿取或曰

此乃公物子發分其半未爲不義以兄有言遂不取兄

獨掘之去封識如故與人要約必踐斗米百錢時時以周寒生人不知其囊篋實匱以爲有餘貲也藏田有編修以文章傲睨一世獨推服艮治稱曰善人

余先生諱扶上字羣若號十松縣學生性篤孝四歲失母哭奠如成人父一再繼室遇之皆嚴切父沒母益甚敬順久之母更寛慈病亟執其手泣曰汝孝我至矣吾何以報願汝世世生兒皆賢孝如汝耳家貧教授爲生有十松集四卷方言訂誤二卷正史彙集二十四卷

楊先生諱廷驤字漢幟少孤母脫簪珥買書教之年十二郡試弟一補生員母逾七十病篤晨夜哀禱竟得愈

其後母沒。蔬食水飲廬墓年餘遂卒平生頗事撰箸遂
於詩有詩經輯略十六卷子霞舉亦有學行其善事親
疾者又有嚴蝠巢諱紳字用韮國子監生考授州判母
病瞽十餘年朝夕舌舐之目復明凡里中義行力所至
無不自竭張文和聞而歎曰鄉里有此才何可使終老
乎將薦之遽卒有靈壽山人集
陳先生諱紀字封亞號松田乾隆閒諸生幼孤事母孝
母卒貧不克葬殯於野因棲其側淚落草枯其居家尤
嚴祭祀率子婦致齋靜聲斂容奉將酒饌毋遠毋逼謂
逼則神苦於讓遠則神苦於取祭畢傍皇有餘慕餕餘

酒饌同祖以下得徧嘗焉謂其物微而恩意流通吾先人有知必樂甚知曾子事生必請所與則知此矣家貧不能備物惟取其潔謂費出太艱吾先人所不願也居貧厲節受取不苟學者宗之其爲文意旨潤遠許玉峰載數篇陋室纂鈔中餘均佚

馬其昶曰聖人以庸行爲謹後世摛藻之徒喜稱奇異豈知要乎夫潛修砥行既不自襮又不遇立言君子張大其跡則遂湮矣舊志孝友傳述事不詳㮚括贊詞人可施用欲傳其眞未能鑿空道也故余所錄亦寡慕忠菱塘同祀瞽宗艮冶友悌篤至余楊以下竝勤纂述今

別出之其年輩先後所未詳也

# 桐城耆舊傳卷九目錄

邑後學馬其昶通伯譔

汪尙書傳弟九十九

姚辰沅姚巡撫章兵備傳弟百

胡襲參𡺄生甫二先生傳弟九十一　桐城耆舊傳九

胡先生諱宗緒字襲參號嘉遯明參政曾孫康熙五十年舉人薦充明史館纂修官中雍正八年進士授編修遷國子監司業先生十歲而孤家貧母潘氏自課之嚴而有法自非經史便不令寓目先生由是感憤厲節學修兼茂旁逮律曆兵刑六書九章禮儀音律之類莫不究討文詞矜慎不闌入唐以後語方劉並時友善古藻過兩家其多不如晚始通籍遊客爲生所至嚬笑語默傾動坐人嘗變姓名履危地脫骨肉於難及教國子益嚴師法立教條諸生皆服其德箸易管三卷洪範皇極

疑義一卷古今樂通二卷律衍一卷數度衍參註二卷晝夜儀象說象觀歲差新論測量大意梅胡問答九九淺說各一卷正字通芟誤七卷字典發凡一卷正蒙解一卷大學講義二卷方輿攷南河論北河論膠萊河攷臺灣攷兩界辨共六卷苗疆紀事八卷環隅集十二卷司業奏議一卷是時有許多亭諱雨田字深稼曾箸及將子編先生及方侍郎皆賞異之多亭少穎悟日記數千言羣兒共嬉獨晝易卦三禮圖及長博覽有文乾隆二十四年歲貢生箸慎餘堂文十二卷十千居詩六卷詞四卷花閒談助若干卷都樹贍諱蔚師事方位白家

貧厲學有名諸生中有蓼溪詩文集六卷而胡氏又有
諱晟字伯存者輕財喜施窮研經史有左傳分國紀事
十二卷周禮論要十二卷詞林連珠三十二卷先是爲
左氏學者明末有諸生高旦兮諱華其上三世皆爲諸
生有聲旦兮少傳遺業爲左傳紀事本末三十卷義例
詳整別有從先堂文十卷詩六卷
吳先生諱直字生甫一字景良號井遷世居南鄉爲高
甸吳氏少曉悟峻貌孤特文如其人劉海峯師事之與
世落落然同時方侍郎負盛名先生猶以爲不可意也
其學兼通音律好游覽足跡半天下文益奧簡不肯應

舉强之中乾隆元年鄉試終不赴禮部日取四子書讀之自謂精思積二十年始於四子之言有契也此雖文學之名韓歐之譽不足以易之况科第之區區乎嘗游京師孫文定公盧雅雨先生微服出集市樓論證經史先生飲酒樓下聞之大言曰誤矣二公驚愕揖而問之先生爲條辨疑義具道其所以失者二公皆服箸四書雜辨五卷學庸釋義六卷文集四卷詩集二卷經義藥石四卷同時爲古文自喜有名稱者莘農先生諱尹字无咎連城張氏乾隆元年偕兄瑚同第進士由庶常散館授福建長樂令孤介有文師事望溪而文不純似箸

石冠堂詩文鈔六卷經傳世案二十五卷詞章淹雅者
若山先生諱自高字慈受麻溪吳氏廷尉公應琦孫也
乾隆初監生張文和公禮爲上賓章疏恆出其手　上
嘉其慎密授以翰林院待詔後至刑部員外性强記熟
於朝章沿革著有善卷堂四六注秋蔭軒集
馬其昶曰當康雍閒方侍郎倡爲古文學龔參生甫二
先生於侍郎不苟同然皆能自立龔參文成家鄉里顧
少知者讀其文知其行固不爲世俗之爲善乎張瓶山
之言曰學所以明道而道藉文以著若是者宜師古人
昔荆南樂秀才問爲文於歐陽公公教以順時此特外

之不與深言為文必取悅世人耳目無論不得就使得之亦何足榮哉自　國家設科目取士士之揣摩迎合以求必得者何啻萬萬而其岸然自負不為順時之文者數十人而止耳彼順時之萬萬者固往往八九得而此數十人者亦時一二得不盡失論其得之之數此一二得者誠不若八九得者之多然彼以千百而得一此以十而得一校其得失多寡之數如此亦可以思矣且夫論文而必主於順時不順時者不取將論人而必主於鄉愿狂者狷者不取嗚乎此又人心世道之憂不但文之陋已也瓶山諱輔贇字弼宸連城張氏乾隆三十

五年舉人負才奇特箸瓶山集八卷

劉海峯先生傳弟九十二　王晴園　朱歌堂　張勛園　倪司城

劉先生諱大櫆字才甫一字耕南號海峯縣東濱江地曰陳家洲劉氏環居數百戶爲農業多富饒而明崇禎時有官歙縣訓導者諱日燿字發伯鄉里仰其高節其子甡甡子柱先生父也累世皆爲諸生有聲而先生遂以文名天下年二十餘入京師方望溪侍郎奇其文以爲昌黎永叔之儔朝士望塵請交出督學者率請任校閱雍正七年十年兩登副榜竟不獲舉乾隆元年方侍郎薦應詞科大學士張文和公黜落之已而悔十五年

特舉先生經學復不錄逾六十乃得黟縣教諭數年告歸居樅陽江上不復出年八十三卒先生修幹美髯能引拳入口縱聲讀古詩文韻調鏗鏘高談善飲嘗謂姚郎中吾與汝再世交矣初郎中伯父薑塢編修葉書山庶子與先生三人交最篤郎中從編修受經而學文於先生自方侍郎沒後數十年郎中復以古文爲學者宗師由是世并稱方劉姚謂可繼明歸熙父氏郎中之言曰今海內言文者必首侍郎侍郎不爲詩先生則詩與文并至能鎔鑄古人之異體雄豪奧秘才調獨出其稱之如此卒登　國史文苑傳箸文集八卷詩十二卷古

文約選四十八卷歷代詩約選五十二卷論文偶記一

卷子介殤以兄孫郡學生符琢爲後初先生兄諱大賓

字奉之雍正十三年舉人爲山西扶溝令遷貴州普定

姦民訛言擅亂書門壁頃刻攀引近百家呼而切諭之

皆泣下遂杖遣提督欲聞於　朝爭甚力事遂寢又秦

姓民私刻縣印詐取兵糧三十石吏請驗收卒不許曰

我豈以活人者殺人哉嘗自稱人性固有所不能坐寬

慈雖罷斥無恨若谿刻慘急以求遷非余所能也其他

行類此

王先生諱灼字明甫一字悔生號晴園又號濱麓少居

樅陽海峯奇賞之從游八年學銳進繼館於歙與金蕊中程易疇吳殿麟及歸安丁小疋武進張臯文交友臯文顓志經學屬詞喜儷體先生見其黃山賦曰子之才可追古作者因舉所從受文法於海峯者告之後臯文學成其論文必及悔生陽湖派由此起歙鮑覺生侍郎盛推其詩乾隆五十一年舉人選東流教諭主祁門東山書院卒年六十八箸悔生文鈔八卷詩鈔六卷樅陽詩選二十卷今體詩選補四卷子貫之字子一道光二年舉人

朱先生諱雅字介生一字岑南號歌堂福建閩安鎮鹽

課大使諱世弼字翼公其曾祖也有一經樓詩集力追
唐音祖諱璣字元一父諱桂芬字路青有小山集海峯
稱其古體詩雄渾豪放兩世皆爲名諸生以終而先生
舉乾隆五十九年鄉科久困禮部試年七十爲金壇教
諭自少習聞海峯緒論又與王晴園姻也交相勵其爲
人貌寢言訥不苟同多與世忤其憤忼一抒於詩鮑侍
郎最錄之爲介生詩選六卷其同時相唱和者又有汪
吾山諱鍾字寶書乾隆四十四年舉人爲江西靖安令
吳白崖諱巨珩字儒懷弟荃石諱巨琇字靖之二吳並
工詩而白崖書法尤得晉人遺意鄉邑推重之童曉坡

諱先登字誕夫天才清麗有滄遠堂詩草

張先生諱敏求字燮臣號勗園連城張氏其先故宣城梅氏明永樂初贅於張因氏焉代有文儒至勗園恥庵師事海峯爲詩益有名勗園中乾隆六十年舉人選奉賢令憂歸改甘肅漳縣以目疾去官貧餓不能自活惟酣嬉文史有問花亭詩八卷恥庵其大父行也諱水容字汲華乾隆三十九年舉人奉賢訓導深於詩兼通星象算術有環山樓詩文鈔二卷其子鵠字穆生傳其學而性尤喜治說文有方名考說文正字問亭文八卷詩四卷陳世扶諱家勉一字滋皛別號策心子年十餘投

詩海峯海峯驚喜時誦其警句由是名大起居貧厲節
不與俗士通晚歲益困後生益歸嚮之歲貢生吳香畹
諱中蘭字伯芬海峯弟子也受知於大興朱文正兄弟
上元梅伯言郎中序其詩以爲學海峯而主於聲者有
環翠軒文鈔二卷閑存詩草二卷弟中芝清規雅韻秀
絕一時年甫及冠而卒有對溪詩草縣學生嚴東湖諱
青字遙青海峯序其詩亦頗稱焉疏晴墅諱枝春字玉
照乾隆閒歲貢生詩句俊拔始事海峯繼事姚郎中有
詩鈔六卷弟枚年十二朱竹君學士取附縣學逾年補
廩膳生乾隆五十一年學士弟文正公典江南試中式

才而早隕姚郎中爲誌墓甚悼慼之晴墅子簣道光二年進士知永嘉縣許信庵諱節字寶符嘉慶初以歲貢爲英山訓導卒年九十二箸有雞肋集以少從海峯游詩文皆有義法子畹字芳疇號吾田傳其學兼通訓詁考訂道光二十三年更名宗寅舉京兆試箸古邠詩義五卷說文字類若干卷自海峯居樅陽以詩倡後起者凡數十輩惟晴園歌堂勖園最著而海峯同時友工詩盛爲海峯所推敬者曰倪司城

倪先生諱之鏳字司城雍正間貢生以薦舉授中書出使四川總督奏留爲令歷知郿洋南鄭吏才經學皆有

聞而詩尤專家沈鬱蒼勁有杜甫岑參之勝箸高嵌集十二卷一齋集六卷桂先生歆幼有奇慧海峯賞譽其文遂爲名諸生有小山集皆劉姚二先生所點定也其能文而不出海峯門者有榮先生芳講學柳峯東山之麓岆井遷甚敬異之子長春孫鸞家世傳業房先生立誠諸生喜游名山大川所至詩盈帙晚歲結廬浮山於葩經易象研說終身崔先生岩字筱室高懷邁俗好吟詩不事摹擬爲方儀衛所賞自榮先生以下皆莫能言其學淵源所自時先後亦莫詳也而石先生文成字聞琢名稍著乾隆閒以貢生爲寶慶通判閉門靜居不交

俗客有曉堂集十二卷歷朝詩話六卷

馬其昶曰世傳方侍郎自矜重不假借後生然其推挹海峯至矣姚郎中加服膺焉顧世之訾謷之者乃亦多有武昌張廉卿先生謂考據盛而文體碎海峯獨言八家其取徑也正其文亦適至是而止斯可云篤論噫方其窮老荒江之上遠近慕風相從寂寞而不悔彼豈無得而致然哉

方恪敏公傳第九十三 子勤襄公 從子尚書

方公諱觀承字宜田一字遐穀號問亭祖工部主事諱登嶧父內閣中書諱世濟僑居江寗其後南山集禍作

工部父子皆坐戍黑龍江公少遭家難寄食清涼山寺寺僧知爲非常人厚待之毎歲與兄待詔觀永徒步至塞外營養往來南北楞腹重趼數年父祖皆歿益困然因是具知南北阨塞及民情土俗所宜厲志勤學遂成偉器平郡王嘗與語奇之雍正十年王授定邊大將軍征準噶爾奏爲記室　召見賜中書銜時年三十有六矣師旋授內閣中書乾隆初入軍機處累遷吏部郎中出爲直隸清河道布政使浙江巡撫弛絲米之禁開墾海口大疊漲地三萬餘頃歲增雜糧十萬石十四年遂授直隸總督自是居直隸二十年中惟西疆用兵籌兵

餉暫署陜甘總督旋卽返任公有人倫鑒一見卽知其
才器所堪受甄拔下吏後多至大位有名御史林玉范
廷楷言直隸丈量旗地不清公疏謝卽奏二人剛正請
發直隸補官爲助旗地皆王公莊戶故豪縱聞二人負
氣又　上許往爲之稍戢事遂辦直隸浩穰爲天下最
上歲謁　陵盛京避暑木蘭　巡嵩嶽五臺　幸江
浙皆道此又值大軍征伊犂征緬甸供張兵食公神識
淵定應付無缺民不擾累尤盡心於農田水利及溝洫
倉儲諸政自初爲直隸清河道至總督皆掌治水十六
年河決陽武入長垣東明衡潰月隄公按行地勢南高

北下言河南陽武等縣瀝水北注長垣向恃太行古隄
捍衛隄受水齧衝塌法當開引河導入舊河使容納東
注起引河土築新隄則隄外有河疏瀝水河內有隄防
漫溢事半功倍　報可凡永定滹沱白溝等河奇材雜
距等泉俱考其源委判別濬築而永定河尤遷徙靡常
公治之亦不一術始議就北大隄改移下口增建冰窖
減水壩其後水盛大由壩出上流吸刷深通比冰窖下
河身驟低五六尺因議乘就下偏南之勢於王慶坨南
開引河二十里入葉淀由鳳河轉入大清河而厚培坦
坡埝以別清渾不使淀水內漾阻遏河流數年下口復

淤又請於北岸六工開隄放水廷議詰之覆言向北改
移水道循南埝導歸河淀仍以鳳河爲尾閭蓋北埝至
南埝三十餘里瀰漫一片或分或合原足任水蕩漾雖
有向南向北之殊其實無異故就近勢改道便　上每
歎其籌策善非他人執成法者比也　上嘗以北運河
水弱命先到糧艘截留四十萬石貯天津北倉後船水
長抵通倉公請按留數就先到各幫內每艘酌撥若干
卽得輕便抵通倉以撥爲截則應截者均其因事方略
皆此類也公以政在養民其設義倉積貯及教種木棉
民尤德之以謂官爲民計不若民自爲計故義倉守以

民不守以官專爲備不若多所備故貯於鄉不貯於城其建倉必度道里之均齊擇人煙稠聚形勢高阜之處有司勸導俾各出有餘歉歲卽止謹選倉正專司簿鑰通計直隸建倉千數百座貯穀二十八萬五千餘石精繪州縣衞各一圖村莊里數悉具按圖稽倉可知各村之近遠四境之盈絀磁州逆民爲亂奏誅三人絞七人餘皆釋　嚴旨責其寬縱一夕接　廷寄十三　上怒且不測公執不易　詔九卿軍機大臣會鞫卒如公定讞　上愈賢之公素善爲書工詩乾隆初嘗舉博學鴻詞以平郡王監試引嫌稱疾不試師事望溪先生其從

政設施得諸先生緒論爲多治經尤專三禮條論古今因革屬稿未就聞秦樹灃尚書方輯五禮通考悉以畀之又屬戴東原先生撰河渠書百三卷其自爲書曰述本堂集十八卷宜田彙稿問亭集及雜記直隸事凡數十卷家無餘財於桐城及江甯皆建家祠置義田修清涼山寺報微時寄此僧待之厚也兄弟相愛甚遺命與兄待詔同穴初父祖俱稾葬關外公居平邸每歲時必遙望哀泣王感其意爲奏請謫戍身死無餘罪者聽歸葬遂著爲令公在時已加太子太保其薨在乾隆三十三年年七十一　賜祭葬謚恪敏祀直隸名宦及賢良

祠娶劉夫人始公少時省親塞外大雪過氊廬倚檐睡

廬內劉孝廉夢黑虎當門而臥晨起掃雪見公與語大

驚遂妻以女無子撫浙時納一姬入室見攜其大父詩

冊則與公素知因還其家助貲嫁之其後公年六十一

側室吳氏始生子維甸　純皇帝嘗抱至膝前解金絲

佩囊賜之既孤　天子念公勳勞賜內閣中書旋成進

士其後復繼公爲總督而公從子受疇亦以貢生至直

隸總督父子三爲總督皆直隸

勤襄公諱維甸字南耦號葆巖由中書直軍機處乾隆

四十六年成進士以吏部主事隨大學士福康安征臺

灣累遷御史賞花翎五十四年典廣西試晉光祿少卿隨征廓爾喀擢正卿偕尚書蘇淩阿勘獄山東轉太常卿充順天副考官明年授長蘆鹽政坐事奪職發軍臺

特旨寬免賞員外郎仍直軍機處嘉慶四年分校會試累遷內閣侍讀學士隨尚書那彥成治軍關隴授山東按察遷河南布政調陝西就遷巡撫莅任七載蕩平川楚餘匪甯陝新兵叛趨石泉遣將擊走之已而繼勇侯德楞泰請釋叛兵歸伍　上責其寬縱　命公嚴訊定議因疏陳善後六事從之漢中鹽法向不持官引任土商徵課足卽取官引截角繳銷謂之空截引角苛勒

無藝販運裹足公請改漢中鹽課入地丁杜土商苛取鹽價益賤十四年擢閩浙總督剿除蔡牽餘黨親渡海治臺灣械闘嚴懲之又爲條教化導設約長族長令相約束禁隸役黨護由是獷悍稍息以母老固請歸養

上曰人子至情朕不忍拂也允之 命赴浙勘獄明年

特召爲軍機大臣且諭維甸母在北久風土素習維甸朝夕散直仍可侍養卽 巡幸不令隨往朕於維甸母子體念之無不至維甸當喻此意公固陳母病亟不能離旋丁母憂 遣大臣奠醊林清謀逆李文成等據滑縣 特起公直隸總督仍許持素服公聞 命卽馳

赴軍而疏辭職任會那彥成公已奏捷　温旨令轉程
守制致毁疾二十年六月薨於里第　贈太子少保
賜祭葬謚勤襄公清介幹濟有孝義之稱奏議詩篇家
人誤投之火長女仲蕙彙錄遺稿得二卷子七人傳穆
字彥和以舉人候選中書嘉慶二十四年賞進士由編
修官延建邵道坐事左遷沅州知府傳植字小巖濮州
知州
尚書諱受疇字次耘號來青父諱觀本渥源公少子也
尚書始以鹽課大使發兩淮洊歷直隸大名府調保定
擢清河道以事罷嘉慶初給道銜赴伊犂委用閱五載

召還授蘇松糧道改通永道遷河南按察調直隸布政　賜花翎晉浙江巡撫俄移河南時河水漫睢州賊據滑縣又歲旱大疫治兵籌餉振災築隄工作同時並舉無不辦旋授直隸總督公在畿輔久習於吏治民俗政化大行　駕幸奉天值大水灤河橋圮千餘丈浹旬告成及　成皇帝奉　仁廟梓宮旋自熱河由古北口至車道溝路險峻公相度指授倉卒修墊寬坦安行加太子少保後以疾告歸卒於途歸裝簡素人服其廉

馬其昶曰方氏自五世斷事有二子其後分七房三房在明有桂林四房有瓊州少卿副憲至　本朝皆少替

矣其弟七房亦多舉甲乙科者惟中一房六房最盛中一房天台後有明善六房太僕後有副使詹事兄弟恪敏祖工部實六房學士諱元成子而出嗣中一房觀察諱兆及恪敏於斷事爲十二世孫一門之內三秉節鉞何其盛也然如恪敏學優從政爲時名臣又豈一族一邑之望哉

張逸園傳第九十四

張公諱若瀛字印沙號逸園高祖諱士繡參政子也曾祖諱秉貞崇禎四年進士爲浙江巡撫　國朝兵部尚書謚僖和祖諱茂稷字子藝不就廕補刻勵於詩有芸

圖集父諱廷瑞年十二刲股療母疾夢神告曰增汝母
六齡母果後六年卒祀鄉賢有三子公其季也長諱若
淮字樹穀號墨莊雍正八年進士累遷刑部侍郎左都
御史金壇于文襄惡之坐事劾問卒得直引年歸後入
都與千叟宴年至八十五都御史爲人敦謹而公强果
不避勢初以諸生爲熱河巡檢熱河今承德府始未設
府縣以巡檢統地逾百里　天子歲巡駐四方民錯處
公以嚴能治辦道遇畱守內監爲僧者于文煥橫肆立
呼至杖之於是熱河內府總管怒奏巡檢擅杖近御不
道直隸總督亦劾奏　高宗聞之顧喜巡檢强毅不之

罪其後爲良鄉知縣遷順天府南路同知旗民張達祖
居首輔傅忠勇公門下始有地數百頃旣斥賣久之地
値騰踊達祖以故買取地民不服經數官不敢爲民直
公至傅頗使人道地公不可卒以田歸民俄坐捕盜不
承當罷職　上閱其名識之令以知縣發甘肅時　上
意頗嚮用然大臣固少助者卒降官在甘肅二年嘗爲
張掖復營兵所奪民渠水利又以張掖黑河道屢遷固
請督撫奏河所過田數百頃爲沙礫者除其歲輸糧草
時甘肅官吏瘠苦相率僞報災請振公獨不肯爲已而
爲者皆敗世益賢之引疾歸會都御史進用　上數顧

詢公故年逾六十復出補直隸撫甯縣旋以子鴻恩官兵部郎中受封朝議例不爲縣遂去歸營別業署曰逸園言己不得盡力爲國勞而苟逸也人以逸園稱之鴻恩至延平知府當乾隆時官直隸爲名宦者又有方嵋爲涿州州同二年夏大水浸城振溺有功長垣縣丞吳鋼字曉蒙開舊城河濬黃家集甘家堂二渠卓異就遷知縣修治城垣學校壇廟倉廒百廢競舉擢永定河南岸同知赤城知縣黃艮棟字晉僊二十六年調龍門革規費加意課學其孫安泰知沔陽州亦有績自方涿州以下均載畿輔志吳公諱逢聖字眉爽乾隆二十五年

舉人至臺灣知府讞獄如家人對語不事鞭扑盡得情
僞解組歸渡海猝遇盜舟盜窺其虛橐相率引去詩才
雄逸有鐵儂詩鈔四卷
馬其昶曰惜抱軒集有逸園家傳余觀其名園之意知
其老不忘世用也嘗怪張氏家風皆內自守外不陵物
取勝而公獨著彊毅之節張氏仕宦多至大官而公獨
屈於縣令賢者固未易測邪乃頗採姚先生文著於篇
方副使許高郵方彭水傳弟九十五
方公諱浩字孟亭太僕長子體乾五世孫也高祖諱畿
字奕于清雋拔俗工爲詩其書法鍾王人得之目爲二

寶順治閒以恩貢授河南府推官活纍囚數十八遷漢
中府同知告歸晚自號四松祖諱曾祐字受斯以明經
授休寧訓導捐金修學宮尊經閣貧生勵學者館而教
課之無倦容遷廣德州學正祀休寧遺教祠父諱元履
副貢生與弟舉人諱元醴皆有高才不遇其卒也劉海
峯皆誌其墓公雍正八年進士知山西太原祁縣調陽
曲遷保德州又知隰州平定二州隰民羣聚持戒約素食
號大乘教公悉召教民數百至庭啖以酒肉民傳說徧
遠近其後逮捕大乘黨比郡皆擾獨隰不問在平定姦
民乘旱聚眾求糶轂譟於庭公出坐堂皇取獄中他囚

痛杖之被脅者稍稍去乃徐召姦民慰諭令退歸待命明日陰捕渠魁一人論如法遂以無事遷知蒲州府移潞安會　天子巡狩中嶽取道澤潞吏白近驛田苗被道當⿱艹嬦公曰　鑾輿未出先廢民耕作非所以宜　上德意且　行至期遠卒不⿱艹嬦苗事亦辦擢江西廣饒九南道按察副使俄調吉南贛道罣吏議循例復職卒於都誌墓文亦出海峯族父綺亭公諱求義字樂巢詹事拱乾四世孫也雍正時以貢士與修　實錄敘官得贛州之龍南邊邑僻簡一推朴誠爲治縣有廖氏兄弟橫暴號蛟蛇豹虎公呼至庭善諭之諸廖感激遂不爲害

攝安遠值歲歉布政使懲吏胥姦弊下令毋得擅糶倉穀公獨喟曰藏穀以爲民也災而不糶安用穀爲乃傾倉以糶通牒大府言災狀布政愕然巡撫陳文恭公激賞之由是他邑相繼請糶全活不可勝數解任歸葬再起補上猶及前歷署他邑皆有聲而海峯爲之傳稱其教育兄弟孤子無異己子蓋非特循吏也其門內之行尤人所難及云

許公諱邁字嘯斗號石村先世明時有諱道者遷居桐城黃華里遂爲士族父諱德字符高以樸學篤行見推鄉里上至高祖三世皆諸生公以拔貢　廷試一等教

習咸安宮將爲縣丁外艱歸乾隆十七年中順天鄉試
弟二選高郵州學正高郵當黃淮之衝黃淮敵則洪澤
召伯諸湖泛溢比歲爲災公襄辦振事按冊稽戶口不
可侵欺至於捕蝗救麥勘田免浮賦皆躬其勞不以儒
官自嫌也子鑌乾隆四十五年舉人湖南會同知縣孫
丙椿字若秋歲貢生以大年　賜舉人箸斆園詩談曾
孫奉恩字叔坪有雋才詩文皆知名其族稱吏能者又
有松江府通判諱曾裕字嵛高父以倖直爲族人所搆
訟發憤死獄久不決復具控十餘年始得直公既理父
前枉乃入貲補官得松江地濱海舊設巡海鳥船官監

修卒侵漁船遇風輒壞又河道易塡淤民間積挑濬費巨萬由官督工二者皆通判大利公獨不私取親量度修廣使其工不得尺寸有差而鳥船亦完堅民立石紀其事劝子國從海峯遊因請爲之傳

方公諱懷萱字蓋臣號莊亭黃華方氏少孤從海峯先生學以文名諸生閒乾隆四十八年舉人大挑用知縣發四川攝南溪除蠹役剔陋規編行保甲受代去民遮道泣送權敘州雷波通判自雍正六年雷波入版圖至是六十餘年未立學士附試鄰郡邑君校試得三百八首創修孔子廟因請大府上奏援越巂馬邊例置訓導

官一人設文武學額六八士忻忻向化歷署安縣彭水皆有名績初彭水民控部言錢糧浮收事下縣議覆前令率因循公遂覈減額外耗數或諷以耗減辦公費無出如巨虧何歎曰吾不暇自爲計也植鐵牌堂下永禁斷之

馬其昶曰方爲顯姓其族繁可述者多潞安仍父子見紀海峯幸矣黃華之方與桂林別族又稱許方氏蓋居黃華里者或曰方或曰許然實皆同姓云

姚編修葉庶子傳弟九十六

姚先生諱範字南青號薑塢祖羅田公爲名宦先生蚤

孤博涉多聞嘗與葉花南王中涵劉海峯方苎川諸先
生約登樓共學期十年不下為舉世不好之文乾隆元
年舉順天鄉試第二又六年成進士授編修充三禮館
纂修順天鄉試同考時張氏文和公秉樞機中外要職
相望張姚故世姻先生獨以學行自高不相依附同年
錢唐袁簡齋負才名嘗出都文士集送徵題盈軸先生
嘿爾袁曰姚君著述千萬言臨別贈我無一語意蓋憾
之天台齊息園山陰胡稚威常熟邵叔宀仁和杭堇浦
尤重先生謂姚君之學不可涯涘窺也蓋自經史百家
天文地志小學訓詁以逮二氏之説無不貫綜操行一

準儒先未嘗撰述蓄書十萬餘卷手自勘校於十三經注疏史記漢書通鑑文選尤所深嗜凡墜簡譌音乖義一一是正朱墨不去手其談藝尤精深從子惜抱先生翕傳其學顯名天下先生在翰林不十年即致仕歸往來天津揚州主講年七十卒祀鄉賢惜抱嘗欲就諸書眉端整理遺說不果成後四十年其曾孫按察瑩乃輯而刊之為援鶉堂筆記五十卷又有文集七卷詩集六卷子義輪乾隆十八年舉人廣西南甯同知登二十一年舉人斟元字春樹縣學增生學行尤高孫憲字彥卬受古文法於惜抱有問漪存槀春樹再傳為按察自有

傳初先生所與共學期爲舉世不好之文者又有方耕
石諱輔讀字頌椒縣學生孝友肫篤年八十三卒孫長
庚刑部主事曾孫朝觀進士未廷試卒從子相褒字揚
廷乾隆四十八年舉人主講宣化府保安州書院數十
年言論坦誠遇人皆親愛如骨肉妻顧氏能詩客至輒
聞歌詠聲滿室嘉道閒有張石倚先生諱元輅者字虬
御師事惜抱然其學則與薑塢略近讐校經籍至老不
輟旁行箋記書紙皆滿工小篆尤篤嗜說文選授廣西
州吏目氣貌矜高不以卑官自屈巡撫謝啟昆聘修通
志書成以病自免歸箸正韻篆字校五卷校補一卷

葉先生諱西字書山號花南曾祖諱組字紫若實齋公三子也少補學官弟子爲再從兄燦所賞愛後疊奉家諱以毁卒時論稱其死孝祖諱愈植諸生有學行父諱瓏字麗東與方望溪胡襲參周聘侯友善先生少傳父業乾隆元年以縣學生應博學鴻詞試四年成進士入翰林累遷國子監司業左春坊左庶子降補翰林院編修嘗充河南鄉試考官又視學貴州湖南奏裁贄見陋規以清修見重主講鍾山書院十餘年其學務窮遺經必求當聖人之旨師法望溪先生每見輒舉諸經疑義相質嘗謂春秋文成數萬義炳日星其於國體民彝所

係見之者大故其持之也嚴盛衰升降所由窺之者微故其指之也切稱乎事裁之以義故其義恆隨時而不拘取其義綴之於文故其文每比類以相錯通史例以適變發疑端而見情故有文立於此取義在彼者要皆本撥亂返治之心以垂教天下萬世於是箸春秋究遺十六卷大旨遵望溪之說稍有從違　四庫著錄又箸易經補義十二卷詩經拾遺十三卷卒年八十一　孫馥字鶴灘官汝上知縣卒於任貧不能歸葬州城外乾隆時又有章先生諱守待字眉二一字觀頤歲貢生孝友篤謹侍養左右有定程恆以明經體道爲志鄉里仰爲

大師卒年八十七門人私謚祗殖先生箸周易定解十二卷左傳採珠十六卷鋤經堂集十四卷頤菴詩集若干卷

馬其昶曰編修精博庶子顓篤兩人交相厚顧所學異趣當時望溪先生號專經其治經多取心裁不甚資佐證庶子守師說不移編修齗齗時見駮正亦由漢宋之分途也要之敦行立節則三先生固有其大同者後之學者可觀其通焉

張苦竹吳仁齋吳漪瀾傳弟九十七

張先生諱純字吾未父諱承錫字來遠以孝聞既鰥不

再娶與老父同寢處每薙髮必謹藏之曰受之父母不敢毀傷也先生亦篤孝嘗以親病夜歸行山中虎踞道叱之虎避去能詩工大小篆所居曰苦竹山房自號苦竹山人偶卽竹根爲篆印隨方圓修短刻之類古法物人爭寶焉以此營甘旨親沒乃出游攜其竹印滿笥後歸自淮苦竹山房毀於蛟乃徒跣以尋父柩終不得復走浙祈夢于公廟無夢痛哭返奉父遺髮葬之唐翰林赤子題曰髮冢自是希復刻印時時哭未幾卒著有篆會及苦竹山房詩稿八卷其孫颿字用敷詩篆隸有祖風爲應舉文汪洋不中程式有高節縣令嘗三謁門不

內身脩八尺面黧黑人誚曰野人遂欣然自號張野人
野人與吳海屏最善海屏諱繆爲詩好孟襄陽隱縣北
篤山稱獨秀山人嘗著布衫破襪遊眺山閒或荷鋤攜
罇隨所至顧影長歌妻貴族女也亦與同趣箸有歸雅
堂集六卷與野人齊名
吳先生諱甌玉號仁齋縣學生有儁才能文不屑事章
句時以功名自許既困不見用遂隱於醫也施治輒效
不受餽謝有對鷗軒文集十五卷醫學尋宗八卷子挹
桂字亦肇師事同族井遷先生事父至孝父性嚴急能
以色養常終夜不解衣臥聞呼輒至曾不淹晷箸儀禮

要義八卷續禮纂言十卷希顔堂文集十二卷子逢盛
字紉甫號絅菴嘉慶六年舉人世傳儒學爲鄉里大師
箸三禮考異卒年八十嘗稱其王父意度恢闊始署其
齋曰勤至晚歲精心醫術乃易曰仁齋先是縣人有陳
禹臣者賣藥壽春性方直不與人款曲久處而益親嘗
遇孫麻山先生相與論學悅之既而曰老矣不能有所
成顧當力制此心使不入於非辟耳居壽春十餘年遂
以旅卒壽春人無少長皆哭之痛曰是嘗活我其爲方
不知所從受類有別傳者要其於醫不如嚴氏之精專
則菴嚴先生諱宮方博覽方書於營衞虛實洞悉微奥

其治常疾無以異人羣醫所束手者輒奇驗人求其方
亦莫或知其奇也子診字尊五縣學生不樂應舉展素
靈書則心開亦多治驗後以其術授子大勳大勳以授
子統統以授子瑾瑾字春來能預決人死期有貧者就
診喜給與藥物而不取值因落其家不悔也金陵彭鏡
湖稱曰仁醫箸有醫學指南醫方闢謬嚴氏既以醫世
其家諸嚴業醫者多舊志又有嚴大鵬字廣譽號仁軒
父爲時名醫不言尊五子疑卽尊五也年八十餘輯醫
學十三科世服其精仁軒孫顥字守愚號克齋有雜症
一貫女科心會虛損元機非風條辨等書而姚姬傳先

生又嘗序醫方捷訣云嚴氏之先有則菴者爲術神驗其孫以恬能繼其學出其遺書曰捷訣者以示余其言簡直使人易入能盡疾病之變肰以恬殆即大勳字矣今其書亦未見傳本

吳蘢字龍海號漪瀾操薙髮業弟鯨則傭也居練潭蘢能詩詩清雋邁俗家貧不娶斷句云浮生不學林和靖鶴子梅妻累尚多得錢即沽酒盡醉醉則長吟詩篇然深自匿晦旣死鎮人得其詩爲築墳磨箕山麓題曰詩人吳蘢墓蘢亦豫爲一詩自題其碣詩云生前一醉渾如死死後還如大醉眠落日蒼山煙霧裏亂蓬荒冢不知年因並刻之凡所築墳助錢鯨皆籍其名氏逾年叩門拜

而還之必受乃已曰吾兄自食其力不以累人豈以死遺兄志哉鯨行如此潛山熊善維爲作二吳傳又重刻其詩曰愛吾廬詩鈔

馬其昶曰苦竹山人刻竹篆印爲時絕技要其舉念不忘親是類有道者夫士不得志蓬蒿而行奚所處而不可若嚴氏世醫茂育有賴焉三代設官而氏其族曷嘗鄙爲小道致遠恐泥殆不然也

先一齋府君傳弟九十八　子復堂公

一齋府君諱翩飛字震卿先六世祖存彝公諱鳴鸞長子也少有高趣讀四書集注歎曰道在是矣舍是皆旁

蹊不足託因遂益求宋儒書研悅終身其學以孝弟爲
本以隨時省察隨事實踐爲用深契河南主一之旨自
號曰一齋乾隆元年　詔舉孝廉方正有司具牒申名
固謝卻之主講席於邑樅陽及蘇州虞山松陵閒時吳
中士風尚考證言性理者又頗雜釋氏府君深戒及門
毋誘惑勢利嘗謂君子下學上達鄙下學之功高談盡
性此明季儒者之失禁上達之事不道畢世用力訓詁
考訂此近代儒者之失閒與諸子平裁及之不專事擊
掊居室致謹喪祭之儀潛思孤詣棄遺聲利故舊或稔
其貧有所餽接其澹靜便不能發廬墓時巡撫陽湖潘

敏惠公修式廬禮固請見之不得也易書皆有篹錄門人林明倫守衢州取去並詩文鈔皆佚後輯殘稿爲翊翊齋遺書四卷方植之先生讀之以爲勝胡石莊繹志弟占鼇字載陽官中城兵馬司指揮有廉聲鵬飛字樂山考授州同知改知縣令靖江興團河港水利支流凡百餘又開濬江口五港鄰邑水至不爲害署宿遷期年清積案千餘訟事清簡風教大行舉江南治行弟一遷河南知府補歸德從子鼎梅字汝爲官思恩知府工爲詩姚郎中賞其五言朴直入古箸代躬耕詩鈔二卷初中城歸德始仕父存彝公爲書戒之曰吾願女曹以善

養不願以祿養也諸子聞訓兢兢至於恩恩無敢失墜
而府君於諸弟雖篤愛亦時以大義相砌勉若嚴師然
其里中著籍從游最久者有陳立山諱啟佑字倫表府
君稱其敦善行勵名節庶幾振拔之士乾隆六年舉人
官四川定遠縣
府君長子我高祖復堂公諱春生字宣和介直好學家
世傳業以朱子小學爲始教又益淹貫羣籍邃心三禮
箸有羣經擇義會稽梁文定公夙相欽重及督學安徽
謂拔萃羣士無俟他選而公已膺歲薦需次訓導先卒
矣晚近鮮讀喪禮余家自一齋府君承存彝公訓獨守

禮經而公繼之天性純孝慨然欲挽頽習每對學者拳拳斯義及居一齋府君憂盡哀盡制始死如之終喪亦如之弔者大感謂自一齋府君後爲再見也弟雨耕公諱春田字晴田廩貢生風操高峙工詩及書與姚惜抱先生爲交友箸乃亭詩集八卷從孫肇元號鹿坪以廩貢生舉咸豐元年孝廉方正粵寇至被害得　卹廕其學澤古深深亦不戾時門下受業通顯者至數十人箸周書年月考二卷

其祀謹按當府君時講學者爭欲易程朱之幟而府君獨守其學不變其後亦有深排良知考據之蔽者而府

君之論又不爲過激以是無赫赫名遺書具在唯一二
知言君子歎慕寂寞之中耳傳曰君子之道闇然日章
吾家子姓欲爲府君之學者尙其從事於闇然者與

汪尙書傳弟九十九

汪公諱志伊字莘農號稼門祖諱以岱父諱時芬皆有
隱德乾隆三十六年舉順天試以大臣薦入　四庫館
敘知縣發山西署武鄉縣事甫下車革陋規懲猾賊清
訟獄數月大治歷署交城武寨陵川陽武補靈石調榆
次遷霍州知州江蘇鎭江蘇州知府蘇松常鎭太督糧
道皆有聲五十七年擢江蘇按察明年遷甘肅布政調

浙江坐事降級嘉慶二年復由江西按察進福建布政具疏謝　恩　上曰尋以汝撫閩矣公自起家縣令不二十年至開府任封圻凡所行必本實心既老自營生壙署曰實心藏又嘗自號實夫云初任靈石病催科擾累置木皁五十背書里分數目以次傳遞民爭輸納代州民孟木成殺人已定讞情實矣而其弟呼冤時公知霍州大吏檄公往按公至辨其誣平反之衆論讙譁太守護前失諸原審官蠭起佐之勢洶洶不決於是　欽差大臣馳驛至亦以衆持之堅而重違之也則曰孟木成爲　皇上勾到之犯何得妄釋法當嚴參公抗聲曰

皇上所勾有罪之犯職所釋無罪之人如必欲殺無
罪者則職揭部科文隨大人摺去矣孟木成得不死公
以此知名江蘇漕重積敝其規費銀出州縣者曰漕規
曰臨倉規二者入官出運丁者曰輪調水次規曰庫扣
平餘二者入官亦入吏其全入吏者一曰糧書飯食規
運丁規費錢無所出則取諸州縣之兌漕州縣規費兌
漕費又無出則又取諸開徵之浮收勒折公督糧江蘇
及布政浙江念清漕政必自身始先除規費之入官者
然後以次裁革設科條使輸者不困而官運充及再爲
布政未幾遂開府閩中是時海盜蔡牽方縱橫海上而

泉漳械鬭及會匪風尤烈公獨持大體豁民欠鋤姦僧治縣吏諱盜之罪嚴捕役汎兵豢賊之誅言者或請禁商販過海公覆奏閩洋操舟業者百萬概令禁斷是驅之爲盜事寢不行明年入覲乞病歸八年起家署副都御史刑部左侍郎　命讞獄江西途次除江蘇巡撫洪澤湖衝決淮揚水災鉅而徐海苦旱手輯荒政輯要授屬吏多所全濟十一年晉工部尚書授湖廣總督時秦蜀餘匪多潛跡兩湖大澤中盜賊充斥又自乾隆戊申辛亥大水濱江漢州縣湮沒民田九百二十餘區公既莅任即親駕小舟歷漫口審其要害奏請治之堵塞疏

濬各數十所建二閘於茅江口福田寺以時啟閉其沙壓及不能消涸者減則豁糧三年工竣圩田產穀三穗歲用大熟而其治湖盜事尤神洞庭湖周千里環列三郡一州所領縣八九汊港交錯盜出沒不可蹤跡公視事旬日敕自令丞下日見十八周復始閒呼一人獨見厲使其才幹者外出按驗給資費輒出數十人受記册得漏言於是皆知羣盜主名區處彼此互證一縣報盜檄下各縣分捕客寄詭名無所匿應時卽得盜驚駭潰散或自湔爲良民然後每汊設一簿尉百餘里一丞倅而統以監司長老傳　國朝二百年來唯前總督吳公

達善及公能使居民安枕不苦盜十五年移督閩浙初公之撫閩也兼權督篆閩人黃文海素狡黠投安南爲總兵官挾其衆請降許之未至而水師別獲盜首諸將請綏戮以招文海公曰抗拒者誅順歸者赦律也違常律黠者且疑矣竟戮之而文海果至諸將咸服及再莅閩蔡牽已死公念大盜雖殄滅而洋匪會匪不靖終無能治安乃益嚴捕緝斷接濟海盜黃治窮蹙縛而誅之其黨哭屬懼率衆六百降故事盜首降輒予官公曰是賞盜也盜豈有甯日哉奏請遣戍連得魁率洋匪平閩故有天地雙刀等會熊毛復創立仁義會作符書授張

顯魯煽誘眾事覺顯魯伏誅熊毛遁公密令甯化生員李玉衡出不意誅之奏　賜玉衡舉人會匪亦斂跡臺灣附山新闢噶瑪蘭地民番流寓成聚落因奏設文武員弁築城建署清甲糧劃地界籌生熟社番生計使相安業公先後在閩踰十年堅明約束人亦習於其政當官多自愛俗尚漸樸二十二年予告歸旋坐朱履中誣訐布政使李公賡芸贓私李自盡督撫皆罷職二十三年二月二十四日以疾薨年七十六公天性清儉每按部騶從纔數人廚傳蕭然嘗由制府假歸故舊候問令子弟侍側奉饌具僕從咸閉之一室其講學不喜立名

所至必修治書院以興賢才爲急當和珅秉政時特立不依附世尤重之箸近腐齋詩集十卷文集七卷稼門奏稿十二卷官鑑輯要十三卷荒政輯要十卷學規輯要六卷養正詩四卷家範節韻幼儀蒙養約矩各一卷子六人正修以恩廕授江西廣信府通判正榮弱冠知名爲五言古詩及樂府小令風味超雋內行甚篤早卒時論惜之孫鎮光諸生有逸才從孫錚初名覲光字叔瞻道光二十四年年逾六十成進士未幾卒其學不分主漢宋以躬修孝弟爲本於六書音韻算學皆究心焉子先烺二十七年進士

馬其昶曰李公賡芸之獄可謂冤矣然當其爲朱履中
所持固當驗問明白豈知其閶穢遽自縊乎朱履中者
險忮人也貌樸誠李守漳州憂民俗械鬭履中言當用
教化李信之任爲龍溪令言不讐械鬭如故李自率軍
治獄龍溪怒其不職左遷履中教職履中大憾會虧帑
金遂誣揭道府婪索時公爲總督李由道遷藩司矣先
是李率軍至龍溪費帑金七百與履中分任之又嘗用
龍溪銀三千修戰船故事漳廠修船主於道司銀未至
即縣中支付而道償之非贓私也李時去任其家人取
銀履中以蔵事未告也及質訊履中摭前二事爲言家

人自承取銀事有之而李愷不知公由是稍稍疑之李故出公門又嘗論薦其清正事發務欲窮竟承讞者復持之急李不能堪遂死然李本艮吏閩人德之又優文學交游廣人痛其非命故爭咎當時督撫矣

姚辰沅姚巡撫章兵備傳弟百

姚公諱興潔字香南開化曾孫少有異才五試不薦乾隆六十年湖南苗作亂單騎從軍經略福康安公檄至鳳凰廳協贊同知傅公鼐軍事廳駐鎮筸爲辰沅要地苗突至佐傅公捍禦圍解調隨大軍奏保知茶陵州公以苗酋雖就捕諸寨猶負固不下仍請隨軍擢鳳凰廳

同知益銳意擊賊遂破兩頭洋大寨上尚寨苗僞請撫
公奮然往受傅公時爲辰沅道知其詐追止之不可及
寨大雨苗所伏火器盡溼計敗倉猝中散因禽其酋歸
寨遂下嘉慶九年秋餘苗悉平公策善後首言屯田傅
公條奏其利卽任公屯事十三年辰沅道傅公簡按察
使而公遂以知府銜擢署辰沅道講武務農威惠大著
公涉歷苗疆幾二十年謀議輒與傅公合以是相得遂
相與終始苗事十六年眞除　特旨褒嘉謂與傅鼐繼
美俄疾卒苗民上巡撫請祠　報可時傅公已歿因并
祀之曰傅姚二公祠

姚公諱棻字鐵松高祖諱文龕職方子也曾祖諱士至以嗣子善事節母有孝稱公少孤貧母守節撫育戚黨恆少助者乾隆二十六年進士授湖北宣恩縣改甘肅靖遠興義學立集場造水車教民溉田開金石峴利行旅民咸便之調皋蘭會鹽茶廳有盜殺人不獲執民張舉教之誣服總督檄公覆訊平反之後復偕游擊捕鹽茶廳盜得其魁　上嘉其才幹調固原州遷湖北安陸武昌施南福建漳州等府調福州　上曰漳州俗悍難治倍福州朕素知棻能故任之豈可漫易尋擢汀漳龍道五十年授廣東按察使陛見　上詢知公母年逾八

十苦節六十年　賜扁額大緞貂皮　諭令返籍迎養
母公感　聖孝錫類至於泣下再擢江西布政使署巡
撫建豐城石隄以母憂去官服滿署廣西巡撫授貴州
改雲南以軍事未竣畱貴陽俄授福建巡撫坐前任汀
漳龍道所屬虧官帑當解任待質仍　加恩許畱任治
盜嚴速檢積案前所犯盡破獲以痺病乞休卒於家公
性至孝母怒輒長跪痛少時無以養遇鄉人每落落惟
捐試貧田以培寒畯子覲閶字五琦刑部郎中遇戚黨
乃益加厚鄉譽洽然有卿門稿愛春軒詩草心影山房
續稿又輯桐城詩萃三十二卷

章公諱攀桂字華國一字淮樹性通濟智算絕人歷仕甘肅渭源武威知縣遷江南鎮江府調江甯所在以幹略稱　高宗屢南巡狩自鎮江至江甯皆陸行　詔視水道有可通者濬之眾議昔吳陳勳鑿句容破岡瀆下達毗陵六朝因之隋始廢今可復也公察其形勢以爲句容茅山岡石巨勢高難施鑿縱成瀆固非閘不可儲水勞費無已不若從上元東北攝山下鑿烏金珠刀槍河故道便奏　上如議行卽以公監役鑿瀆百里達丹徒既成謂之新河　御舟行甚安兩岸编篨列肆拔大垂楊築之風景如圖畫　聖心大懽其後商民避江險

卒行新河爲永利公所建也時方以蘇松糧道署吏議

上巡至卽授松太兵備道後迎母不肯至遽請告歸

逾年母卒遂終不出公名好士通釋典事佛甚精或里

居或居金陵家畜聲伎又多藏前古名蹟同里姚郎中

丹徒王禹卿太守時主其家乾隆五十年桐城大災出

萬金以振人謂其富能濟窮貴能勇退

馬其昶曰辰沅出自湘潭巡撫自副使辰沅年小滅於

巡撫而行輩先一世其才略皆優也兵備初令甘肅時

巡撫方在蘭州爲首縣以同官同鄉里事巡撫母太夫

人如家子弟卽事有難了先求見太夫人太夫人以命

子無敢不諾故巡撫每朝見太夫人聞兵備先至未嘗不愓愓也其權以濟變如此余聞之表叔張轂生云

# 桐城耆舊傳卷十目錄

邑後學馬其昶通伯譔

桐城耆舊傳十

姚惜抱先生傳弟百一

姚先生諱鼐字姬傳一字夢穀名其軒曰惜抱學者稱惜抱先生當乾嘉之際先生以善爲詩古文辭名天下桐城古文之傳自望溪侍郎劉海峯學博繼之先生少傳業伯父薑塢編修而親受文法於學博聰明壽考不營世榮以肆於學徒衆彌盛於是撰古文辭類篹七十四卷以盡古今文體之則鈔五七言今體詩十六卷以明振雅祛邪之旨歷城周編修書昌爲語曰天下文章其在桐城乎因有桐城宗派之目近時湘鄉曾文正公益推衍之明其統系被及數省又以先生閎識遠抱上

以躋諸古仁聖賢人之列而自附於私淑之徒由是其
學益大振先生祖孔鋏府學增生早卒二子長薑塢編
修次諱淑先生父也母陳氏雍正初進士臨海令諱嵩
鑑女　旌節孝先生乾隆二十八年進士選庶常改禮
部主事充山東湖南副考官會試同考得士孔檢討廣
森錢通政灃尤知名再遷刑部郎中諸城劉文正公大
興朱竹君學士薦入　四庫館爲纂修官時非翰林與
纂修者八人先生及戴東原程魚門任幼植爲尤著書
竣文正以御史薦記名矣未幾文正薨遂乞養歸梁階
平相國屬所親趣先生出當疏薦先生謝之集中所爲

復張君書也自乾隆中葉海內魁儒風尙漢學而河閒紀文達公爲書局總纂尤喜隱譏宋儒義理之說先生獨謂漢儒承秦滅學之後各抱一經師弟傳受不相通曉久之通儒漸出貫穿羣經左右證明擇其長說及其敝也雜之以讖緯亂之以怪辟猥碎世又譏之蓋魏晉之閒空虛之談興以章句爲塵垢放誕頽壞迄亡天下自是南北乖分學術異尙五百餘年唐一天下兼採南北之長定爲義疏明示統貫而所取或是或非未有折衷宋之時眞儒乃得聖人之旨羣經略有定說元明守之著爲功令當明佚君亂政屢作士大夫維持綱紀明

守節義使明久而後亡其宋儒論學之效哉且夫天地之運久則必變是故夏尚忠商尚質周尚文學者之變也有大儒操其本而齊其弊則所尚也賢於其故否則不及其故自漢以來皆然已明末至今日學者頗厭功令所載爲習聞又惡陋儒不考古而蔽於近於是專求古人名物制度訓詁書數以博爲量以闚隙攻難爲功其甚者欲盡舍程朱而宗漢之士獵枝去根蒐細遺鉅甯非蔽與夫漢人之爲言非無有善於宋而當從者博聞强識以助宋君子之所遺則可也以將跨越宋君子則不可也故其論學以義理考據詞章三者不可偏廢

必義理爲質而後文詞有所附考據有所歸一編之內
惟此尤兢兢告歸之年甫踰强仕當時已負天下重名
使循資以進固可迴翔至卿貳而超然高舉不俟終日
者徒以論學不能苟同也自是歷主鍾山梅花紫陽敬
敷書院數十年家貧踰八十猶資教授以生竟卒於外
可謂大雅宏達特立不惑之君子已其論文以謂天地
之道陰陽剛柔而已文者天地之精英而陰陽剛柔之
發也二者糅而氣有多寡進絀則品次億萬以至於不
可窮糅而偏勝可也偏勝之極一有一絕無與夫剛不
足爲剛柔不足爲柔者皆不可以言文又謂文事所能

致力者陳理義必明當布置取舍繁簡不失法辭雅馴不蕪古今至此者不數得然尚非文之至文之至者通乎神明人力不及施也蓋其學深造自得故多詣極之言清約寡欲與人處終日無忤自然高邁少羸善病及嘉慶十五年年八十與陽湖趙先生翼重赴鹿鳴筵宴神明如五六十時　詔加四品銜又五年卒祀鄉賢所自著書曰九經說十九卷三傳補註三卷老子章義一卷莊子章義十卷惜抱軒文集十六卷文後集十二卷詩集十卷法帖題跋一卷筆記十卷書錄四卷尺牘十卷三子長景衡字庚甫乾隆五十七年舉人江蘇泰興

知縣天才超絕有思復堂集次師古執雉曾孫聲字澄士居貧厲節不失世守

馬其昶曰宗派之說達者所嗤然經學貴家法文章有承傳湘鄉之論不忘本始可云至厚善哉先生之言曰有所法而後成有所變而後大儥張圭臬高語能變匪所知已涇包先生世臣善評書推鄧山人劉文清公及先生爲　國朝書家之冠故先生非獨詩文美也其翰墨亦絕爲世重

許胡左劉張五先生傳弟百二

許教授諱鯉躍號春池好學敦信義動止有度師事姚

郎中爲文明辨而切於理乾隆六十年進士官鎮江教授訓諸生曰吾司教非止司文也諸生之文甚美然有克副吾教者邪士者民之表民有表斯禮義興禮義興斯人才出吾職雖卑實膺化民興教之責今願自身始與君等相勉由是諸生羣競於行興於學箸春池文鈔八卷子鴻校知江蘇碭山縣有吏能

胡徵君諱虔字雒君號楓原襲參司業從孫也父諱承澤字廷簡號蛟門雍正八年進士官山西靈石縣有惠政晚始生君自厲於學事姚郎中家貧客遊爲養與南康謝公啟昆交莫逆謝爲布政巡撫必請與偕遂相從

終始爲代簒西魏書小學考廣西通志平生勤於撰述有戰國策釋地四卷諸史地理辨異六卷漢南江夏豫章三郡沿革攷三卷餘多他人主名惟自刻識學錄柿葉軒筆記各一卷嘉慶元年舉孝廉方正謝不與試朱文正阮文達諸公皆貽書推薦時謂其舉足光盛典

左復菴先生諱朝第字篚叔一字偉安侍御公五世孫嘉慶十五年舉人揀選知縣亦從姚郎中學生有忠信之質嘗主講中州書院李文清公棠階出其門熟於明史晚兼習禮所訂家禮曰納牖編又撰詩經緯講史衡全桐紀略及詩文集罕有傳本族子靜菴先生諱眉字

良字武平公六世孫也乾隆五十四年拔貢生貧不廢讀遂綜羣籍私淑望溪其於姚門不知曾問業否也嘗省世父福建官舍歸給舟車費留供親養徒步返足盡重繭垂老就職州判輒棄去挈其女夫姚元之游京師授徒焉大興徐松出其門有左傳補注十二卷靜菴詩文集八卷嘉慶庚午與復菴同舉者有胡小東諱方朔字翰臣明年第進士由庶吉士改刑曹郎出爲廣州知府有果齋詩鈔二卷

劉先生諱開字明東號孟塗縣學生幼孤母吳忍死自守飢寒中僅而相活牧牛聞塾師誦書竊聽之盡記其

句塾師畱之學而許妻以女年十四以文謁姚郎中有
國士之譽盡授以詩古文法游客公卿皆見敬禮與人
竭誠無隱坐席賦詩清麗獨絕文名動一時嘗游浙過
一古墓碑題宋處士劉開墓愯然自失道光元年亳州
聘修州志寓佛寺一夕疾作指浮屠頂語客曰視月色
中乃吾去時也至夜半卒年四十喪歸妻倪縊以殉箸
孟塗詩文集四十四卷駢文二卷廣列女傳二十卷子
繼字少塗有信義徧走公卿求刻其父書以此孟塗集
益顯初孟塗所從受書而許以女者爲吳先生諱士鼎
字待揆縣學生少善弓矢喜言兵後更折節讀書從錢

白渠問經學而益肆力於詩古文著尙友齋集

張先生諱聰咸字阮林貴西兵備道諱曾敭孫也少自矜貴喜爲儷辭年十六交同里姚按察更名去有睎古之志姚郎中見其詩歎爲奇才遂從郎中學詩而與劉孟塗輩爲友嘉慶十五年舉於鄉得覺羅官學教習留京師又嘗之金壇見段先生退學音韻之錢塘見阮文達公退學考證及留京師益以其暇蒐輯漢魏晉宋二十四家逸史兼治諸經鈔錄薈萃以勞咯血卒年三十二著左傳杜註辨證十二卷經史質疑錄二卷傳嚴詩集四卷漢晉逸史未成又有章完素諱甫字子卿乾隆

四十四年舉人精說文訓詁之學爲金壇段懋堂歙程易疇武進臧西成所賞亦嘗學古文於姚郎中箸如不及齋文鈔

馬其昶曰海內箸籍姚門知名者甚眾曾文正公序歐陽生集詳矣先生論學兼義理考據辭章三者士從其遊率皆文質並茂其在鄉里植之孟塗石甫三先生最著因有小方劉姚之目方姚自有傳今復略載於此不能悉數也

馬魯陳先生傳弟百三 子工部

吾家魯陳先生諱宗璉字器之曾祖諱棠臣有文學考

授州同知不樂仕進祖諱澤字根香乾隆元年舉人知
陽信長清皆有蹟父諱嗣綽字儀顓篤於孝友三世皆
喜施人稱爲德門先生少從舅氏姚郎中學通古訓及
地理沿革乾隆五十一年鄉舉以解論語過位升堂合
古制大興朱文正公亟拔之入都得交同輩名人苦研
講習聞見益博嘗以古訓散見載籍尋檢不便乃偕阮
尚書元孫觀察星衍分韻編錄未竟南返其後尚書視
學兩浙卒成之今經籍纂詁凡例猶昔與先生手訂者
也畢尚書沅修史籍考延先生分纂史學部音義評論
編年部斷代歷表譜牒部專家圖畫年譜諸門輯錄將

竣會周總憲興岱督學粵東禮致幕下所至興起古學
旣以大挑二等署合肥休甯教諭補東流教諭嘉慶四
年會試中式又三年而歿生平敦實躭思撰述不以世
務經懷嘗補注左氏傳徵引漢晉諸儒之說不苟立同
異論者謂足與顧亭林惠定宇兩家之書相表裏阮文
達公彙刻之皇清經解他所箸有毛鄭詩訓詁攷證周
禮鄭注疏證說文字義廣證戰國策地理攷漢南海鬱
林蒼梧合浦四郡沿革考多散佚鮮有傳本校經堂詩
一卷刻於馬氏詩鈔子瑞辰
元伯先生諱瑞辰字獻生嘉慶十年進士選庶吉士改

主事再擢工部營繕司郎中凡部中案事無大小必據成例猝難省覽先生英年積學既入曹署懲吏胥舞文積弊日夜發憤讀律遂精熟律文能背誦老吏皆憚驚尚書蘇楞額嘗有所持部中署名惟謹先生獨不可奏上果致駮斥由是一部事皆取決然先生亦卒見忌遂再蹶不復起矣初坐察辦寶源局匠人滋事請罪其犯首上官宥不罪因同以失政體被議發盛京効力旋賞給主事曹文正公振鏞奏留工部擢補員外郎道光二年承辦　太廟工程薦郎中納爾經額料工同部某訐其不實經內務府核算無失納爾經額得不坐而先

生罷職發黑龍江効力未幾釋歸歷主江西白鹿山東繹山安徽廬陽書院粵寇陷桐城罵賊死之事 聞贈道銜建專祠三子長建勳雲南同知而次星曙次三俊及孫登瀛同死寇難俱從祀初寇陷縣城先生避居山中賊至衆驚走先生據案讀書不輟勸之降叱曰吾豈降賊者邪吾且命子團練殺賊賊怒火然其髮擁之行罵愈厲遂刃之死然先生爲人故渾厚無怨尤及臨大節不屈若此先生少傳父業爲訓詁之學嘗謂詩自齊魯韓三家既亡說詩者以毛鄭爲最古據鄭志答張逸云注詩宗毛爲主毛義隱略則更表明是鄭君大恉本

以述毛其箋詩改讀非盡易傳而正義或誤以爲毛鄭異義鄭君先從張恭祖受韓詩凡箋訓異毛者多本韓說其答張逸亦云如有不同即下己意而正義又或誤合傳箋爲一毛詩用古文其經字多假借類皆本於雙聲疊韻而正義或有未達於是撰毛詩傳箋通釋以三家辨其異同以全經明其義例以古音古義證其譌互以雙聲疊韻別其通借凡三十二卷已刊行又刻入續皇清經解并時長洲陳碩甫治詩專宗毛先生蓋以己意出入毛鄭而胡墨莊氏則範圍稍廣要皆爲專門之學由是世之言詩者多推此三家之書

馬其昶曰桐城自方姚後學者多喜言文章義法別有
密之方氏父子號爲淹雅其傳不盛然方氏亦不純於
經姚薑塢編修爲學務徵實精讐校近漢京矣顧不喜
箸書惟吾家二先生篤守師法兩世傳經於吾邑學派
蓋微別云

吳畫溪先生傳弟百四

吳先生諱詢字重約一字湘麓號畫溪縣學生工詩文
隸楷博涉古詣精通性命之學研窮易圖象依朱子益
推衍之其說有六對四分諸爻各變皆前儒所未發歷
游齊魯閩粵豫章錢塘登匡廬武夷以探覽古聖賢棲

息之迹以歸學益精博弟子益衆其言曰與人並生天地閒者雖孩蟲天地視之皆其子自人視之皆其兄弟之顚連無告者彼愚而人知彼弱而人强彼苦而人樂彼賤而人艮憫之憐之寘其所而安之因其危而護之兄弟之至情也天地父母喜也淡漠遺之天地父母憂也戕而害之暴而虐之天地父母之所怒也尺土生螘尺水生魚天地好生而已王者與天地合德極於鳥獸魚鼈咸若爲宰相爕理陰陽匹夫啟蟄不殺又曰無井田而有井田莫善於積穀由升合以至於三年之畜六年九年家可使富也由家而天下天下可使富也賈生

曰古之治天下者至纖至悉充太倉者粒之積亘萬古者刻之積滄海不渴者涓滴之積聖人神明不測者謹小慎微之積吾觀寒暑之往來而得治生之道焉陽不生午生子陰不生子生午漸也豫也詩曰四月秀葽五月鳴蜩八月其穫十月隕蘀一之日于貉取彼狐貍爲公子裘御寒也始於四月呂叔簡之完國課也先歲而備其植又曰利井田也名學校也宇宙惟名利不朽名利毀聖人之經綸息矣求小名而昧實效見小利而忘大害者名其名非聖名利其利非聖利名實之名也含實無名利義之利也含義無利用天之道因地之利謹

身節用以養父母立身行道揚名於後世以顯父母夫豈無實之名鄙細人之利蓋其言多創獲如此凡箸四書講義十卷矩軒周易五卷易象三卷晝溪逸語七卷雜記七卷妻方亦博學工文辭有屏山閣詩四卷子杭歲貢生有勉堂詩集向晨縣學生有蘭雪齋集先是縣人隱居研易以終身者有張先生諱贇字越萬縣學生購書萬卷披覽不輟箸周易九圖淺說及步天經世返觀臥遊諸集王先生諱化字高山箸安玩新書內外編據元會運世之說而衍之由象數而推見大原晚更名嵩自號遯齋亦曰天山人方先生諱于濟字民懷家有

月到樓頗富藏書盡發而讀之精天學推步尤喜探宋
儒義理之說玩心高明不求聞達年八十二自知死日
平生話言所及多奇驗人謂其能前知也楊先生諱嘉
號曦齋著周易困學錄四卷紬繹象辭多有心悟
馬其昶曰畫溪逸語雅馴可誦余家藏一本後失去每
用爲恨今錄存數則其易注及張王書皆無傳本方先
生於易深矣然而不言易未嘗爲注曦齋困學錄箋疏
叢碎其族孫椿年字蔚喬董理之並以己意爲補注可
繕寫蔚喬以耆儒　賜進士國子監學正銜與余善
唐胡疏王鄭江六孝子傳弟百五

唐孝子諱朏字籛雨號三自縣學生父諱時烈有任恤之行孝子一夕在外聞父疾冒雨涉麻溪大河入門父已歿自悔恨終身不嘗酒肉一意事母入寢門必面母進退母患頭疾或言白槿花鮮者可治時隆冬不可得鮮者禱於神得一枝傅氏籬下果效乾隆十六年八月母病甚孝子刺血寫疏願代死晨起告兄曰吾得請於帝矣當侍亡父地下老母惟兩兄任之遂死母壽躋至八十一道光四年祀忠孝祠子衢字景雅性强記蓄書數萬卷終日纂記不輟著漁莊詩草嘉慶初又有唐維純者亦以孝行旌

胡孝子諱其愛字汝彩家世微傭力以養母母遘疾偏枯自臥起以至飲食溲便皆賴孝子每晨起爲母盥沐烹飪乃出傭其傭地稍遠不及炊則付勺米鄰媼代爨爲下拜媼辭拜卽行數里遥拜焉夜歸自浣滌中裙褻汙孝子衣履僘垢而時致鮮肥供母其在傭家舍肉食遺母人分餉之不受村鄰有伶優之劇必負母遊觀藉草安坐至夜半人散復負還孝子以貧故不娶母以雍正八年病至乾隆二十七年以天年終孝子事母前後三十餘年母歿卽墳旁挂片席而居逾年以毁卒

疏孝子諱自悅字孔王號仿曾少喪父聞鄰子呼父悲

不自勝見母哭父即又忍淚娛母時孝子方六齡也出嗣世父從塾歸輒趨田代父耕少長課徒營養及本生母歿合葬邊家山麓與嗣父墓相近廬墓側五年往墓涉澗山水暴至漂流里許若或助之卒得起歐水數升遂如常母生畏雷每聞雷聲即詣墓號曰兒在母毋驚也素不工繪親歿追思音容繪之宛肖嘉慶二十四年得 旨旌表建坊石溪其從子昌會字騰霄號雲亭從孫純生慕其風事親皆孝人謂疏氏孝子萃一門也雲亭善書後生以爲楷則

王孝子諱晸字日華號曉村母素咯血七歲時或戲謂

若能飲血者病即已俄而母歐血升許孝子就伏飲之母遂愈歲大疫父母皆臥牀醫避疫弗至孝子涕泣呼天兩眶血出漬衣襟盡赤父母竟亦無恙一日侍寢聞父有怒言遂長跪達旦父未之知也年二十爲諸生巡撫某公重其孝禮爲上客屬吏有私饋峻辭卻之親歿歲時詣墓門涕泣上食父嗜筍或讌會座上見筍未嘗不流涕年七十一卒祀忠孝祠

鄭孝子諱連字韓浦以主簿官浙江外艱歸持喪甚哀一日室東鄰火延及門父殯在寢號泣呼救火益烈門左右屋俱焚去寢丈餘衆強之出孝子以柩在不肯出

匐伏柩上冀以身膏潤柩俄西北風起火遽息室柩俱無恙咸豐三年粤寇陷城罵賊被刃死

江孝子諱謨號慕田生而白眉髮亦以家貧傭里中縮其食直餓一椽奉母薄有餘則以施人母苦節病目失明戒食葷孝子亦戒食葷母年九十七孝子事母五十餘年凡可以致母歡者無弗致母老健每歲時會姻黨布衣潔暖竟日懽笑尤喜爲人稱吾家阿白云初孝子之傭也作必晏息必蚤傭必視他傭倍傭之家皆曰作之晏也若非媮也爲若母之朝饔也息之蚤也若非怠也爲若母之夕飧也且若傭視他傭倍吾何求多以故

孝子傭里中非遇母疾無虛日有兄遠遊不歸孝子念
己業微而形棄也遂不娶每日黎明詣城隍神祠禱三
事數十年無閒一祝兄還一江湖行人無風險一祈歲
穰道光二十五年年九十二無疾終鄰有見儀從甚盛
至其家者故傳以爲神云先是道光初其甥鹽場大使
馬培章上其孝行得　旌如例
馬其昶曰吾邑自明迄今以孝　旌者三十餘人其未
及上聞者不與士貴能自盡耳不以名顯晦殊也幸而
褒異又紀載不詳凡吾之書所以表前烈法後來故事
實不具者皆從略云

義士趙君傳弟百六

趙君諱瓏號雨亭性倜儻有義槩然諾必信乾隆五十二年過大名丞葉暘曉山署甫逾月曉山緣事戍伊犁童僕皆散走曉山父母老且病痛子子身投荒日夜泣君與其父中表也奮曰與人共安樂不共難非義也吾雖老尚堪一行躍馬偕往無難色既至將軍愛曉山才置幕中甚得君乃告歸曉山泣君曰勿爾吾當再來不使汝久懸懸萬里外也歸一年曉山母卒君踐前諾且往慰喪比出關聞曉山隨將軍移駐塔爾巴哈台改轅而北將軍聞君至降階執手曰君誠義士果來矣以此

趙義士名著關外及將歸將軍厚贐之念其垂白之年往返五六萬里行荒徼俾與貢馬使者俱先是有葉椿者曉山同族也以監糧事久戍伊犂君再出關椿母附寄子書致金伊犂在烏魯木齊西塔爾巴哈台在烏魯木齊北相距遠阻絕君歸路出呼圖壁遇巡檢陳君栻陳亦皖人也因迹椿則死久矣君愀然曰椿家無三尺童老母日夜望子歸今椿死羈魂異域豈不傷哉且以金附我者爲能致之也義不忍空返其金令椿骨終不還故里顧金少計吾橐中資猶不足遂稱貸於陳迂道八千里載其柩以歸其後嘉慶時又有都君之事都君

諱起豐字懷友始生而父及親支同客遊秦君留依母未幾母卒父以客死則就鞠於外家方五齡耳隨羣兒樵採自是傭力三十餘年薄有貲蓄居常與其妻泣以不得歸父骨爲痛因告貸往徒步二千里覓得父骨載以歸至中途夜若聞有哭聲嘈囋相隨行因悟而泣曰某歸若能自存者當復來迎叔祖父暨羣伯叔柩返矣祝畢而聲息越數年果徒步復往盡取叔祖父母等八柩改斂其骨以歸初君早孤不能省其祖墓乃傭於其山下一年始得諸麥隴中又他塋域爲豪宗所侵葬君踵門哀求人感其誠遷焉而君少所嘗就鞠外家者已

衰薄其柩久淹不舉輒購地葬之君子曰迹君所爲多在親喪追遠之事詩云孝子不匱永錫爾類此之謂也馬其昶曰莊生有言以人屬者迫窮禍患害相棄也以天屬者迫窮禍患害相收也夫所謂天屬亦以其性分之通耳古人一言之誠相許以死豈必父子兄弟爲天屬哉友列五倫聖有明訓觀於趙君足以敦澆俗厲風紀

姚總憲光布政徐陽城傳弟百七

姚公諱元之字伯昂號廌青又自稱竹葉亭生高曾兩世名宦父諱原綬六安州學正公舉嘉慶十年進士授

編修入直　南書房　宣宗朝由翰詹簡用卿貳歷戶
兵刑侍郎晉左都御史以言事降補內閣學士自通籍
後從容文翰朝望甚美歷主陝甘順天江西鄉試一爲
會試同考一督河南學政又督浙江學未終內　召課
士嚴而有鑒武陟李文清公其所拔識也道光末海氛
初起卽疏陳廣東形勢可力戰請速弭巨患與總督林
公則徐意合柄用大臣或不便遂告歸年七十七卒初
問學於族祖姬傳先生工詩畫其八分書類漢曹全碑
世尤珍之多記舊聞國故闕小園京師日戴笠遊竹石
間顏曰君子世界著竹葉亭筆記十卷同時才而不遇

者有史培字蘭生能左筆書落拓自喜初任鹽經歷坐
事免居京師嘉慶十四年　萬壽集聖教序迴文詩二
章右筆楷書左筆臨聖教序帖進呈蒙　錫服佩十六
年　西巡五臺復畫竹集蘭亭記題詩以獻　詔以縣
丞用補蘭谿有餘事詩集南坡詩草方諸字墨卿號勿
菴善談名理爲制舉文有盛名嘗刻行後入鄉闈自錄
舊篇主司賞異置第一會他卷亦寫其文坐雷同斥以
歲貢終人謂其門下登第者幾與持衡典試者埒箸有
嶺南集又稟貢生方葆馨字召青亦工制舉文嘗主陜
州書院有詩集

光公諱聰諧字律原祖諱策字棐猗幕游州縣司錢穀一以寬大佐治父諱復稱長者家窶貧公少時嘗借書冬夜籠火讀至旦嘉慶十四年試禮部房考李公宗昉校閱經義驚其淹博謂卷隸安徽非婺源齊彥槐即桐城光君也榜發果然選庶吉士簡靜自守不事干謁時人語曰冷何來光聰諧改刑部主事典試貴州再遷郎中外擢湖北荆宜施道江水漲溢被災民索振環知府噪頗窘辱公聞即屏輿從自出慰諭衆情大懽數年江水復溢決隄三百餘丈因請帑興築自臨視隄工牢堅公爲人讓退由福建按察再遷甘肅布政　上曰甘肅

無巡撫總督楊遇春武人吏治汝好爲之旣至虛心與
楊公爲助衆職修理調直隸遽引疾歸性喜遊覽嘗登
泰山躡華山又偕陳碩士侍郎登鼓山煎岁峯望琉球
國如黑彈丸焉博學精天算聚書三萬餘卷箸稼墨軒
詩文集十二卷筆記十卷易圖說一卷又嘗搜集鄉先
輩撰箸百數十種爲龍眠叢書刊未竣而亂作弟聰訥
字敏之後更名朝魁道光六年進士爲陝西蒲城令卒
官民皆趨哭聰誠字存之諸生議敘太常寺典簿兩兄
皆仕獨留持家政事兄如嚴父喜爲詩有閑齋詩集子
熙字稷輔咸豐九年進士學顏魯公書甚有名由部曹

改御史出守永州卒女進瑗能作擘窠大書不嫁留事父父卒以身殉　旌孝女

徐公諱璥字六襄其先元至正中由婺源遷桐城十四世祖諱艮佐當元季以進士至陝西左布政使父諱之柱少孤貧育於外家既長辛勤治生孝友剛介家人憚焉長子眉字六階工爲文鄉舉早卒公其季子也以父母慟傷兄益自刻厲嘉慶十九年進士授主事以母老改外補浙江壽昌縣開種山地興書院調山西陽城蝗大起民畏蝗以爲神因取食蝗示無畏民乃敢捕蝗撲滅修葺文廟依古製籩豆琴瑟之屬以樂章協宮商歌

焉居陽城六年引疾歸民立祠祀之行事率胸臆不能
伺應顏色喜求民隱與長官爭是非嘗曰性不隨時才
不周務不堪世用也因自號樗尹云歷主亳州徽州書
院自少至老篹述不輟人服其精博箸詩經廣詁三十
卷牖景錄六卷河防類要六卷黃山紀勝四卷樗亭文
集四卷又選鄉先輩詩爲桐舊集四十二卷皆刊行方
先生諱于穀字石伍嘉慶閒歲貢生築室龍山之幽號
曰拳莊自以方氏風雅舊家慮先世篇章散佚勤事蒐
輯成方氏詩鈔數十卷並自撰拳莊詩鈔十餘卷坿之
吳金圖諱希庸諸生嘗偕方秀才林昌字復生輯桐山

馬其昶曰嘉道閒總憲起家清要屢典試事自公沒縣人爲京朝官者遂無有顯仕布政陽城學爲通儒又皆惓惓先輩述作桐舊集刊未半而陽城卒先通判公續成之兩朝作者之詩略備龍眠叢書刻九十餘種布政遲愼負搜訪欲取成數不意寇卒至並原稿俱燼惜哉是皆吾邑文獻隆替絕續之所繫也故並論之

李布政姚大定傳弟百八

李公諱宗傳字孝曾號海颿世居東鄉龍城山避家難遷廬江年十二父泣誨之曰兒他日居官有不廉者非

吾子矣嘉慶三年舉於鄉歷權浙江麗水平湖瑞安建德平陽等縣補上虞所至求民隱刈豪强益務平反洗獄以少遭冤累不忍及吾身復使民冤也初任麗水結陳案未結者七百餘事一時號曰包公斷公爲人美髯寡言笑民畏之因以配宋孝肅包公助貲河工敘知府除浙江督糧道道光三年杭嘉湖三郡大水災鉅公請奏減漕糧建言浙西諸水源出臨安天目山而其尾閭下注實同匯吳淞江入海必宜江浙兩省通籌疏濬大府深然之奏請會辦水患以平坐公事降調已而程公含章奏薦仍以知府用選永州永州爲大儒周子故里

首葺濂溪書院纂郡志崇節義廣種植遷四川成縣龍茂道累攝鹽道布政使十三年戕邊屬猓夷降復叛勢張甚總督長白鄂山旣劾奏提督楊芳檄公馳往察辦公上言四廳之夷環山爲巢者利頑鈍愈撫愈驕去年添設防兵夷轉四出焚掠甚至攻營壘窺廳城略無憚忌雖一廳之事實四廳安否所繫不可姑息貽患乃建三道進剿之策倡助軍需五千金治兵選士聲威大振方三道大軍之未至也公先以計誘降十三支夷縶之剋期令還所掠男婦有業者復之無者資給之又縱俘使歸諭威德夷猶豫計未決於是大軍由冷磧闢逼老

林巢藪大破之於石門坎斬級四百生得數百人燬賊寨二百餘所夷落悉平論功最　賞花翎擢山東按察大盜劉二鞍子有名馬日行二百里公至捕得伏法羣盜遠迹遷湖北布政年七十餘矣遽引疾歸而卒公耆學不倦少時讀太史公報任安書感覩遭家難事倣之作記抱犢山人見而憐之授以學山人諱僊枝遊海峯門學其詩而似之孤介自喜時時出遊姚郎中誌其墓於公爲伯父行公既受學伯父復從郎中遊學益進尤肆力古文辭受事無趨避嘗曰我欲其甘誰當任其苦者歿後遺書數萬卷外無長物箸寄鴻堂詩集八卷文

集十卷子景枚有異才以諸生官知縣

姚公諱東之字佑之號伯山開化六世孫性恢奇多大言人誚之不作益自喜少落拓遊京師無所知名應天文試臨試定親王奇其體貌呼前問姓氏睥睨對曰江南姚東之也王曰狂生耳入之錄取天文生已而棄去就科舉道光二年成進士選臨漳縣母憂服闋改廣東補揭陽遷綏猺廳同知署肇慶府事用大臣薦擢貴州大定府負氣敢為大吏寖不悅遂引疾歸公少受學姬傳先生思撰述發名及屢任煩劇竟以吏能顯初在臨漳漳衞洹蕩並漲漳水東徙抵內黃入衞縣公聞災即

賫糧馳往不待勘報謂棄一官可全萬人命吾何惜在
揭陽民俗桀悍相讐殺乃至强者不輸賦勒稅商賈官
懼激變率不問公至下教曰吾治斯邑不愛官不愛錢
不畏死有梗吾治者鋤之乃搆崇臺西郊上揭條教建
大旆示與民更化意設筵席召父老俱會臺下辭畏讐
不敢來則使人導之來示以條教悉和解而散邑有下
灘錢坑皆險峻出不意禽盜魁於下灘其盜積犯案十
八乃召諸被害家及士民環觀擊以礮十八發如其案
數諸被害家皆感泣又有姦民居錢坑抗捕不出故事
抗捕即火其廬空其積聚公戒毋得焚毀駐河干書示

耆老限日來見再往召耆老至請官獨入村許之明日入村一一慰勞開諭耆老皆流涕願效死復返河干越日果得姦民置之法威信大著民不納賦者三四十年至是皆納其先後所莅郡邑爲治皆此類也初漳水災大庾戴相國奉　命勘漳河或議復故道公在臨漳考全邑皆故道故道不可復著漳水圖經一卷及在連州以乾隆閒綏猺始設官其時連山尚爲縣轄疆域錯處易淆因刱爲綏猺廳志四卷俱刊行又箸易錄七卷伯山文集八卷詩集十卷長子世恩字孝寬多膽略參戎幕敘勞補贛州府經歷代理定南廳出巡村堡賊突至

遇害

馬其昶曰會稽宗給諫稷辰布政門下士也言公征叛夷雖出奇有功乃嘗不自慊甚矣任事之難賢者不能無悔余謂禍亂之萌非痛懲之以死不足懾後矣若夫邊地小夷等之化外區區以計取勝傷吾仁恩公之爲悔其在茲乎大定戮一懲百所取不多非若兵端造謀之宜愼也布政成功用濟一時其仁心悔艾尤無窮矣此其所以賢也

姚按察傳弟百九

姚公諱瑩字石甫一字明叔晚號幸翁少孤貧有大略

慕賈長沙王文成公之爲人盡發其曾祖編修君遺書數百卷徧讀之而師事姬傳先生爲詩古文辭有名嘉慶十三年進士授福建平和令調龍溪民俗健悍械鬬仇殺無虚日公曰此亂國也悉縱舍前所犯不問召徠鄉民人人得見令言事更選年少材武壯勇者養之使禽取巨惡縛置數人郭門榜其罪立斃之縣中震栗復親巡行田野勸農課學一時棄刃修和者七百餘社總督董文恪公推其治行閩疆弟一由臺灣令權海防同知噶瑪蘭通判忌者遂摭他事中之褫職以任噶瑪蘭時獲盜引見復官丁父艱歸父諱騤字襄緯號春樹

家貧客遊爲書記性嚴耿有閎識執義抗諍不避貴勢就養官署逆民朱蔚糾衆謀亂先事破獲道府忌其功曰是病狂耳安有反者公將爭之訓曰毋庸臺灣數反屢勤大兵居民塗炭噶瑪蘭新闢之地尤易蠢動今未起而幸獲破散所全大矣以律誅之固當然吾不願女多殺爲功也若以病狂抵誅罪止一人不亦善乎時鎮軍頗不直道府聞公述父訓言咨嗟而止服闋改江蘇知金壇縣歷元和武進擢高郵州轉兩淮監掣同知護理鹽運使事先後所事大吏如武陵趙文恪公安化陶文毅公侯官林文忠公皆天下名臣爭薦公謂可大用

十八年　特旨命爲福建臺灣道當是時海疆事起林公以大臣駐粵絕夷通市尋授兩廣總督夷兵犯粵不得逞則犯浙江陷定海又以兵船至天津要撫庭議驟改用琦善督粵林公得罪去夷益猖獗　天子震怒而中外大臣一意罷兵求和東南郡縣望風潰而福建厦門亦告陷先是公至臺灣獨與總兵官達洪阿陰爲戰守計二十一年八月夷既陷厦門遂窺臺灣駛至雞籠海口副將邱鎮功擊折其桅海水驟湧夷舟衝礁輒碎溺九月夷再至卻之明年正月夷舟三犯大安港不得進游奕於口外於是公等計募漁舟與夷舟漢姦操土

音請任鄉導入口擱淺中流官兵鄉勇乘之大敗夷兵
兩次破舟生得白夷黑夷百數十人收前所失甯波厦
門礮械軍冊甚眾捷聞得　旨嘉賞　詔錫公雲騎尉
進二品秩夷時搆姦民煽亂海盜亦竊發皆即獲誅由
是一方屹然然卒以此讒方夷分兵窺臺灣而全隊駛
浙江再陷定海入吳淞兩江總督牛鑑遁走遂陷鎮江
進逼江甯東南大震旦夕議款求息事未幾而遂有鎮
道冒功之獄臺灣故隸福建以懸隔大海加兵備道三
品銜得與鎮臣專言事雞籠大安之捷飛章入告總督
怒而厦門失守及江蘇諸主款大帥皆忌臺灣功初夷

犯臺灣留兵鼓浪嶼欲兼踞臺廈二港以通粵浙於是公與達洪阿公奏稱俘夷解省隔鼓浪嶼勢不可且夷兵懼猝至請便宜誅之絕內患　制曰可鼓浪諸夷酋聲言劫俘總督聞之懼飭速解俘內地公等謀曰大府意欲德夷退鼓浪嶼兵耳兵不可退先示弱不如殺之夷酋憤甚總督聞益懼是年七月款成乃飛檄釋其餘俘九人夷酋亦自遣其屬來請乞公登舟率兵持械列礮待或止公勿往公曰不往且示怯卒登舟夷獻酒一甌交驩而退夷酋濮鼎查既得餘俘則復訴鎮道冒功妄殺遭風難夷流言起大帥遂相繼糾彈逮問入都公

與達洪阿公約義不與俘夷質對即自引咎然　上亦
心知臺灣功入獄六日　特詔以同知知州發四川旣
至謁總督某問曰若官臺灣久彼亦有所產乎公曰臺
灣地瘠惟產米曰吾聞產金公正色曰某仕宦三十年
不知有此總督遂心恭公會西藏兩呼圖克圖相爭殺
檄公治之出打箭鑪經山谷冰雪中往返六七千里事
竣復責令再往且劾以畏難規避久之始令補蓬州二
年引疾歸　文宗御極黜大學士穆彰阿起用總督林
公則徐下　詔宣示中外並及達洪阿姚瑩前在臺灣
効忠盡力而穆彰阿等妒其成功陷之於是以湖北鹽

法道起公於家未行擢廣西按察使參大學士賽尙阿軍是時廣西寇起天下士大夫見林公及公等復出皆喜已而寇蔓延由廣西浸尋入兩湖而公之言卒不得一用至憂勞以卒卒後十餘年而粤寇始平初公至粤大帥以爲翼長寇踞紫金山爲巢穴將就擒矣公上書言流賊如水必環攻以斷其逸不納寇遂竄永安公憤軍政弛請斬一僨事將復不納憂懣無計因請自督戰時諸將惟都統烏蘭泰忠勇有謀向提督榮亦名將也握重兵與都統不相能公先後致書二人引汾陽臨淮事爲喻提督意不可解寇之竄永安也精鋭盡在水竇

水竇者永安東北之隘也時都統軍西南提督軍東北合滇黔楚蜀軍總四萬餘水竇寇數千又屢敗衄公議拔水竇必一由黃村入一由佛子村入都統亦主擊水竇絕寇外援遂進駐佛子村約提督夾攻由黃村入提督不從自由龍蓉嶺進兵敗復議開水竇一隅縱寇逸追擊之公上書幕府力陳縱寇追擊之失大帥意方主提督不聽寇果逸出圍桂林都統戰死寇益盛陷興安全州至湖南據道州公隨軍湖南奉　命權按察使時已被疾猶日夜憂念軍事即有謀又不見用疾愈甚會岳州陷巡撫張公亮基來問疾因告之公推案罵曰事

皆壞於庸臣是夕遂卒年六十八祀鄉賢及蓬州名宦
箸東溟文集二十六卷奏稿四卷後湘詩集二十一卷
東槎紀略五卷康輶紀行十六卷合寸陰叢錄識小錄
姚氏先德傳及遺稿遺稿續編都九十八卷爲中復堂
全集一子濬昌

竹山公諱濬昌字孟成號慕庭晚號幸餘少孤避寇亂
江西求微祿養母以公事謁曾文正公安慶文正閱謁
肰問知名家子留之幕府見其詩益喜令從獨山莫子
偲先生學詩奏薦爲知縣親課其文平第之謂異日必
循良也補江西湖口調安福一以慈利爲政不譁衆取

名而安福三任凡再至民尤德之中閒嘗棄官奉母屏居十三年槖金少賣先世遺田田且盡不能供養乃再出母逾八十終於安福服除謁選得湖北竹山調南漳既一年還任遂卒官性不樂仕其始出以祿養繼徒以貧及卒竟無以返櫬有竹谿人王志瓊者買於竹山慕其廉具舟送之生平耆易禮通鑑及朱子書而不輕撰述有慎終舉要鄉俗糾謬鄉賢續錄各一卷其於詩有天得沖澹邈遠稱其爲人自訂集十二卷詩續集九卷瑞安孫琴西江甯汪梅村武昌張廉卿同縣吳至父諸先生皆推服之以爲今世希有五子永楷附監生早卒

永樸永概皆舉人長女適其昶次女適通州范當世其
治身論學爲詩諸子及女壻等各以所性師而承傳之
馬其昶曰公負氣伉慨好義出天性不爲握齱小謹族
親貧者數十家恆資之舉火竹山繼之至今長老仍喜
述其施濟事及治術文章之美余不書書其大者當道
光前交通之事未興中外政俗大異彼此未能知士大
夫賢者則持自昔尊攘清議其恇怯者畏敵如虎亦非
知其情實徒憒憒爾今外交乃始明白而國事遂壞不
可支矣使曩者任事大臣皆如林公及公等卽潰敗當
不至是然使二公至今存其所以應付之者必別有道

時不同也雖聖人固不能違時哉

## 方植之先生傳弟百十

方先生諱東樹字植之先世遷桐城居魯谼爲魯谼方氏桐城之方最著者曰桂林曰會宮曰魯谼皆自徽州來遷然皆各自爲族魯谼方氏雍乾閒有待廬先生諱澤字苎川以優貢生爲八旗教習敘知縣不樂就棄去所交友皆一時名士而默默獨守中行姚薑塢編修稱其文似明羅文止詩似宋楊祕監待廬之孫諱績字展卿即先生父也尤工爲詩校正史傳諸子鈔錄數百卷箸經史劄記屈子正音及詩文集先生既上秉家學又

師事姚郎中泛覽秦漢以來載籍自詩文訓詁義理以逮浮屠老子之說無不綜練當漢學熾盛姚郎中獨毅然自守先生繼起更昌言排之阮文達公督粵闢學海堂一時名流輻湊門下先生客其所獨發憤箸書言漢學諸家目擊時敝意有所激創爲救病之論而析義未精言之失當出於淺肆閒於是非與宋儒爲水火而其人類皆以鴻名博學貫穿百家遂使數十年閒承學之士耳目心思爲之大障歷觀諸家之書徒訓詁名物而無當於聖人躬行求仁修齊治平之要於是成漢學商兌一書反復數千萬言以正其違謬文達漢學家所奉

爲宗主者也晚年亦稱先生文學足以信今行遠蓋其義理一本程朱而考證之精文詞之辨又足以佐之性高介恆閉門譔述不隨人俯仰好盡言論道術文藝必抉其所以然道光十八年　廷議厲禁鴉片先生在粵撫幕中箸匡民正俗對不能用居數年海氛果不靖又箸病榻罪言極論自強之策所籌皆天下至計而卒不遇以諸生終其爲文浩博無不盡之意詩則用力尤至居恆先雞鳴起丙夜始休丹墨不去手初姚郎中從待廬學至是先生爲鄉里大師復稱姚門高弟子焉歷主廬州亳州宿松廉州韶州講席年八十卒於祁門東山

書院光緒元年祀鄉賢所箸書曰漢學商兌三卷書林
揚觶二卷大意尊聞三卷向果微言三卷昭昧詹言六
卷陶詩埘考一卷儀衞軒文集十三卷半字集二卷考
槃集三卷王餘集一卷皆刊行孫龍光官山西潞安知
府
馬其昶曰九流百家各極不同之致皆以明道不相妨
也激則失當至於相非一彼一此猶寒暑之必至有江
氏漢學師承記即先生之商兌不能無作而或者因其
辭之稍激疑寒生謀食特以譁衆立異夫苟有世情鄙
念不迎合當塗而故違之乎此則近於誣善之浮辭非

大雅所宜陳也先生嘗謂士人欲補不耕織而衣食之咎則惟有著書覺人可耳偉哉斯言足充之矣余聞之父曰先生勤學不倦意有省會嘗中夜覺寢起而識之曰待定錄者百餘卷中多微言粹論惜其軼不存也

吳蝠山育泉二先生傳第百十一

吳先生諱庭煇字振行號蝠山初名泰臨祖諱隆隲字鄧又國子監生考授州同知性寬和好施濟雍正八年歲饑散金振貸落其家有拙餘軒詩鈔年六十一始舉長子貽誠字荃石新河知縣有靜者居詩集又十年生貽詠吏部主事吏部三子長賡枚字敦虞號春麓嘉慶

四年進士由庶吉士改主事擢監察御史清操重一時有疏稿二卷惜陰書屋文集四卷次先生次雲驤字昭棣以諸生舉道光元年孝廉方正有岳青詩鈔白州同新河吏部以下皆長者敦謹而先生尤巍然負鄉望以嘉慶十六年進士爲縣令四川一年乞養歸母卒服闋再起補四川定遠縣權合州治行卓異擢涪州謝病歸涪人爲立生祠先生一本儒術爲治盡其在己退居不自言治蜀事其迹多不著在定遠有黠盜張潮艮白晝刃殺人久不獲一日潮艮自詣獄言不忍累好官也先生少從族兄晝溪講宋儒學後遊山陽汪文端公門其

治家嚴禮數五世共田宅不分異婚喪皆從古制守素樸宴客遵司馬温公五簋約入坐廳事肅肅如也婦孺聲不外出吳氏芸暉館家法聞一時其學務躬行不喜爲辭章非甚病觴策不去手日課鈔四子書初鄧叉公壽八十四先生亦年八十四卒箸蝠山家訓一卷御史子孫珽字子方通六書作字多從古篆姚按察瑩稱其勵學庶幾古志士麻溪吳分東西股芸暉館東一股也道咸間西股有康甫先生諱廷康官浙江縣丞性耆金石篆刻多得古器摹勒手題幾於家有其迹嘗以謂漢晉鐘銘印文銅器碑碣瓦當之屬可一一取證甄文箸

瓢錄若干卷敘列精當皆可觀亦可喜
吳徵君諱元甲字世求號育泉高甸吳氏所謂榮華股
也高祖諱大陞字冰衡學行深邃嘗捌建祠堂持躬飭
家一依於禮經族弟生甫先生慎所許可獨傾倒之箸
四書講義字辨善誘編皆佚學者稱爲近裏先生子七
人友睦無閒弟三子苾字崇桂尤練達續置墓田殁後
族人思其功德謂宜配食祖考自後累代敦行積學世
推儒門徵君性至孝篤於族婣豐約愉戚必人先而己
後之以諸生教授里黨數十年脩脯入門輒應手散盡
諸昆弟謀析產則大戚臥數日不起旣乃悉推田宅與

兄弟兄弟田宅再喪再贖歸之旣力不能贖則皆召之同爨昆弟歿而諸子暨孤甥皆長育於君諸子孤甥視君猶父也乃旁逮其鄉里亦莫不同心仰君若其親戚咸豐元年舉孝廉方正曾文正公嘉其文學嘗客而館之年六十四卒子汝綸自有傳汝繩五歲能爲詩才致俊逸其兄有天下文名每自謝爲弗如多疾早世徵君同時友東潭先生諱符字克生破岡胡氏其族有孝子其愛又明末守城有功者文燦皆見前傳先生爲諸生厲行檢思通經術以致用讀周易四子書皆有温故所知錄咸豐初皖城被寇輯守望要略及縣東南鄉起義

勇禦賊多本其法楊壽山先生諱鼎元字賓周廩膳生用團練捍賊創一子憤鬱以卒其孤澄鑒字伯衡論列事狀展轉以達於　朝得　旨旌卹予祠祀伯衡先生光緒二年進士箸紹恭堂詩文集

馬其昶曰長老言吾鄉俗乾嘉前至純美矣凡世族多列居縣城中薦紳告歸皆徒行無乘輿者通衢曲巷夜半誦書聲不絕士人出行於市皆冠服客至亦然遭長者於塗必側立待長者過乃行子弟羣出必究其所往不問其姓名誰何也或非義輒面呵之卽異姓子皆奉教惟謹蓋至道光之末蝠山先生歿而其時故家遺俗

猶有存者育泉徵君先君所嚴事其昶猶及見之詩曰雖無老成人尙有典型乃今亦不可復覩矣余是以慨然書之

趙漢陽馬歸安傳弟百十二

趙公諱玉字藍生號虛舟嘉慶四年進士選庶吉士改工部主事遷郎中十八年林清倡亂京師大震羣官倉卒散走公獨趨入署或邀與俱去慨然曰此何時安可空部無人乎亟入署因督火藥局與兵役雜處三日不得食由是顯名擢知漢陽府　上曰漢陽重地汝是好司官故以畀汝愼哉毋廢前勞公天性靜淑雖御僕隸

不加聲色而爲政務持大體黃陂民謀誣陷其仇購藥毒母當大逆令規避處分匿不報繼任者復以前官故議末減其子公曰彝倫澌滅至此尚可貸梟獍而庇屬僚乎遂置其子極刑而奪前令職莅任六年告歸惟載書十餘簏他無長物是時爲令丞有名者又有朱公諱杰字春藻號鏡三由監生考充方略館謄錄敘臨桂縣丞遷山東武清令嘉慶七年京圻大水不待請徑發倉穀以振御史劾其專擅　睿鑒直之　諭截漕米放散總憲熊枚以公所條事宜具奏荷實心任事之褒交巡撫陳大文存記會以撥船事挂吏議鐫職士民千百遮

大文乞奏留　上諭朱杰得民心著加恩留任未幾卒民像祀之後直隸總督顏檢入見　上復垂詢杰聞其卒甚惜焉

馬公諱伯樂字伯顧號星房嘉慶二十二年進士由庶吉士改縣令浙江知長興調歸安烏程德清擢知州未上坐公事罷職發新疆效力時大軍征張格爾因參帥府軍諸總督楊公遇春將發礮殲城公曰非王道也議遂止凱旋奏復官得　旨原品休致公修軀雅步風標秀徹在歸安大臣奉　命閱兵前驅求索未厭知縣至阻不通謁公怒杖之逕入請罪旋有　旨召還大臣俗

喜匿喪婚嫁巨紳某納妾服中按論如律道光三年水災鉅先清戶册杜冒濫又請改鑄庫銀重一兩一枚便民用巡撫密遣人察視災區惟歸安振糶無絲毫弊他州縣不若也因通檄列縣辦災當法馬令其得罪以徐蔡氏案徐蔡氏爲德清人徐敦誠妻當是時徐族有河督徐端蔡族有學士蔡之定敦誠養母倪嘗以事責譴婦敦誠助之婦憤自縊其家以謀殺訴獄久不決德清令上言兩造皆巨姓莫肯辭服請委賢幹員同勘公方知歸安奉檄會同開檢得縊死四證遂定讞蔡不服復請開檢亦如之蔡仍不服訴之 上於是 上特調王

維詢浙江按察王欲反之迫不得要領遂自縊死　上
怒以祁墳繼其任訊與原檢同奏入復　命王鼎趙柄
馳驛核辦遂結定徐倪氏偕兩婢謀殺前審官皆坐罪
嘉道閒三大獄此其一也公旣屢歷主敬敷廬陽河朔
各書院評校文藝羣士翕服族父督予先生諱維瓚通
經術爲制藝亦最有名嘗撰春秋略例審正三傳之旨
具有條貫後公三年成進士令閩中卒官箸述均佚公
善養氣習導引術老而彌健年八十二將重宴鹿鳴未
至秋先卒平生撫育從子再從子有恩誼臨卒遺令田
若干諸子均分不歧視公卒後數十年人得其家籍始

知之

馬其昶曰漢陽始仕郎署因變著節上結　主知廹後浮沈外郡申法明倫誅一敗化之民猶用全力不得不推以為功吾家歸安一斥不起武清見　褒卒絓吏議當承平時文網密士固莫由自効哉

張潼關潘遵義傳弟百十三

張公諱聰賢字愛濤巡撫公曾孫也嘉慶十年進士選庶吉士時成親王以書法擅名推轂士類見公書欲招致門下謝不往散館授甘泉令調長安巡撫某公有用事奴橫甚一日同僚集官廨語及之奴忽自外肩輿至

堂上眾驚訝咋舌公乃趨前叱奴下笞責之巡撫夙重公雖憨亦不以爲望也卓異擢同知直隸州乞養歸道光初再出權長安數年始補潼關廳攝同州府事其治以教養振起士風民俗爲務在長安久績效尤著創義學廿餘所教村民識字親詣考課縣多弊俗爲立教條撰通俗韻言以曉譬之推擇閭里公正者爲鄉約不率教條鄉約儆之猶不悛然後嚴懲焉又實行保甲法稽戶口姦宄遠跡回民舊有禮拜寺因其俗時往講說忠孝事回民感悅捐資修長安志四載成書患民婦節義不立鄧氏女未嫁夫夭誓死守飭鼓樂導歸之烈婦王

氏殉夫死親拜奠其家縣有蒼龍河久淤不治淹沒卌四社民田萬五千頃而鄴縣咸陽田亦因以被害獄訟繁興公巡視河道令村民分段開濬築沿河隄民居遠則官自濬築一年功成立期會每歲二月各分段取河底泥加隄上濬深培高益種樹護隄至今爲利民稱曰張公河道光十一年卒官祀名宦民閒又往往私立祠子延齡佳齡皆舉人先是其同族兄蓉塘諱鈞字人鑑亦循吏也初從從祖司業裕犖學精制舉業每搆文必深思營度乾隆四十二年鄉舉令柳州其深思決獄如其爲文民無寃者遷歸順州民俗相讎劫事發輒囂人

易死官幸脫部議亦不求眞犯習爲恆事君莅任覆按當大辟已成讞而非其罪者白大吏請改讞不可爭之不能得遂棄官歸至嘉慶時名宦入行省通志者有胡公諱枝蕙字德揚嘉慶十四年知趙州性明決積案數百裁剖如流懼閭閻擾累每單車就質民皆以訟爲恥其輕減徭役衆尤德焉龍公諱艎門字澤堂嘉慶二十五年進士知上蔡縣吏輕其年少先按其姦黠者嚴懲之因皆慴伏巡撫入覲奏稱河南州縣弟一遷知州權篆禹州會上蔡築河隄與鄰境爭工段大府以上蔡民服龍令檄往勘斷遂無事卒於工所年三十四上蔡民

祠之至今不絕謝公諱益字子遷嘉慶二十一年舉八
令汜水河決縣境親督工役由摩天嶺開掘河道民慶
更生卹災勤政十餘年去任士庶泣送後爲嵩陽院長
歿於講舍有子遷雜箸及詩鈔楊公諱瑛昶字印薖號
米人由考職官天津分司運同長於吏能兼工詩有燕
南代北詩鈔道光時有徐公諱焜字字陵以議敘府經
歷發直隸借補易州吏目大計保薦卓異再遷陝西鎮
安縣修城垣建義倉多實政後祀名宦有鎮安學治錄
平生簡靜寡欲捐義莊以濟貧宗邑大水出千金助振
有傳家一得錄

潘公諱光泰字穉青原名羣字掌文木崖先生六世孫也祖諱洵字蘭谷號莪溪乾隆七年進士除江蘇震澤令歲饑不待申請先發倉穀擢知常州府濬孟瀆德勝二河民歌其利終杭嘉湖道父諱鴻寶字鼎如儀止清修矩矩然儒生也師事姚郎中工爲詩喜手鈔書公中道光二年舉人以知縣檢發貴州署天柱縣事改貴定尋調遵義期年以病去遵義地廣俗好訟歷數官相訴告枝葉延緜俗以當堂添詞謂之帖有正帖反帖旁帖冷帖激帖諸法雖素號才敏驟不可爬梳公莅任首嚴添詞之刑聽斷畢必綜其端委手判入牘初至控狀常

百數數月狀不滿十已判者其後數易官竟不再控顧
性實鈍他人聽斷日可十案者公不過二三或竟日纔
一坐堂皇率天明至漏四下或廢寢食故始皆竊議其
才不堪劇公居常樸質亦若無異能者乃頗微聞外議
笑曰吾才誠不逮恃勤以補之此邑多訟大率牽引重
疊以至千百誠令一訟承結則所結何止一訟吾日治
其一歲可得三百遵義歲訟想無過三百端矣聞者猶
不謂然久乃大服公爲治無大小必竭其誠增附郭義
學置匯川義冢尤加意荒政置義倉凡數十所積穀近
萬石會兄訃至遽解任且行告吏民曰吾所規畫其善

成之功半而廢可惜也公兄弟相愛甚約死必同穴兄
病恨不與弟訣遺命停柩待公得耗時年六十册疾作
亟欲歸治大兆踐兄約屢乞休不得乃漫引疾去期葬
兄復起去之日士民攀送塞道獨無一胥吏云未幾卒
於家

馬其昶曰今之圖治者何其囂囂邪日言興利利未興
害先見矣張公爲政將以實心無新奇可動聳人者遵
義自謂才拙考其績效視世之敏於才者何如也然亦
要在久任爲大府者貴察吏審其人誠可則付之地聽
其自爲要其終而殿最之可也數撓而易之雖有異材

亦無能奏績遵義惜功半而廢然哉然哉

# 桐城耆舊傳卷十一目錄

邑後學馬其昶通伯譔

方柏堂先生傳弟百二十二

吳摯父蕭敬孚二先生傳弟百二十三

徐勇烈公傳弟百十四　　　　桐城耆舊傳十一

徐公諱豐玉字子逢號石民其族分東西二支東曰曉嶺有萬丁西支入　國朝至公考太僕始顯而丁單曾祖諱樾習刑律治獄多寬仁客久不歸子映瓏字谷池歎曰安有父勤苦於外而子坐食者乎即迎父歸自出幕游郡縣司錢穀盡心佐治嘗與府主爭事至面赤不得則裝而去後其子貴不就養惟條官箴十數事示之子即太僕也諱鏞字詠之善草隸能左手書嘉慶十四年進士選庶吉士累官順天府尹山西布政終太僕卿公少隨父歷中外多練世事性沈毅寡言一抗論當世

則氣逸發不可犯工文章屢試不遇父憂服闋年且壯

矣援例授貴州平遠州知州權威甯捕斬大盜安大本

吏民畏其嚴威總督林公則徐甚嘉異之會鎮遠府屬

黃平姦苗嘯聚連結劇盜爲患巨官吏莫能禽制署巡

撫羅公繞典意屬公乃調知黃平州黃平盜藪曰革夷

寨其渠魁曰保禾公既到官清保甲理屯軍親巡行村

堡密圖夷寨出入險要偵賊虛實既具因請兵會剿時

總督引疾退巡撫喬用遷既復任而羅公亦去拒不納

敕營將毋得妄助兵徐知州滋事當是時廣西寇起公

念貴州地極邊苗夷獷悍因循久盜勢積重懼與廣西

應適革夷盜劫公車行李巡撫懼事聞乃奏遣知府胡
公林翼往剿胡公鎭巖門距寨數十里戰事一責公前
驅中礮死揮兵益進羣苗懼擁保禾遁未幾大府議防
廣西邊胡公去遂專以委公前公車舉人被劫抵都者
喧言保禾御史聞奏　文宗御極　嚴旨責問巡撫諱
盜事刻期禽獲偵公盡以計得盜首誅之巡撫遂覆奏
獲盜論功有差而公不與有欲爲公訟言者謝曰吾行
年四十豈以人命博升階邪吾固爲民除害終不自言
民築祠祀之久之巡撫意慙奏擢郎岱同知署思州府
特旨簡授湖北黃州府先是雲南巡撫張公亮基入

覲道黃平知公賢具疏薦之故有是　命而是時廣西寇益猖獗由全州犯湖南連陷州縣湖北大震公請巡撫常大湻駐重兵岳州爲湖南聲援而自與漢黃德道議防守上書請兵餉以資下游重鎭未報而寇已圍長沙張公亮基撫湖南奏調公時　上已命兩廣總督徐廣縉接辦湖廣軍務逗遛不進寇以萬人圍長沙土賊附從不及四萬我軍環列百數十營公請散金錢任地方忠誠士招徠土賊日選精卒更替出戰以疲寇又上書曰爲今之計乘大軍雲集并力殄滅上也剿除大半餘黨四散分兵追捕次也聽其全股逃竄下也竄湖

北不如竄江西竄江西不如竄貴州邊省一隅不致動
搖全局故岳州之守最重次常德次寶慶而三處兵力
皆薄宜增軍張公然之顧以廣縉方奉　命節制諸軍
未至已不欲專軍事寇攻城急公自請乘城分守西門
城守堅十一月寇解圍去果掠船益陽赴岳州提督博
勒恭武棄軍遁寇遂趨武昌公隨廣縉至岳州力請大
兵進援不聽十二月武昌陷公復謁廣縉曰事急矣武
昌既失則江西江南皆危今公當移節黃州截賊下流
廣縉曰君黃州官乃欲我駐黃州耳卒不聽三年春安
慶江甯俱陷廣縉得罪去張公亮基移督湖廣而公亦

適奉湖北督糧道之　命總督以公久習黄州奏請署
漢黄德道未幾廣濟民變隨按察江公忠源討平之加
按察使銜寇既據江甯復據揚州鎮江揚州寇分竄鳳
陽歸德攻開封不克遂渡河北竄鎮江寇突出襲燒江
南大營而江甯寇亦分竄江西兩湖戒嚴江公奉　命
援江西於是總督特奏公駐兵田家鎮總湖北防堵軍
務新授漢黄德道張公汝瀛副之田家鎮者江防要害
也距廣濟縣七十里鎮在江北後有大山曰黄金塔鎮
之下大山曰羊子山有沙嘴出江中與南岸半壁山對
半壁山陡絶無緯路水溜舟行山下必順回溜過北岸

沙嘴乃得上公列營諸山連木牌沙嘴夾棉絮竹片中城其上鑿穴列礮位半壁山後爲湖通興國州其入湖曰富池口公欲營半壁山兵少不可分則以一都司駐山瞭望書木牌千百方納江流中招脅從者給歸貲投誠者無算江公旣赴援南昌與巡撫張芾力戰固守寇知江西終不可破遂解圍去而大舉犯湖北進據富池口分船泊羊子山下復登岸越湖汊攻大營屢戰卻之伏奇兵山側要寇殲數百人時公統兵僅三千餉竭水戰船不足屢告急武昌時張公改撫山東未行巡撫崇綸議棄田家鎮張公力爭乃遣按察唐樹義同知勞光

泰將水陸兵接應田家鎮寇復掠舟自興國出荆門州
知州李公榞者忠勇士也率練勇三百自請斫寇營公
壯之令副將張金甲副焉李渡江馳寇營寇驚走李前
追寇陷潦寇反追之遂死金甲望之潰時勞光泰亦以
礮船出戰敗寇進攻木牌而南岸反追之寇因乘勢奪
半壁山是夜東北風作寇船在富池口者已潛渡北岸
黎明大霧風愈熾半壁山羊子山之寇犇襲公趨大營
督戰而木牌火起張公汝瀛死之公躍馬出營舉佩刀
自刭墮馬寇眾戕之歿九月十三日也年四十一　救
賜祭葬後復　予謚勇烈建專祠子宗亮字晦甫號椒

岑承襲騎都尉精悍有口辨每論事輒伏其坐人守高
不仕歷參胡文忠李勇毅李文忠諸公幕府箸黑龍江
述略六卷歸廬談往錄二卷善思齋詩文鈔共二十二
卷始太僕爲名卿勇烈死節都尉以文章議論顯名公
卿閒人謂徐氏三世長各因時不相襲美
馬其昶曰公始慕文術從姚石甫先生問學篤嗜古文
辭類纂所嘗讀本都尉君臨卒以授其昶眷公手澤彌
珍護焉公故居在城西今爲祠吳思恆者諱沖謨侍御
賡枚孫也以諸生掌公書記寇犯田家鎭義不私去事
急公解印授之使閒道投行省卒不忍去同時死其後

李文忠公奏公死事并及吳遂祔祀公祠

葉南安鄧會同董教諭傳弟百十五

葉公諱球字叔華道光二十年進士由庶吉士改主事再遷兵部郎中出知江西南安府粵寇竄境泣厲士庶乘城固守七晝夜援兵不至城陷殉節於城樓兄伯華琚有雋才道光十五年進士官編修早卒弟季華褱二十六年舉人爲縣令浙江署新城嘗乘竹輿攜一役裹餱糧巡行治所有訟爭卽時平決去任民泣送又數年新城大饑民乞振勢洶洶大吏以葉令有遺愛檄往治之至則諸難民皆讙呼感泣遂以無事署石門值亂起

鄉里避寇至者皆收恤之初公六世祖實齋公有五子幼子紳字正則崇禎時恩拔貢生選永城令永城四子幼子芳林字西樵以貢生考授州同州同四子長潤字聿懷諸生孝事繼母教課諸弟皆賢而有立次濬字肇川次宏觀字儒懷諸生次景懷原名禺以字行歷署江西州縣終廣東翁源令所至有績是爲公曾祖兄弟四人各以敦厚等字名堂葉氏所謂四堂者也其後多舉甲乙科聿懷五世孫毓桐咸豐九年進士至安肅道儒懷子朝衮字績山朝扆字斧文均以孝行著稱斧文子灼字仲平號坤生乾隆五十八年進士授南召令有循

政署鄧州時裕州民以命案株連幾激成變上言大府願得鄧州葉青天活我從其請果得情實平反之於是以半月治鄧半月治裕期年兩州皆化各祠祀之擢洮州同知署鞏昌府後祀裕州名宦而景懷玄孫濰字仲山署四川鹽源縣丞同治初粵寇石達開竄甯遠力戰死　卹贈知府銜其年達開伏誅子春榮手割其肉以祭父

鄧公諱爾昌字仲韓少孤事母孝家貧厲學遊京師錄取供事以從九品發湖南軍功擢知縣直隸州補會同歷署盌遠平江瀏陽勤於吏職匹馬獨入村舍民不知

爲吏同治二年石達開餘黨陳復猷陷會同死之士民
感泣爲立專祠　贈道銜後陳逆被獲奉　旨傳首級
會同遣官祭焉

董公諱澂鏡字思陶少以詩名落落不苟同道光中舉
人署東流訓導遷懷遠教諭與縣令籌防堵屢挫賊大
臣奏其能擢知縣賊攻城益急鑿地道實以火藥火發
城崩潰骸骨俱燼

馬其昶曰世言我　朝節義遜前代非也東南亂起士
大夫以身殉者不可勝記其在野非必責之死特義不
受辱猶恥苟存若夫有官職守土之責者其無可倖免

斷然矣余故記之以立臣防焉

戴蓉洲先生傳弟百十六

戴先生諱鈞衡字存莊號蓉洲少而英特亮拔不羣年二十餘刻蓉洲初稿見者駭爲異才方植之先生笑言十年後尋自悔耳時方先生論詩作昭昧詹言傳鈔得之伏讀三年不成一詩果自收前刻因遂投贄道光二十九年舉於鄉侍郎曾公國藩呂公賢基通政羅公惇衍給諫陳公慶鏞皆願結交而曾公尤善先生既罷歸益銳志爲學思以通經致用校刻望溪集篇目倍前治尙書以謂伏生歐陽大小夏侯馬鄭王顧之說其僅存

者類不能遠過今行孔傳宋諸家大義最優獨於盤誥
諸篇故訓乃頗多違失因旁羅眾說爲書傳補商十七
卷後曾公在軍挾其書時時誦之謂犂然當於心也初
文宗新政求直言先生在都藉手諸公條舉當世利
病以　聞未幾粵亂起曾公治兵長沙呂侍郎亦奉
命督安徽團練先生十上書論事已而桐城陷馬徵君
起義師死張小嵩奔走舒廬圖恢復先生與文斗垣徵
君籌餉結義民上書大府請兵久之不能得慨然念當
今大計惟急起用前時著成效大臣爲人心所歸向者
令得自置將選吏重其事權開幕府收羣策羣力之效

既懷不得達乃發憤爲書極言用兵在神速在設伏出奇宜速襲桐城絕舒盧賊後不宜坐擁重兵於一隅論兵事反覆至數萬言曰草茅一得上之副都御史袁公甲三時袁公駐兵臨淮議圖安慶乃奏遣宿遷舉人臧公紆青取桐城連破賊乘勝薄城下援寇猝至軍覆張小嵩隨臧公督戰死寇益肆先生走臨淮乞師妻李妾劉皆遇害袁公旋被議去先生客懷遠嘔血卒年四十二無子以從子嗣箸味經山館詩文鈔十卷文徵君諱漢光字斗垣咸豐初以廩膳生舉孝廉方正六年秦提督定三率兵至桐城用籌餉勞敘光祿寺署正談啁敏

速皆依理道初學詩於張勛園與先生齊名江待園諱
有蘭黟縣教諭工楷隸詩亦清迥里人並稱文戴江文
戴皆居治北江居樅陽爲治南當是時邑東鄉陳家洲
又有劉悌堂先生諱宅俊字愷生幼時家酷貧父授徒
爲生年十一未入塾偶拾薪過父塾立窗外移時次日
父覆按諸生書義莫能對乃復從窗外代對父趨視爲
子則大哭主人聞之遂令入塾饋之餐又三年取充學
官弟子道光二十四年成進士知廣西來賓縣歷天河
修仁荔浦懷遠自以非吏才告歸大肆於詩方植之先
生賞其超絕謂在孟塗歌堂上晚年未刻詩尤偉麗其

族子擴之不肯出

馬其昶曰文戴兩先生幼共學長相得也於縣北孔城共建桐鄉書院又同輯古桐鄉詩選吾先君子從兩先生受學嘗告其昶戴先生交曾公京師時稱公文武大略異日爲國家肩非常必曾公也曾公既絕重先生先生亦夙負經世之略後曾公果成大勳廣求人才而先生遂已無祿悲夫士之所遭豈不各有命哉

蘇許朱方四先生傳第百十七

蘇徵君諱愔元字厚子號欽齋上世明初自鄱陽來遷十傳至唐岑先生諱紹眉好學宗朱子　國初隱居不

仕又五傳至徵君則益篤好朱子及近世張楊園先生書以爲自宋以來得朱子正傳者惟西山魯齋敬軒敬齋整菴當湖六人楊園純實介乎諸儒而精切殆又過之欲乞禮臣奏請從祀孔廟不果因纂訂楊園年譜二卷其後楊園卒得從祀於同邑則師事方儀衞而私淑望溪侍郎以爲文之足以載道行遠者朱子後惟望溪因又纂訂望溪年譜二卷白諸大吏奏請祀鄉賢徵君爲人恭謹以軌度自敕其執喪哀戚甚燕居過家廟前肅容而趨無敢咳唾習禮不曲從時好嘗慨鄉俗冠禮久廢昏禮雖少存古制亦多失其義而喪祭二禮貧者

苟簡富者僭越且多信從二氏之法違失經旨乃就前居喪時所輯家祭約儀擴之爲四禮從宜遵用家禮大綱而參以諸家之說鄉俗不害義者仍之害義者附錄諸說以辨之其儀節從其簡易而宜行於今者凡爲書四卷他所箸有遜敏錄四卷文集八卷詩稿四卷道光三十年以諸生舉孝廉方正固辭不就試　詔賜六品冠服年五十七卒子求莊字強甫號毅菴求敬字懋甫皆縣學生文行書法俱能傳父業懋甫才過於兄而早卒其後光緒元年舉孝廉方正者二人張先生諱承華字舜卿號蓉溪以諸生主講河南許州書院三十年箸

大學中庸補釋困學齋文存皆說經之文多與朱子立異姚先生諱思贊字子襄箸酌言二卷臨卒授其門人馬其昶

許先生諱鼎字子秀號玉峯晚年更名魯父諱懋昭號東山潛修篤行先生飫聞父教及讀元儒語清苦守節卓然自樹於流俗之外益有省發箸正志正學二錄方植之先生見之賞其深粹嘗語人曰玉峯今之吳康齋也授經窮巷母病瘻數日一歸省卽親滌中裙永夜潛侍戶外母卒家貧斂薄痛自責罰居喪三年日食薄糜夜不張幕事父東山尤盡禮踰五十色養如孺子不能

詭隨徇俗嘗口體之奉東山先生亦安焉及居父喪致毀如前植之先生諫之引陽明稍過卽私語則謝曰某豈能無私者謂爲不及則有之謂爲過則固無也門人方柏堂刊其遺集四卷植之先生以文學爲後進宗其所推重者尤在質行於同輩服玉峯於從遊之士喜稱甘生紹盤甘號愚亭無文釆大言性命之學以李文忠公薦舉官江甯令以愛民爲治補崇明坐事罷官

朱先生諱道文字魯存少有經世志爲諸生應鄉試見士皆短衣負笈唱名搜索恥之遂徒步歸棄舉子業喜飲酒歌詩其於天下事常遠見於未然道光中英吉利

款成先生獨慮不逞之民妄生覬覦宜振歷年久安因循之氣加意武備折姦萌銷禍本已而粵寇果亂嘗與友人書曰方今天下亂端已見民愁兵懦公私乏匱風俗薄惡　國勢既弱且貧而人心復渙散不相維繫士大夫庸懦貪汙全軀保妻子鮮知有忠義名節之可貴亂或息也憂方大耳知者歎其深識先生客遊老始歸里性至孝母年九十餘終咸豐三年粵寇陷城家人多被害先生及妻皆受創移時蘇匍匐爨下烹食進母寇感其孝貽錢二萬不受寇歎息去先生既遭艱厄氣益充德益粹日不再食冬無緼袍其於窮通得喪死生禍

福之故豁如也酒酣閒歌楚辭音響悲慨霍山吳竹如侍郎稱其有邵康節之遺風箸文集二卷詩集八卷無子葬龍眠山門人蕭穆閒年必走百餘里登山拜墓同時趙介山先生諱獻字元叔縣學增生篤信朱子之學任卹不倦皇皇講求政俗利弊期實見之行事其課授善引喻聞者開解

方先生諱潛字魯生本名士超其學通貫釋老有妙悟勇於自任箸心述一册晚年遇霍山吳侍郎往復明辨乃舍其舊學復箸性述一册侍郎爲書告長白倭文端公曰學界中挽回此人亦一大幸也箸毋不敬齋全書

三十卷張先生諱傳詰字知生精通釋典嘗遇賊被刃
死見金字大書梵經琅琅誦之而寤從積尸中匍匐往
空舍得良藥不死遂終身崇信不立資產不著述
無子傳其學於大理寺丞馬君諱昌棨字月樵光緒十
四年舉人其在京師頗偕徒友講陽明二曲之學
馬其昶曰昔吾先子從遊徵君之門其昶幼入塾毅菴
子襄兩師爲之授讀四禮從宜玉峯遺集皆嘗誦習魯
生舜卿知生三先生亦幸辱教焉寺丞於余爲族父行
又嘗與共學今皆奄忽眼中先輩遂已無人可傷也初
徵君旣沒曾文正公來安慶從方柏堂先生問桐城諸

老多物故或尚殯淺土因亟助之買山親題其墓碑於
是徽君及方儀衞朱魯岑戴存莊文斗園諸先生一時
并得營葬

先大父通判典簿兩公傳弟百十八　先考愼菴公

通判公諱樹華字公實號篠湄先曾祖贈朝議公諱邦
基長子也嘉慶十二年副榜貢生以州判發江西外艱
服除權河南清化通判補汝南以母左太恭人老乞養
歸咸豐初粵亂起兄弟倡義團練城陷爲賊得以刃脅
降不屈死年六十八祀昭忠祠公自少讀書則厭薄世
俗之學師事姚郎中博稽典章制度及古詩文家徑塗

矜尚風節初赴官朝議公曰昔從祖載陽任中城指揮樂山知開封府曾祖存彝公曰吾願汝曹以善養不願以祿養也今汝毋忘先訓矣公敬諾後遂不以祿入自私悉置義田贍族林文忠公每惜公屈於下僚世不盡其用也其居家喪祭一遵古禮建祠堂祀始祖參酌古今具有儀法其於先朝掌故及邦邑家世舊聞捃摭尤勤明季殉節諸臣我 朝特恩賜謚建祠 詔許續采遺佚未及 旌者上 聞乃據諸傳記野史及私家別集百數十種錄其可徵者爲闡幽彙記四卷病邑志蕪雜寡要別爲龍眠識略十二卷桐城選舉記十卷先世

遺集散亡輯馬氏詩鈔七十卷編定太僕奏略懷亭瑣記翊翊齋遺書嶺南隨筆族譜家傳共數十卷其自爲書曰可久處齋詩文集各八卷皆已刻劄記及咫見漫錄數十卷遭亂多佚

典簿公諱樹章字幼白號怡軒密靜有思年十三佐父朝議公督家家日饒則益推以仁其三族質行甚厚孝謹聞乎一時朝議公病躁煩甫臥輒欠伸欲起卽起輒復臥如是者數終亦不安公聽於無聲逆意而先得侍母左太恭人病亦如之太恭人年幾九十公食則視膳寒則視衣百營而求一愉於宅中搆怡軒雙桂樓於城

西搆碧梧翠竹山館置小肩輿春秋佳日每舁母遊觀通判公奉前公奉後是時太恭人懽甚或念朝議公不見有今日往往泣下太恭人性潔晚年病脾瀉利一夕數十起公終宵在側不令少有沾汙太恭人每歎孝哉吾子乃使我不爲病苦也通判公性陗直與世格格公事之益謹終身無一言之咈每晨興戒視灑掃卽兄弟之東廳互問安否通判公就席治書史公乃退而課鹽米譏簿籍皆細字莊寫通問戚友慶弔襄邑中義行及午共餐於東廳日昳復如之秉燭話往事及諸所當設施者一日客過偶置酒爲摴蒱戲通判公適從後堂來

於窗間見之慼頞而去公坐席下嚮上微窺見之卽謝客終不復爲通判公曰昔先人嘗欲建祠堂置義田未果余兩人志事無相違者今當成此及仕俸錢寄家公輒別貯又自出所贏合購田二百餘畝爲延景堂義莊救濟貧族又糶租穀隨儲竹木甎石數年遂營祠宇取用無缺建享堂先塋側擴墓田以贍小宗初歲入穀八十石朝議公經營倍之逮公歲入穀千餘石矣春秋上塚給祭費貧者有口米婚喪嫁娶有助老者冬月有炭錢士有學費有試資族人歌德至今賴焉咸豐初通判公殉難死大軍至因貸錢輸軍亂定民居多燬公所建

祠及居宅皆幸存慨然曰是可私邪推所居宅爲邑試
院曾文正公嘉其義聞於 朝以候選詹事府主簿議
敘加太常寺典簿銜年七十五卒
先府君諱起升字愼甫號愼菴一號趣園少受古文法
於戴存莊復事方儀衞從蘇欽齋問宋儒學從成都蔡
先生天培問陽明王氏心學從儀徵吴熙載讓之問八
法而私淑懷寧鄧山人於古賢服膺者四家唐韓子宋
歐陽子朱子明王子以謂此四家文與道皆詣極嘗欲
編一書綜括古今學術曰載道集體約而義宏訖不能
定其篇目也府君簡言嚴重每論事聽者意豁邑有大

謀羣待裁決以縣學生議敘同知未仕亦時不能無淪棄之嘅蕭丈敬孚曰君自不出耳又嘗語其昶余見中興來名卿碩學言辭安雅如尊公者不三數人也年六十一卒箸趣園詩文稿八卷載道集十二卷愼菴字範四卷府君旣卒其孤其昶爲狀上巡撫請達於　朝其狀曰謹按職祖河南汝甯府通判樹華與本生祖樹章爲同產兄弟本生祖生職父起升叔父起恆通判生霍邱訓導起泰叔父起益訓導獨以嫡長相承八世於繼別爲宗子旣服官年四十早世無子宜立後時叔父起益幼未娶期功無可後咸豐五年職其昶生職祖卽命

嗣訓導爲主後自職後訓導三十年職父生子皆殤叔
父生四子今職父母不幸相繼歿垂絶流涕言必得親
子兼祧職自痛殛祩出後今所後祖已有孫四人而本
生無別子職年逾三十未有子息大懼一身無由奉兩
宗之祀揆諸二祖九原之心必有悽惻怛悼不能自釋
者苫塊迷惑罔知義例誠不勝大願願專嗣本生持斬
衰三年服叔父起益亦願以子其昂嗣訓導卽憑親族
定議告祭先廟遺產歸嗣子惟通判咸豐初在籍殉難
七年蒙　恩給雲騎尉世職職長孫承重同治二年遂
循例襲職光緒元年復以文生兼襲今其昂旣嗣訓導

後職退繼還本生宜退世職歸其昂承襲於　朝廷教孝矜忠之意誠無所悖謹取具宗圖册結呈請鑒核哀憐據情題奏改正襲典以重宗支無任悚切待命之至謹狀

馬徵君傳弟百十九

馬徵君諱三俊字命之號融齋元伯先生少子累世皆爲經師君獨傳方先生魯生性命之學爲經義粹然深純督學試文必弟一嘗應鄉舉領解首文付刊矣已而典試使者疑其出明王守溪歸震川稿復黜落咸豐元年以優行貢太學又舉孝廉方正負氣强力善技擊喜

酒酒酣輒讀離騷聲韻激楚三年廣西寇陷安慶桐城知縣宋恪符棄城走諸生張勳痛哭崇聖祠誓死守君起應之遂議團練張君字小嵩有義行爲鄉人所信嚮及是共推君與張君主其事姦民竊發禽斬十餘人亂稍定寇既陷安慶棄去君度寇必再至日夜與張君教練桐城練勇名遠聞五月寇果復竄安慶攻江西七月犯太湖皆不至桐城八月寇攻江西不克復據安慶巡撫李嘉端在盧州前按察使張熙宇屯集賢關君上書巡撫曰制寇之道必先能進攻而後可退守守禦之策必先據要害而後可保城池鄉者全州不守禍及湖南

岳州不守禍及武昌小孤不守禍及安慶而安慶又棄不守然後禍及江盜鎮江揚州此明驗也今賊據安慶此其意必在廬州夫前之移治廬州已非計矣今誠能以重兵扼桐城則舒廬之聲威壯不然賊乘勢而北盜復有廬州哉卽河南北山東西畿輔之地將恐幷受其禍巡撫得君書遣總兵恆興會熙宇規安慶擁闗不敢進桐城知縣宮國勳出示聽民遷徙前更數令皆無城守志及是人心益解君爭不能得而熙宇恆興復棄闗奔桐城時侍郎呂公賢基亦以團練大臣駐桐城君固請呂公嚴劾二將而躬率軍進討呂公自以非統帥謝

不能十月十四日寇大至熙宇恆興所統尙千餘人遁走城不可閉君與張君率勇數百拒諸南門河師潰城遂陷殺數千人元伯先生亦被執唐家灣不屈死寇果由舒城陷廬州渡河而北蔓延千餘里皆如君言於是君獨身走湖北河南乞師報父讐不得四年夏乃與前縣令成福參將慶麟集義勇於霍山時寇屯集廬州而安慶及桐舒潛太酉寇少會提督秦定三軍至君喜因張君說提督攻舒城而已襲桐城進兵中梅河以俟約慶麟攻潛太并進分寇勢提督持重緩其師六月君獨軍深入至周瑜城援絕姦民夜搆賊襲殺之年三十五

事　聞　特旨優卹建專祠合祀其父兄死事者後數月張君亦戰歿先是桐城以三年十月城陷士民乞救於舒盧大營者幾一年副都御史袁公甲三駐兵臨淮欲規取安慶又士民求救切遂奏遣宿遷舉人臧公紓青率忠壯營進攻張君聞忠壯營來走六安迎師疾馳抵桐城四戰皆捷未幾安慶援寇至忠壯營將士及張君全歿無一存者其後二年李忠武公續賓提湘軍復九江連下太湖潛山直趨桐城寇望風遁進克舒城俄戰歿於三河桐城復陷又二年其弟勇毅公續宜復提湘軍至桐城駐兵青草塥而副都統多隆阿公亦屯軍

太平橋大敗逆首陳玉成於麻子嶺都統用兵有天授戰績尤偉克城外西山寇壘邑東鄉及挂車山各起練勇應之十.一年八月都統部將穆圖善圍城急守寇張仕.才夜遁遂復縣城距君歿後凡七年子復震復愜復賁

陽江君諱復震字心楷號莪園徵君長子徵君戰歿周瑜城君年十有六矣自其少負偉志有奇姿面色半赤縱飲大醉全面皆如渥丹赤者殷紫既痛父死則時時欲殺賊報父讐也咸豐十年投詩謁曾文正公行營曾公奇之稱其詩沈雄似杜甫遂檄令募兵號曰淮勇初

曾公治團練於長沙號湘勇一時將帥大抵皆湖南人湘勇之名震天下自同治元年曾公以淮南風氣勁欲別立一軍爲中原平寇之用乃疏薦李公率師東下遂克三吳北平捻而淮勇復盛然初李公之募兵皖北不稱淮勇淮勇之名自君始君既受知曾公自領一營是年寇魁黃文金大股上犯曾公困祁門君扼祁門櫸根嶺次年會諸軍禦寇石門橋追奔三十里從攻徽州拔統領唐義訓於重圍迭克黟縣徽郡又大捷屯溪巖市以解徽州之圍大捷孔靈以克績溪祁門君性剛負氣不能下人人或讒之曾公曾公不聽而稍稍戒敕之君

怒曾公不當用人言戒我乃不我知也會左公率兵征浙調君赴浙江大營遂往浙江改爲楚軍皖勇扼守分水嶺截寇於紫溪麻車埠從攻餘杭比戰皆捷餘杭既克追寇至遂安開化馬金湖州既克追寇至鉛山縣坊湖鎮常爲諸軍選鋒其在孔靈大軍未集匹馬先出剗削村外寇壘甫克績溪卽馳援祁門兩旬中連舉二縣其在餘杭會合楚軍二十餘營造浮橋圍攻寇壘會全軍失利寇目汪海洋等乘勝撲橋君偏師扼橋北戰殪其渠帥寇卻拔出落水敗卒無算名大振其在坊湖與楚軍統將黃少春約期會剿及期君先至遂以孤軍設

伏出奇兵斬獲甚衆及黄軍至而寇已潰退其驍勇善
戰皆此類也左公嘗奏其血性過人膽識堅定先是君
以雲騎尉世職積功至副將左公以君好學知書奏改
文職格於例加總兵隨左公剿捻逆於陝西君自初入
軍即誓死滅賊迨捻逆平年逾三十始歸娶君事母孝
友愛諸弟甚至性能飲酒往往至於大醉泣下輒歌詩
以自遣曾公李公既平巨亂念海疆日益多事乃奏請
創造火輪兵船爲自强之策　制曰可於是李公任湖
廣總督遂委君管帶操江輪船君既受任則益研究西
國水師兵法及凡槍礮測量沙線諸端已而李公移督

直隸調君巡北洋時曾公爲兩江總督仍令君往來南
北且合疏薦君沈毅有爲足任海疆專閫光緒三年春
簡授廣東陽江鎮總兵而君已前卒數月年三十九
於是李公念君積勞久且與淮軍及海上兵船君皆爲
其始也不可不見於紀載乃奏請優卹幷付史館立傳
著蕺園詩鈔四卷又嘗從寇中攜父殘稿逃出展轉兵
閒卒請湘陰左公序而刊之爲馬徵君遺集六卷子振
彪舉人
馬其昶曰徵君烈士不資翼翮甘心喪元陽江繼出卒
亦不施嘗自以儒家子遭際時會儕伍悍卒猶不能大

有建樹不自得也生有異秉能日作萬字與余爲兄弟行光緒元年還里迎母臨別發篋中所爲詩一夜寫畢盡以相付旋卽隕世吁可悲矣

程忠烈公傳弟百二十

程公諱學啓字方忠家世爲農少不覊負奇落拓粵寇犯安慶破廬州全家陷寇中才氣横出羣寇憚之屈其下咸豐十一年曾文正公奉　命督楚軍討賊其弟忠襄公國荃及靖毅公貞幹新軍至安慶合圍公潛約内應未及期夜率千餘衆叩靖毅壁門呼曰今事發與寇戰突圍至此追者卽至矣吾所將皆精兵當入營助守

不能釋兵軍中大驚疑報靖毅靖毅下令開門納其衆
追寇不及遂馳還盡殺其妻子由是曾公嘉其忠勇優
待之甲於諸將安慶之克公功爲多上海來乞師同治
元年春文正奏薦李文忠公率湘軍將及新募舒桐軍
往赴之倉猝招募堅請以公從時忠襄亦還湘增募軍
規金陵且倚公辦賊文正以淮軍新立無健將用大義
讓與之親送之登舟拊其背曰江南人譽張國樑不去
口君去亦一國樑也行聞君克蘇州矣勉之是時江蘇
兵尚五六萬不能戰結英法二國軍復青浦嘉定已又
棄不守寇攻敗外國軍進圍松江李公軍新至諸將多

未當大敵獨公所領千人爲勁旅李公檄公屯虹橋未遠言戰也行至漕河涇卒遇寇敗之遂據虹橋連日三敗寇移屯泗涇寇夜圍之數十重礮擊寇尸平壕踐而登公開壁突擊亦踐而出寇駭卻李公自將來救前後合勢寇大奔斬首捕虜甚衆松江圍解始外國軍亟趣新軍速戰意輕之至是皆自失上海湘淮軍由此振賜號勃勇巴圖魯擢副將秋七月會美將華爾克青浦還援北新涇馳入壘與守將幷力禦寇大敗之於七寶以記名總兵從李公破譚紹洸於四江口擒斬萬餘論功最加提督銜公起虹橋至四江口連三大捷皆

用少擊衆李公於是增公軍至三千人使進規蘇州道
太倉太倉寇乞降李公弟鶴章將入城受降及門伏發
公已前覺其詐整軍至遂殿而退越七日會英將戈登
克太倉進攻崑山言於李公曰崑山三面阻水獨西一
隄通蘇州進義居隄中先奪進義寇壘城必舉計定誠
諸軍急攻城潛以偏師繞而西襲進義四寇壘半居守
半復東是夕城寇西走我兵追之與進義軍夾擊生得
數千人餘寇南北竄皆阻水殲焉戈登見其戰謂程某
殲賊固不假人助力補南贛鎮總兵以提督記名李公
議圖吳江夏六月統水陸十三軍進屯九里湖距寇堅

壘花涇港同里鎭各十餘里公自率軍破花涇乘夜取同里移師薄城守寇不敢戰開城乞降援寇至皆擊卻之遂克吳江震澤秋七月進軍逼蘇州李公自上海來視師是時我軍圍蘇州合水陸軍士六千餘人蘇州城大而堅四周阻水寇增築長城南自盤門北至婁門十餘里城內穴地爲屋避礮外憑水築石壘十有九糧械皆足支數歲八月寇見我軍圍益逼糾衆二萬突出犯我軍我軍屹不動相持移時寇氣衰揮軍大進寇卻追至城下永安橋乘夜築營壘橋左右天明壘成公往來諸軍督戰時李公鶴章已克江陰戈登亦率常勝軍進

屯外跨塘詣公議進兵策公約期水陸諸軍合攻至黃天蕩會集於是公謂東南官塘之寶帶橋蘇城之鎖鑰也其西五里曰五龍橋大湖之水經此環婁門葑門而達於婁江寇堅守以便出入太湖通浙賊今者利在速攻諸將皆曰善遂先取寶帶橋追勦至盤門城下日晡天忽雨將收軍作炊公下令嚴陳待寇果忽至我軍迎敵大勝公嘗曰行軍無他營陣堅則自全矣尋取五龍橋由是我軍屯永安而婁門路斷屯寶帶而葑門路斷屯五龍而盤門出太湖之路又斷會曾公亦大舉圍金陵蘇浙軍勢相連是時城中寇尙二十萬皆奪氣李秀

成出援金陵畱死黨譚紹洸守禦而諸寇爭權相猜貳僞納王郜雲官等因副將鄭國魁謀反正公單騎見之約斬紹洸爲效雲官遂殺紹洸夜開齊門降公入城撫降眾八寇酋不肯解兵擁眾號十萬八人分領之謀踞半城公陽許諾語雲官等旦日出謁巡撫遂還白李公請誅八人者以定亂李公曰殺已降不祥且令常嘉寇聞風死守是自樹敵不可公爭不能得怒曰寇多吾軍數倍以戰敗乞降其心故未服今釋首惡不殺聽其擁眾麋軍餉與吾軍分城而處變在肘掖吾屬無遺類矣拂衣徑出李公急起挽公手曰徐之吾今聽若俄復過

公營陽論他事笑語甚懽明日八人屏騶從上謁受總兵副將冠服李公勞苦良久去命裨將觴此八人酒三巡伏甲起八人驚愕格鬬死先是公嚴陳入城及八人首至諭衆曰八人反側已伏誅餘不問若等毋動動者斬逆黨驚擾殺二千人而定降衆十萬分别遣散遂平蘇州是時鄭國魁恨負約涕泣不食臥三日外國法尤以殺降爲大禁戈登至欲勒兵相攻逾時乃解而曾文正公在皖聞蘇州殺八降將歎李公明決能斷大事也自軍到上海至是凡十八月蘇州平軍威益振乘勝援浙江拔平望復嘉善遂薄嘉興是時忠襄圍金陵久不

拔每恨惜公去令已軍不時就功而提督張玉良亦以數萬衆圍攻嘉興數月不下公至乘陰雨夜築浮橋及沿城護礮月牆軍士皆持彭排縛草膝行且築且避矢石數日臺成礮壞城垣十餘丈寇輒堵禦復完陣亡勇將何安泰郭興發公憤甚突出搏戰先登中槍子傷明日復出飛彈傷額仍堅坐不退士乃大奮遂克嘉興已而竟以傷卒同治三年三月也得年三十五事　聞贈太子太保予謚忠烈祀昭忠祠安慶蘇州嘉興并建專祠公初受知曾公卒從李公百戰未嘗敗衂雖敗善因之以取勝自到上海見外國兵械利究心肄習輒效用

之淮軍用西域槍礮由此起李公以外國將驕蹇難制獨令公挾以攻戰起太倉訖蘇州與戈登交推互服殺八降將議論中乖及公死戈登獨歎息推爲名將求得公戰時大旗二持歸爲表記其後公歿三十年日本事起諸將戰失利李公歎曰程方忠若在豈至是乎其遺烈在人如此初克蘇州　賞黃馬褂給雲騎尉世職及復金陵追敘前功贈三等輕車都尉光緒三年李公奏請併所得世職爲三等男爵一子前陷寇中死安慶族子建勳嗣　詔以員外郎用兼襲男爵

馬其昶曰蘇州戮降將事王氏湘軍志以公先斬之乃

告李公李公大驚懼頗咎其輕發余謂八酋勢逼使不早圖終亦釀亂此事特公本謀然未有不承命主帥者李公洞達有大度方深倚公何有不相啟告而輒專斷者乎今據吳先生所撰碑文正之吾邑自明以來多文儒碩德之士至中興平粵亂而公乃以武功顯

方同知方臨江金鄖陽傳弟百二十一

方公諱奎炯字昭甫一字子明號憬嵒道光二十年進士授甘肅文縣令調隆德高臺丁憂歸服滿改陝西補藍田遷四川打箭鑪同知卒於官公有吏能宅心制行一依於仁厚初令甘肅總督鄧公廷楨奏請開墾荒地

計畝升科議獎罰甚重隴右數千里民情洶懼隆德號
疲難不數日事集得畝逾二萬僚友皆慶公曰吾不爲
禍始今日空文即他年實賦乃二十取一詣省謁大府
報政總督初以公書生敢爲民爭慮梗令及聞事竣大
悅慰勞甚至已而本道嚴公以情告總督變色亟召隆
德令隆德令入總督盛氣待之曰皇畝也而敢匿何也
公曰沙漠之地國家本不資以爲富況差徭車馬已賦
之矣公令兼焉坐令夷猓生怨他日必悔某爲公計非
自爲也總督怒曰必以實報不然吾有白簡從事公起
立大言曰西涼之人不知五穀之美也所啗者苦蕎耳

公今以嘉穀賦苦蕎某以爲二十而取一民猶不堪命且實告公隆德地固未嘗加墾貧瘠之民無以爲生計平居若不私墾即苦蕎亦無所出今徒慮官且以是獲譴故出其所存活者而報之耳非能加也即欲加實無荒地可指墾奪民之所以存活者冒功賞令有死不敢聞命總督賢者也雖怒不息道府人人爲言三四日復召隆德令曰子言是也雖然必增畝毋阻吾事公應曰諾即趨出別爲册增畝五十幷前册共一千五十畝也鄧公轉以是器賞一時大吏自林文忠公及唐子方方伯皆以國士期之嘗出武關道楚謁胡文忠公黃州胡

公置酒帳中酒酣舉觥相屬曰唐子方識汝乎彼夸於我得一循吏吾問知汝也亦夸彼曰予會試同考所取士也焉有不佳因大笑舉觥自慶盡懽而別其任打箭鑪也時全蜀不荒而飢穀價騰踊數倍茶鹽利日絀羣蠻擾亂至則搏擊豪強置重典大發倉粟番漢一體糶食人人饜飽皆驚喜相謂官權如此欲死我則死我欲生我則生我矣於是相率聽約法蠻酋孤危求見茶商聞之四遠而至俄被疾遽卒民皇皇如失所親子七人鑄光緒九年進士戶部郎中旭拔貢生署四川提學使方公諱錫慶初名傳書號麟軒父諱秬森喜義俠之行

以置義田旌於　朝公始任中城兵馬司指揮太監王
成以私屬不應成爭之强公怒批其頰巡城御史以聞
宣宗正成罪有　詔優敘改知江蘇沭陽縣築六塘
河隄堰開支流教民種木棉久之成俗咸豐中粵寇據
金陵大軍屯聚公前已告歸大吏招之出令募財助軍
時去沭陽十年矣至則富民程氏輸萬金初公去沭陽
調江甯權通州擢知太倉州皆有績而前後兩任太倉
爲時久惠利事尤衆懲社倉常平久弊以錢貿穀權子
母至億萬及後土寇陷上海嘉定七城太倉取錢充團
練費民不知擾權松江府再至太倉承亂後霪雨災田

巡撫用新章錢漕幷征公以科則未定難臆算且災田
薄收竭所入不足供固請緩征而屬邑不待報遽援是
請減巡撫怒將以撓國計奏劾總督李文忠公不署名
事乃已又請減瘠區田賦四千石用前守松江功　賞
花翎以道員用授陝西鳳翔府尋改江西臨江引疾歸
先是蘇松諸郡浮糧重民困於積弊六百年公權松江
當是時蘇常兩郡猶陷寇公與蘇松糧道郭公嵩燾言
巡撫李公請乘兵亂盡覈減諸郡浮糧俔疲民衰賊勢
前中允馮公桂芬條畫甚具於是李公採其議與總督
曾文正公具疏以　聞　詔減蘇松太米賦三之一常

鎮十一著爲令在家服御簡素增置義田義塾及振災急難事屢費數千萬金人謂其富而能施卒年六十七
公娶李氏婦翁諱玉書號逸愚以孝友任恤爲行前後令長悉倚辦公益環宅圩池種蓮數十頃歲饑縱餓者掘藕食之立盡用助振功議敘縣丞樅陽白鶴峯書院有置產公費存諸董事所莫肯出翁陰令人控己遂呈繳其費諸董事因皆不得乾沒膏火以充其急公晦名權以濟變多類此崇文洲爲全縣教育資產嘉慶時有豪强爭控翁力持之定案其後洲漲而息課不增屢興大獄翁孫舉人世虬字幼農訟之至斥賣私產卒得理

洲息倍收修先志也曾孫德膏亦舉人文行高潔於教
育尤有名
金公諱達字斗生年十六補縣學生以助振議敘訓導
積軍勞由兵部主事改外授湖北鄖陽府歲大浸城垣
當衝流時虞崩圮建石隄繕治郡城衙署工役竝作以
代災振鄖陽僻處山陬自明以來士罕登進因興復書
院特請鄉科增鄖字號例舉一人士民欣欣刊石紀德
焉
馬其昶曰四民惟農至勤苦末作利倍蓰於農言國用
者獨苛農併丁口雜稅於田畝徒取一切便誅求耳利

薄而歛重農益困田益蕪食者民之天困農是自斲其天也隆德不爲禍始松江乘間袪弊二方公之惓惓其知本計哉鄖陽振災興學亦可謂能舉其職者也松江次子寶彝字鞠常以副貢生官刑部督捕司郎中爲余姊夫

方柏堂先生傳弟百二十二

方先生諱宗誠字存之號柏堂高祖諱孟晙以儒學教家長子澤爲姚郎中師次子源嘗徒行千里視兄疾源子護護子松卽先生父也世有行誼號清門由魯碁遷居附郭古塘先生少時家貧獨自有偉志日取賈太傅

疏及唐宋名篇誦讀茅屋中邑先達耆宿皆願與游高談無所讓屈始受學許玉峯繼事族兄儀衞徧覽宋元後儒家之言發爲古文辭粵寇起天下大亂避居魯衖不廢講習箸俟命錄以究天時人事致亂之原與夫士人行己立身所由弭變者大要歸於植綱常明正學與起人才以効用當世霍山吳竹如侍郎布政山東從方君魯生所得其書貽書要致大學士文端公倭仁爲師傳至錄要以進　經筵先生既出交侍郎譽望益劭曾文正胡文忠二公皆聞聲禮聘未往　穆宗登極河南巡撫嚴公樹森應　詔陳言先生在幕草奏所舉盡天

下賢才爲時傳誦曾文正公來安慶召修兩江忠義錄
移督直隸奏薦爲棗强令曾公去李文忠公繼爲總督
皆與先生平交不待以屬吏每行縣輒避棗强先生爲
治十年舉孝子悌弟節婦孝女設鄉塾創興敬義書院
祠漢儒董仲舒又釐正祀典刻邑先正遺箸修志乘建
義倉儲穀萬石事無不舉值歲饑陳災手書徑達旁逮
鄰郡邑不避忌嫌又再請李公奏免天下錢糧積欠先
生雖爲縣其謀慮皆宏遠大計自其幼時然及在官以
至退老皆然不以區域自限遇諸公貴人必侃侃爲言
所當設施者李公亦破常格所請率施行常稱深州游

牧棗强方令以諷厲列縣游牧者新化游智開子岱以循吏後爲廣西布政使者也先生厲精於學箸述不輟爲文依理道主於辭達人有片長一善獎譽之不容口旣致仕歸徒衆尤盛東南大府使幣日至皆謝不就喜展謁名賢祠墓衡陽彭剛直公招游石鐘匡廬嘗竝立江干劇談皆修髯洪聲人欽其風采光緒十三年年七十一安徽學使侍郞貴恆公上言先生學行得　旨給五品卿銜以旌老學是年卒箸諸經說都三十三卷柏堂集九十二卷俟命錄志學錄讀書筆記講義合三十五卷他所撰及編訂者尙數十種子守彝守敦皆能傳

業其後吳摯父先生自日本歸言日本人有專治柏堂學者而先生孫時𠭖以縣學生入日本高等工學嘗自恨曰日本哲學館大學所刊雜誌嘗引先祖學說異邦人尚能信好余兄弟反舍而外求可愧也時𠭖孿生弟時翮亦自日本學師範歸新野知縣方君諱昌翰字宗屏號滌儕少與先生同學能詩古文及令河南有名績告歸又同寓皖城嘗刻其上世自明善先生以下雜箸爲方氏七代遺書皖中大府聘治章奏門庭寂整惟名流雅故過論文史箸虛白室集十二卷

馬其昶曰方儀衞墓在挂車山憶童時余家避亂山中

先生來謁墓遂留宿與先子夜譚其昶侍側深宵不欲去先生以此見譽因從受學今四十餘年愧德業無所底而世變日大諸新學說先生皆不及見而有所謂國民云者人人習爲口語嘗端居私念惟先生足當之耳張子西銘人自不讀以爲新說則羣競焉此亦人情之蔽也世安得如先生者使儒無寡用之誚

吳摯父蕭敬孚二先生傳弟百二十三

吳先生諱汝綸字摯父風儀高簡峨然不羣自其幼少已棄鄙俗學欲畢覽百家之書不言性理其事親待兄弟孝友天至也同治四年進士用內閣中書曾文正公

奇其文奏調改外畱幕府學益宏肆補直隸深州比丁外內艱服除署天津府補冀州其治以教育爲先不憚貴勢籍深州諸村已廢學田爲豪民侵奪者千四百餘畝入書院資膏火聚一州三縣高材生親教課之民忘其吏推爲大師會以憂去豪民至交通御史以壞村學劾奏還其田及莅冀州仍銳意興學深冀二州文教斐然冠畿輔又開冀衡六十里之渠洩積水於滏以溉田便商旅時時求其士之賢有文者禮先之得十許人月一會書院議所施爲興革於民便不便率不依常格人所矜寵與夫齷齪小謹一不屑意以是得簡伉聲先生

亦不樂久宦其所事大吏曾公後爲李文忠公皆期以國士有要政必與謀議草奏保定蓮池院長武昌張先生裕釗將返鄂會先生以公事自冀州至李公問誰可繼張院長者張故以文學與先生爲深友兩家弟子相通流漫應曰如某何如李公曰安所得師如二君者退卽具牘借鈐清苑印稱疾乞休李公覽牘大驚明日持名帖至總督署稱院長拜謁矣先生刻苦厲學其好文出天性周秦古籍太史公揚班韓柳以逮近世姚曾諸家之書丹黃不去手其治經由訓詁以求通文辭以謂文者天地之至精至粹吾國所獨優語其實用則歐美

新學尚焉博物格致機械之用必取資於彼得其長乃能共勍者比肩橫肱坐立不俯屈也舊法完且好吾猶將革新之況其窳敗不可復用故勤勤導誘後生必以是爲說嘗樂與西士遊而日本之慕文章者亦踔海來請業會　朝旨採西法開大學堂於京師管學大臣張公百熙奏薦先生加五品卿銜總教務固辭不獲則請赴日本攷學制既至日本上自其國君相及教育名家婦孺學子皆備禮接款求請題詠更番踵至時吾國留學諸生與使臣交鬨先生素以開通育才自詭諸生責望奢顧國體所在欲全濟則未宜徑遂而使臣反疑先

生有所左右蜚語至都先生益浩然求決去返國先乞假省墓興辦本邑小學堂挾日本教師一人同至規制粗立將行遽以疾卒年六十四後數年縣中增設師範學堂四鄉各立小學改初立者爲中學游學日本至七八十人爲教員他郡邑所在多有桐城學風大啟自先生也箸易說二卷寫定尙書一卷尙書故三卷夏小正私箋一卷文集四卷詩集一卷尺牘七卷深州風土記二十二卷東遊叢錄四卷子闓生能世其學

蕭先生諱穆字敬甫一字敬孚縣學生家世爲農小時父督之耕泣而受杖潛入塾中問字遇名流宿學必敬

禮隨所往輒手提布囊裹書數册聞某所有異本必鈎致之會亂後書悉出賈賤遂大購書客遊公卿閒布衣朴野說書史不離口館上海三十年交遊益附篤於舊故送別必遠出佇望久之乃去接後生必勖以經史大義其學無專主博綜羣籍喜掌故師事嘉興錢警石於顧亭林全謝山諸家之書尤熟復多見舊槧攷其異同朱墨雜下遇孤本多方勸刻所校印凡百十種徐騎省集勘正至五六過他書類是益留意鄉邦文獻叩以前聞軼事其所不知未有能知者也其相識徧天下在上海居方言館同館中習西學者朝夕見未嘗款洽人亦

誚其腐拘沒後藏書散軼人爭傳寶書賈至盜其收藏印記價輒倍蓰沈子培提學蒯禮卿兵備及他相知有力者共刊其遺文爲敬孚類稾十六卷

馬其昶曰吾縣文章之傳自方姚後吳先生極其盛其高潔過海峯以其經學深所致力皆周秦書也而新學亦自先生始其昶從游久光緒二十年客保定先生聞余有耆舊傳索觀之余以少作慚不出念後文事或少進當求益蕭先生爲先子舊交又夙蒙器賞嘗出其所纂桐城文徵桐城耆舊傳狀碑誌彙鈔寫目相示謂異日悉當歸子今吾書成而皆已不見悲夫茫茫終古次

二先生事泫然久之

# 桐城耆舊傳卷十二目錄

邑後學馬其昶通伯譔

桐城耆舊傳十二

四陶吳李高吳錢節烈傳第一

陶節婦鍾氏其夫曰陶鏞以罪被戍死邊節婦年二十五一子曰陶繼甫在抱走四千餘里負夫骸骨歸葬年八十二以節終繼亦早卒妻方氏年二十七守節子亮纔二歲後亮舉景泰四年鄉試業於太學未幾又卒妻王氏年二十八妾吳氏二十二皆無子家貧甚所親勸之嫁哭曰我豈忍貽兩世羞乎妾亦不嫁遂共辟纑以生縣令陳勉上聞詔旌三代人稱曰四節里

吳仲淇妻楊氏夫卒家貧舅欲更嫁之婦曰卽飢死必與舅姑俱舅不能奪數年家益貧負債無以償舅謀於

其父母將以婦往烈婦哭曰以吾口累舅姑不孝無所助於貧不仁失節則不義勢不能存理不可去吾有死而已因咽髮而死

李棟妻張氏棟死無子烈婦自經於牀母救之奮身起引斧斫左臂者三家人奪斧抑而坐之薾閒瞶悶不語家人稍退烈婦遽啟戶出投於水水方冰以首觸穴入遂死

高文學妻王氏文學死烈婦哀哭父道美諭之曰毋過哀事有三等在汝自擇耳輟泣問之父曰其一從死爲烈二忍死事翁姑爲節三則恆人事也余不忍言烈婦

泣受教絕粒不食越七日死

吳烈婦者姚氏父湘潭前有傳適諸生吳道震生子德堅年十九而寡明末流賊過縣攜子依母及兄孫林避潛山賊奄至孫林格鬬死德堅負母逃烈婦曰汝書生焉能遠負我俱死無爲也命之去子泣弗忍去怒曰汝不能全母顧反絕父嗣乎卽推之墜層崖下須臾賊至索金答言無有賊令解衣驗之罵曰何物賊奴敢作此語邪遂抗刃死

錢烈婦者黃華方氏田間先生妻也通書史明末荒歉先生寓南都饘粥不繼夙夜勤女工以易食客過潔茗

治饌取諸簪珥與先生遊者未嘗知其貧也後先生避仇吳中烈婦挈子女追尋得之已而吳中亦亂知不得免作絕句詩二章付長子法祖自密紉衣帶韈履備倉卒及賊至抱女赴水死田間先生已見前傳

馬其昶曰以上所述節烈共十一人皆見明史當其生一委巷之女子耳國史傳其名氏所以風厲世也其載十一人亦偶及之非外此遂無有也古今紀述之體類然余讀明史別出之以觀示鄉人

方貞女傳弟二

方貞女諱川貞父爲蜀藩斷事已見前傳毋鄭孺人建

文四年貞女生四川官舍因以命名明年斷事死難鄭孺人歸里以女許盛氏受采幣比徵女笄有日矣盛氏子病歿女請臨喪孺人不可曰從一而終婦道也未廟見者不爲婦女曰見廟則婦受聘則待年之婦大人而不受盛聘則已大人受盛聘則女固盛氏婦也非婦何媒非媒何采非婦何徵非婦何以有笄日獨藉未廟爲解而隳天經大人亦何辭諾責孺人乃泣曰女能然乎哉往矣即報盛氏貞女斬衰詣寢上香獻二履几上伏慟不能起扶而起徐請於姑願終箕帚補子職之闕姑曰予髮短矣遑勞無子之婦爲女默不語鄭孺人遂以

女歸自是貞女與母同寢處二十餘年舅姑喪服衰母室里俊慕其賢以私探其伯兄懋懋曰南山有玉堅貞蘊璞若能使之爲水乎孺人歿後貞女遂獨居一室家人咸高其節義將卒飛鳥數百翔鳴屋極室中隱隱有光出牖年六十八

馬其昶曰歸熙甫氏箸論謂女子不當以身許人其辭辨今觀貞女自請臨喪豈不名正堂堂哉守義盛氏終老公宮變而得其正也方氏之初斷事死官孺人誓節貞女蘊璞不滓以終嗚乎賢已

方孝婦傳弟三

孝婦盛氏侍郎汝謙從姊歸方子復子復嫡母性卞急
婦奉順甚謹舅性亦急家貧舅日呼酒婦紡績市珍羞
一不具訶譴隨至子復因出避獨婦在舅姑益怒婦坐
之雪上杖擊背仆地有頃蘇則傴僂入廚炊淅矣一日
歸省命翼午來詰朝溪漲不可渡乃乞父以巨索曳輿
渡如期至久之舅病脾在蓐子五三未娶仲子娶婦恆
就食母家孝婦一身百役操七箸粥飯舅三年舅歿姑
已老念婦賢不復嚴使之又諸子皆有婦次第就養乃
少逸然惟孝婦及其娣吳氏養姑姑歡其他則怏怏吳
即明善先生母也養二十年而姑終孝婦有五子皆賢

明善先生嘗宴居侍側從容問疇昔事即淚下若有所思終不自言

馬其昶曰妻於夫婦於舅姑皆以人合實皆有天性存焉故服夫斬衰舅姑亦斬衰吾初考禮制謂後王特因世變重以矯之耳及觀孝婦恩養之篤如此乃知性出自然則增舅姑期服爲三年未嘗不即乎人心之所安云

張夫人傳第四

夫人方氏諱孟式字如耀廷尉長女適張忠節公廷尉忠節皆有傳夫人博學工書嘗圖大士像神采欲生以

無子廣置媵妾隨舉三子篤愛如己出公爲山東布政使崇禎十一年　大兵下畿輔四十八城遂自德州進圍濟南夫人語公夫子之死生惟官守妾之死生惟夫子己而家人白事急請行夫人曰是何言也吾去人且謂公無固志叱之退明年正月朔二日城陷公擐甲巷戰或報公亡走夫人復叱曰汝主豈棄城苟免者嗣報戰死則泣曰是矣先是夫人戒侍婢事急則推我入湖水中至是謂妾陳曰吾義不獨生汝當保持孤幼歸故鄉耳妾請同死頷之遂同赴大明湖死侍婢感而殉者又數人事聞贈一品夫人與祭一壇箸紉蘭閣集十二

卷載明史藝文志

馬其昶曰廷尉二女長夫人次清芬閣皆貞烈爲世女宗方氏累代著忠貞之節漸漬既久至於女子亦然也妻視夫爲死生臣視官守爲死生卓哉斯語千載之衡矣

姚清芬閣傳弟五

貞婦方氏諱維儀字仲賢廷尉仲女博學高才適於姚年十八而寡因請大歸守志清芬閣弟姪進見無敢不肅暇與伯姊如燿弟婦吳棣倩集古今女士之作爲宮闈詩史區分正邪二集主於昭明彤管刊落淫哇君子

佝其志焉嘗箸擬諡述一篇其辭曰姚夫子諱孫棨字
前甫太守先舅芳麓公伯子也生而沈靜穎敏讀書知
孝弟師傳旨趣一聞百徹廣獵經史以苦讀成疾壬寅
仲夏先姑恭人病痢夫子躬湯藥廢寢食憂心月餘益
致病劇羸形臥牀尚不忍離先姑一刻移榻於室問安
定省亦猶乳哺之依也乃歎曰天乎喪無日矣生死一
致夫亦何恨止憐事業瓦解耳吾不久居世上不能圖
報劬勞下不能俯育妻子諸弟皆穎秀克肩父母有福
方來但辜汝少雖娠六月難徵男子念將永訣當與汝
遺言汝乃明達貞靜之女必不負我靡用頹筆沒之日

族中耆長哭弔曰吾門去此兒者損一英才也夫子病中目不釋卷作詩數百首祖翁似葵公持去閱選竟坐遺失今余搜笥中才存數首嗟嗟夫子溫謙和恭才思泉湧若天假以年豈不恢恢乎偉人文士哉嗚呼死生有命聖賢莫度世子殀折伯牛斯疾顏子大賢摧促短齡楞櫟多壽芝草無年皆天也非人之所能爲也蓋聞自上世逮於今綱紀相續倫常交振或父兄賢聖而子弟述之夫子賢聖而妻述之古之人有行之者黔婁柳下惠之妻是也陋規淺見竊踵陳迹以述其志請謚爲良隱子按此謚法深協生平豈敢浮慕哲媛忘招譏責

既玩列女之傳彌堅從一之規永訣幾三十年未知殘
喘旦暮溘露事因義起謚以墓遲或亦未亡人之腔血
對泉臺而得灑乎余之兩門碩人文獻多矣其勿余戮
而余之憐即死且不朽又箸未亡人微生述一篇其辭
曰藐爾嫠餘既景仰先賢謚吾前甫夫子矣更預作墓
碑直敘微生附於一坯之土曰萬曆辛丑秋仲余年十
七歸夫子夫子善病已六年容顏憔悴稜稜柴骨余入
門之頃即視苓朮所謂琴瑟友之者絕無豫日明年五
月夫子疾發余躬扶起居侍湯藥揮蚊蠅振痰唾左右
周旋無不自爲之者臥地數月頭不安枕至九月大漸

傷痛呼天而莫之應也遺腹存身未敢殉死不意生女撫九月而又殂天乎天乎一脈不留形單何倚爾時翁姑宦海澄以余侍祖翁姑膝下朝暮奉順未敢缺禮而祖姑春秋高矣亦不暇織悉顧復衣食愁苦罔所控告又有細王浮浪之言使兩家相閒茲時也憂心如焚呼搶欲絕乃有言以見志曰翁姑在七閩夫婿別三秋妾命苟如此如此復何求泰山其可頹此志不可𠞰重義天壤閒寸心皎日月於是復歸父母家稍延殘喘叨蒙父弟友于使無凍餒顚沛之蹶弟妻吳宜人愉悅同保不幸早世余撫其諸英訓誨成立完其婚嫁必當終於

一諾也長上嫻親敢不恭敬和睦卑幼僕從忍不慰諭
恩款如此以無拂兩門之歡心凡余所爲極難耳又念
夫子逝矣一塚荒涼湮没秋草擬欲結墓同穴此意未
申忽夜夢夫子相語如平生余甚驚異語具紀夢篇中
翁讀泫淚如雨哀憐子息卽許遷葬修墓此時余力甚
澀不敢輕舉甲子孟春我翁卽世夫弟心甫純甫同幼
弟議曰長嫂甘節清苦二十餘年我兄弟應有以養之
因撥田租膳余噫余受此租豈忍自奉而負夫子夢中
之屬邪今卜地於古魯王墩卯山酉向十月而墓成夫
子感夢十餘年之前定兆十餘年之後神其來乎骸骨

其安乎颼颼之清風皓皓之明月固無時不在兹山也
嗟呼萬物有託余獨無依哀鬱交集涕泗霑帷自今已
往槁容日益朽氣力日益微不久當從夫子於地下而
永歸矣因陳其戹陋於石執筆淒苦不知所云年八十
四卒專祠奉祀顏曰今之大家箸有楚江吟歸來歎諸
稿彚爲清芬閣集七卷載明史藝文志朱檢討明詩綜
稱其辭近孟貞曜廷尉弟君節女諱維則歸諸生吳紹
忠亦孀居守志七十年有撫松閣集初清芬十七而寡
壽八十四撫松十六而寡壽亦八十有四吳淑人諱令
儀字棣倩巡撫公配宮諭應賓女也師事清芬閣詞翰

甚美年三十早卒其姊諱令則適諸生何應瓊有環珠室集

馬其昶曰余讀後漢曹大家傳歎其亮節明白屬文爾雅推千古女師淸芬徽美豈遽讓哉遇有榮悴貞嚼則同述生擬誄二篇可以怨矣

孫恭人傳第六

恭人方氏諱子耀父巡撫公有傳少失母育於仲姑淸芬閣淸芬閣號稱女師恭人受學久習禮能文以至書法圖畫皆酷肖年十七歸孫武公臨是時天下大亂武公有偉略好談兵握節監楊公文驄軍事紹興兵潰武

公隨楊公急衞仙霞關至浦城與　大兵猝遇武公拔
簪與恭人訣曰吾義不可獨生有老親幼子汝性烈姑
勿死持此報太淑人遂上馬馳去死之恭人大慟投水
中村嫗引出之不死餓三日亦不死偕一婢竄伏榛莽
中由閒道得達閩之古田縣其長子侍太夫人在浙一
幼子亂中相失久之古田令周公璋聞恭人在其縣何
節婦家爲資送歸里至蕪湖聞鄰舟鄉音詢之則夫兄
魯山侍郎方奉太淑人歸也兩舟錯愕猝遇相持大哭
初幼子岳亂中相失隨乳母姜爲小卒郭少楚所得姜
察少楚可託身以保孤兒者卽吐實少楚曰此忠臣子

當全之竟挾乳母歸岳於恭人於是恭人教育二子歷
艱苦憂患凡三十八年而二子皆學成絕意仕進內外
孫曾幾三十人恭人乃稱曰嗟乎吾之不死以至今日
欲教成二子報忠魂耳今汝二人幸不致衰薄漸成門
戶兩婦亦率余教庶幾有以見汝父地下敦本積德植
品讀書卽此四訓世守之富貴有分非予所勖望也乃
箸寒香閣訓子說三千餘言年七十二卒
馬其昶曰余讀恭人訓子說所自述誠有足悲者歷艱
苦險阻以竟夫志事安在必以身殉者之爲當乎恭人
遺命薄斂遵家禮毋作佛事謂此吾曾祖明善先生之

訓五世未之有改不可以俗故致吾違背噫講學收效之遠乃至是哉

姚太夫人傳弟七

姚太夫人端恪公母也倪氏太僕公女歸職方姚公父及夫子竝有傳夫人知書明大義職方令東陽討亂賊許都有功直指左公光先疏聞於朝南渡後阮大鋮柄國左公故仇大鋮大鋮遂誣以激變殺降與職方俱被逮黨禍大作是時端恪兄弟憂遑無計當事者謂曰此易耳能爲若父疏稱浙東事皆承左指則事解不然罪不測歸以告太夫人太夫人怒杖擲之曰兒以是爲生

而父邪身死心死等耳東陽之獄人則左公累若父事則若父累左公也義不得令左公獨死且汝等以此求生若父若父歸將何顏以對里黨吾知若父心若乃不知邪平昔讀書胡爲公等涕泣受教逡巡十餘日卒巽詞謝當事者於是逮益急會　王師南下事得解端恪兄弟時時爲左公言不謀於吾母幾陷於不義也

馬其昶曰觀太夫人訓詞慷慨大義炳然夫卒遭事變不以生死利害移易此人之所難也況以子求解其父又似名義之有可託者而太夫人不惑如是是可以風矣

# 張夫人傳弟八

張文端公配姚夫人龍泉學博珠樹公女文端初以翰林官京師貧甚或私餽千金文端弗受也故入言之夫人夫人曰貧家或餽十金五金則童僕皆欣相告今無端獲此人問所由來將無慚乎文端笑而卻之每典質以辦朝餐後祿入稍豐夫人率初不改居常茹素不事珠玉紈綺衣澣濯躬自補綴一青縑舊衫數歲不易文端既爲輔相諸子先後入翰林屢膺崇封以象服偕老家門貴盛而夫人彌自謙抑下至臧獲僕妾皆恤其艱苦嘗有戚黨遣婢候問夫人方補故衣不識也問太

夫人安在夫人逡巡起應婢大驚慚沮而退文端壽六十夫人爲禮佛忽念人家生日例召優設宴今旣不爾胡不移此費以利濟乎卽製棉衣百領施道路飢寒者其節已好行德類如此卒年六十九子文和公嘗直南書房　聖祖一日顧左右語曰張廷玉兄弟母教之有素不獨父訓也蓋夫人居京師久故賢聲徹宮壼焉女令儀字柔嘉適姚湘門士封中年喪偶習静一室圖史插架顔曰蠹窗好辨析古今事援筆歌賦動逾千言二子皆登仕籍晚築南園別墅池榭亭館皆胸中邱壑所營搆著蠹窗集十四卷

馬其昶曰夫人能爲詩有含章閣詩鈔閒與文端酬唱閨中不以才自矜衒也洪範五福一曰攸好德有德而福其福乃永夫人之行是敬姜之遺風也而福榮過之其殆可謂攸好德者矣

錢戴周章四烈婦蔣孝婦傳弟九

烈婦朱氏錢然妻也然娶二年病革知不起謂婦我死汝當勿二婦曰諾刲股藥之不效遂絕粒家人强之且閑之謹不得死因謂其姒曰毋撓我我前諾矣顧溺與縊皆不可又曰女死慎勿以男歛明日閉戶沐浴振衣密紉之引刀自刎死

烈婦方氏戴聖哲妻也年二十九聖哲卒誓以身殉姑防之甚密婦自知不能死乃收淚勸姑加餐言動如常逾三月聖哲既葬衆謂其不死矣一日偕女妹往浣中途給還取杵遂自沈水鄰人爭赴救不能動姑泣曰吾婦素謹禮必不以死紊男女之別我當親負之甫下水屍已起觀者皆感泣爲立碑水側號曰烈婦塘是日聖哲塚忽裂數尺遂同穴

烈婦王氏周秉源妻也家世業農婦事舅姑及夫處妯娌皆中禮秉源死遺孤襁褓家人謀奪其志婦泣曰固知家貧無所庇然有呱呱在生死惟孤久之不能容乃

抱其孤依母家自賃屋居夜勤女紅晝則墾山田種菽麥以育其孤子每值陰雨敝屣立淤泥中顯頷無人色無何子復殤其兄弟及夫家謀共劫之婦微聞其事遂反夫家言笑如平時一日沐浴更衣出拜秉源主入房閉戶自縊死時康熙五十六年三月也年三十二

烈婦錢氏章大椿妻也家貧大椿早死婦年二十七有衰姑恃養於叔閱數年爲乾隆五十一年大饑叔謀嫁之娶者肩輿至門婦持刀誓死相拒得免叔責以養姑乃攜子乞食以養未幾姑卒婦哭曰吾今不可復出矣遂餓死於家

孝婦伍氏蔣廣居妻也年二十四夫卒矢志奉姑二十五年以孝聞嘉慶二十四年所居室不戒於火姑徐氏年九十六矣臥不能起婦從火中奔姑所負姑至竈前火焰衝逼不得出焚死婦尸倚牆仍負姑在背俱僵立不仆面色如生時

馬其昶曰近時論教育者率推本女學誠知要哉顧以歐美男女均學校舍林立因傷吾國女子失學已久余謂秉彝自天有生同具又禮義廉恥之說深入人心故列縣中以貞孝節烈　旌者多至數千人貧者操家作苦非盡仰食男子概謂失學殆其誣與余略著一二不

可殫記也

## 馬節母傳第十

節母姚氏端恪公女也八歲知聲韻能爲小詩九歲母夏夫人病目失明爲茹齋祈福代治家事皆井井先九世伯祖兵部公於端恪爲父執聞女賢爲幼子方思字江公聘焉年十七來歸江公有清才體羸善病且劇刲股救之不效誓死殉夫衆責以撫孤爲大乃不復言死縞衣蔬食教督二子日課必復惰必予杖長子源號菱塘少有檢操文譽藉甚母不以爲喜既久困舉場母不以爲戚曰吾出入兩家見科第仕宦多矣願汝曹無忝

祖考行益修學益績至於窮達非所宜計也其後菱塘
爲鳳陽校官母謂此席卑貧可居也寄詩云勿因閒長
惰須以儉成廉見者傳爲至言箸閨鑑三卷凝暉齋集
二卷陸舟吟二卷玉臺新咏一卷其陸舟日記别爲四
十三册蓋自三十後歲爲一帙記日用言動以逮子孫
女婦程課甕醬瓶蔬造作之細皆具而經傳史事旁及
九章算法六壬數術子平星家諸說亦閒見云年逾五
十邑人上其節行得　旨旌表端恪季女爲張文和公
嫡室賢而早卒文和稱其嚴靜以謂先公言居室之道
惟肅乃雍若姚夫人者庶幾近之

其昶謹按先伯祖通判公家傳小序云易曰利女貞言女教之重也吾家先世懍閨儀著母德如范蔚宗所謂區明風烈昭我管彤者多足爲後嗣法其昶因據家傳及韓文懿公凝暉齋集序爲節母傳一篇以著其概

胡節母傳弟十一

節母潘氏兵備副使諱映婁女爲石鄰胡公諱彌彈繼室襲參司業母也司業見前傳母嫁十一年而石鄰歿司業方十歲兩弟皆襁褓嘗語司業曰我所以忍而不即從爾父地下者以爾兄弟在也家貧不能延師遣子就學村塾旦則倚閭泣而送之踰嶺不見乃返掩閨而

泣暮復泣而迎之如是三年貧益甚呼歸家自課毋素不知書使兒誦所讀以意爲解說或取本隨指書句命題毋據牀沈思曰若意云何㫆久曰更須作爾許語質之老儒毋命意果佳司業大驚遂以師奉毋矣凡所讀書必講而詰問聞程朱語則歎息起立曰我固謂世間當有此一日誦司馬長卿美人賦毋大怒取裂擲之司業以此終身未嘗見邪雜不典之書諸子出必告毋所爲襟有露漬則撻之謂奈何不由正路一日積雪命採薪行荊棘中衣裂敝歸而大恐取杖跪授毋杖已乃敢言也嘗命僕治室掘地得千金獻之司業拒不受毋知

大喜曰士人義命自安藏金豈祥物哉歲饑穀騰躍母爲麥粥飯兒讀書而自茹瓜蔓餘廩周里之餓者年八十餘卒　勅旌貞節

馬其昶曰昔方侍郎謂婦人尙志節固已而立孤尤難能食之不能教非所謂可託也若節母者其眞能教者與聞讀程朱之言則喜否則怒何其卓識也吾又以知程朱之言當乎人心之公而叛而去之者妄也

戴烈婦傳弟十二

烈婦姓李氏戴存莊先生妻也先生見前傳咸豐初粤寇犯縣先生以籌餉捍賊爲姦民所嫉烈婦曰君宜速

去留身奉二親我婦人易處耳初烈婦已生三子二女子皆殤因納婢劉氏先生避地舒城烈婦攜劉及二女居姚宅寇至仲女年十六抗刃死烈婦及劉及幼女皆被執入縣城寇使諸婦環守烈婦陽共諸婦語縮手衷衣忽口中噴沫血出仆地視之已死刺喉不殊自烈婦聞亂卽懷小刀衣袖閒故得死同宅姚婦亦被執後釋出語人曰烈婦死一寇欲褫其衣一寇曰不可此烈婦也褫衣吾斬汝烈婦既死諸婦防劉益密劉亦陰受烈婦誡不遽死以閒脫其幼女初寇令嚴別男女無敢亂者後忽弛令爲羈縻城守計聽各娶婦劉氏幽囚兩月

餘不言不櫛髮至是寇欲娶之乃大罵寇怒殺之東門外罵不絕曰吾今可以報女君矣遂死

馬其昶曰粵寇之亂吾邑女婦義不辱身死者多矣而烈婦事尤著以夫有文謄播易也閨閣幽隱迹事大同余次女德掇其尤異之行作規來世不求備也其已旌朝者皆有祠祀固無俟廣搜云

先母家傳弟十三

吾母張氏諱清徽字文卿文端公六世孫女外曾祖翰林院編修諱元宰外祖甘肅岷州知州諱聰梓母年二十一來歸是時家方盛上下數十八母煦煦其閒無所

觸忤即亦無所表襮三十餘年中凡經紀三喪三嫁再娶以至賓祭贈荅患難流離疾病醫藥無歲月無有退然若無能然事亦無不舉者吾父性善怒於意有不然詰責嗃嗃母屏息改爲或從容自陳理即他人有犯尤無狀終默不言賃僕多至二三十年不呵遣老不任事遂終於家其與人不必有大施厚恩意隆於物情溢於辭以故吾母之生皆樂親之及卒皆哀初母患腹疾其昶遠遊京師逾年歸疾益甚未幾疽潰醫者謂法當可治然氣體耗憊已甚其昶憂惶不知所爲計私念臂肉或可扶羸不效而前夕婦姚氏從弟婦吳氏亦各刲臂

肉和劑進其昶初不聞知乃至庶母旦夕侍疾未嘗不謹皆以母撫愛之若女不忍不以母母吾母也於是內外宗卿益歎吾母逮下之仁感人之切至難能矣母卒年五十九凡生子女八人今存者其昶及一姊一妹母嘗自度疾不起謂他無所冀庶見吾兒讀書稍有立得一抱孫卽死瞑目矣今其昶生三子母皆不及見傷哉母病以氣體素羸然非因前者鞠育之艱亦何遽至是也詩曰哀哀父母生我劬勞以劬勞故自傷其生焉傷其生以生一人而此一人者又不獲遂其垂老所僅欲慊之懷也此尤其昶之隱痛而自以不可爲人者也嗟

乎將安訴此酷哉男其昶述